SPHINX

Christian Rätsch

Von den Wurzeln der Kultur

Die Pflanzen der Propheten

SPHINX

Die Deutsche Bibliothek – CIP- Einheitsaufnahme
Rätsch, Christian: Von den Wurzeln der Kultur : die Pflanzen der Propheten /
Christian Rätsch – Basel : Sphinx, 1991
ISBN 3-85914-235-6

Umschlagbild: Christian Rätsch
Umschlaggestaltung: Charles Huguenin
Satz: Sphinx, Basel
Herstellung: Clausen & Bosse, Leck
Printed in Germany
ISBN 3-85914-235-6

Für Ralph Metzner,
den großen Lehrer

Akasha ist der mystische Raum,
der Ort menschlicher Erfahrung
und göttlicher Schöpfung,
in dem Vergangenheit, Gegenwart und Zukunft
eine unzertrennliche Einheit sind.
Wer diesen heiligen Raum betritt
kann sehen, erkennen und heilen.

Inhalt

Der Aufbruch nach Akasha

Die Vergangenheit ist nie tot,
sie ist nicht einmal vergangen.
Ramses II

Dieses Buch handelt vom Bewußtsein – von einem sehr alten Bewußtsein, vielleicht dem ältesten Bewußtsein, das in uns verborgen liegt. Es ist das Bewußtsein von einem Kosmos, in dem alles eins ist. In Akasha sind Leben und Tod eins. Akasha ist der Ort, an dem das gesamte Wissen des Universums in einem Punkt zusammenfließt. Dort liegt das vielbesungene ewige Wissen, dort leben die ewigen Gesetze, dort sind Menschen und Götter eins. Dort beginnen die Wurzeln der Kultur.

Seit Urzeiten bestimmt Akasha das Wirken der Welt, das Wesen der Menschen und die Evolution des Bewußtseins. In alten Zeiten haben die Menschen die Wege dorthin gefunden. Viele Geschichten beginnen mit dem Satz «Als die Menschen noch die Wege zu den Göttern kannten...»
   Aber nicht nur die Vorfahren der Völker, die sich noch heute an die Reisen zu den Göttern, an die Reisen nach Akasha erinnern, sondern auch unsere eigenen Ahnen kannten die geheimen, gewöhnlich verborgenen Wege. Die Vorfahren aller Menschen wussten um die Wege nach Akasha,

um den Zugang zum mystischen Raum, und um die Brücken, die zu den Göttern führen. Denn sie wurden von den Pflanzen, die den Menschen nicht mit Proteinen, Kohlehydraten und Vitaminen versorgten, sondern die dessen Geist in eine andere Welt, in eine höhere, ‹wirklichere› Wirklichkeit erheben konnten, geführt. Sie erkannten in diesen sonderbaren Pflanzen Lehrer oder Lehrmeister. Sie folgten den Visionen, die ihnen von den Pflanzengeistern geschenkt wurden. Sie achteten auf die Sprache der Natur – und sie wurden weise, wissend, vorausschauend. Sie wurden – intelligenter. Die Schamanen vieler Naturvölker wissen noch heute, daß Pflanzen, besonders jene magischen, die einen tieferen Blick in das Geschehen der Welt bescheren, intelligenter als die Menschen sind. Wer von ihnen kostet, kann symbiotisch an der Pflanzenseele teilnehmen, kann ihre Intelligenz in sich aufnehmen und so die Welt verändern.

Die Pflanzenlehrer offenbarten dem früheren Menschen aber nicht nur die Mysterien von Raum und Zeit, sie lehrten ihn auch den richtigen Gebrauch der Pflanzen. Sie zeigten ihm die richtigen Rituale, mit denen die Menschen den Weg nach Akasha oder die Brücke zu den Göttern finden konnten. Die Rituale wurden zum Vehikel, mit dem der erkenntnissuchende Mensch die Brücke überqueren konnte. Manche Menschen lernten, dieses kostbare Vehikel so zu führen, daß es nicht zu Unfällen kommen konnte.

Das Wunderbare geschah aber nicht nur an einem einzigen Ort oder zu einer einzigen Zeit. Es geschah überall dort, wo Menschen mit Pflanzen zusammenlebten, wo sich Menschen von Pflanzen ernährten, wo sie sich von Pflanzen leiten ließen. Die Pflanzen waren die Geburtshelfer der Religion, der Schlüssel in den mystischen Raum, der Treibstoff, der das Vehikel über die Brücke bringen konnte, der Urgrund menschlicher Kultur.

Überall auf der Welt sind Kulte entstanden, in dessen Zentrum die rituelle Einnahme magischer Pflanzen stand. Heute nennen wir diese Pflanzen auch psychedelisch oder bewußtseinserweiternd. In diesen Ritualen ging es um Erkenntnis, es ging um Einblick in gewöhnlich Unsichtbares, es ging um die große Vision, die die wichtigsten Fragen des forschenden Geistes beantwortet, es ging um die Enthüllung der Geheimnisse von Vergangenheit, Gegenwart und Zukunft. Die Menschen, die diesen Kultgemeinden angehörten, befolgten die Ratschläge der Pflanzen und versuchten, mit diesen göttlichen Einsichten in Harmonie zu leben.

In diesem Buch möchte ich einige Schlaglichter auf die psychedelischen Erkenntnisrituale unserer Ahnen, der Vorfahren aller Menschen auf diesem Planeten, werfen. Ich schreibe keine Enzyklopädie psychedelischer Kulte, ich zeige die vielen Facetten des Einen. Von manchen Ritualen wissen wir heute kaum mehr als den Namen der verehrten Gottheit oder den Kultplatz. Von anderen Ritualen kennen wir noch manches Detail. Einige Rituale und Erkenntnismethoden sind sehr schlecht dokumentiert, andere besser. So sind etwa über das Orakel von Delphi zahlreiche antike Schriften überliefert. Dagegen ist das Wissen von der enormen Bedeutung der Zauberpflanzen im Alten Ägypten weitgehend verloren gegangen, wenn nicht gar systematisch ausgerottet worden. Über einige Rituale existieren schriftliche Zeugnisse der Kultstifter, wie die Textsammlungen der Avesta und des Rig Veda. Andere Kulte sind nur aus der einseitigen, intoleranten Perspektive christlicher Missionare bekannt geworden. Diese Unterschiedlichkeit der Quellenlage war zwingend für die Auswahl und Darstellung der einzelnen Aspekte. Aber ich glaube, es ist wichtiger, das für unsere kulturelle Entwicklung so wesentliche Wissen der alten Völker bruchstückhaft oder rudimentär darzustellen, als ganz darauf zu verzichten. Der perfektionistische Mensch wird nie zu überwältigenden Erkenntnissen gelangen. Wer Vollkommenheit erwartet, wird immer enttäuscht sein. Nur der Suchende kommt seinem Ziel nahe. Und er geht über jeden Stolperstein. Denn hinter jedem Hindernis liegt eine neue Offenbarung. Wer nichts erwartet, der wird unendlich beschenkt.

Ich habe versucht, eine Reihe von verschiedenen Ritualen aus verschiedenen kulturellen Epochen darzustellen, um den Blick auf die vielen Variationen des einen Themas zu lenken. Ich habe die Entdeckungen der Archäologie, der Paläobotanik, der vergleichenden Religionswissenschaften, der Ethnohistorie, der Mythenforschung, der Psychiatrie, der modernen Bewußtseinsforschung, der Paläontologie, der Ethnomedizin, der vergleichenden Ethnopharmakologie, der Altamerikanistik, der Volkskunde und Folkloristik zu einem Konglomerat unterschiedlichster Mosaiksteine verbunden. Ich habe einige Rituale ausführlicher vorgestellt, besonders dann, wenn die Quellenlage gesichert ist, andere habe ich nur gestreift, wenn entweder fast nichts oder viel darüber veröffentlicht worden ist. Vom ersteren mag man überzeugt werden, vom zweiten sollte man sich anregen lassen. So wie der Forscher bei seiner Kleinarbeit viel Phantasie braucht, so sollte auch der Leser seine Phantasie gebrauchen. Nur wer Fragen stellt, kommt weiter.

In diesem Buch geht es um den Einfluß und die Bedeutung psychedelischer Pflanzen. Wer an einem Weltbild festhält, das auf einer unreflektierten Drogenphobie basiert, wird sich voller Schrecken von meinen Zeilen abwenden und sich angeekelt fragen, wieso die ganze Menschheitsgeschichte von ‹Rauschgift› bestimmt worden sein soll. Besonders den Anhängern jener Drogenphobie sei die aufmerksame Lektüre empfohlen. Wer allerdings nicht an Drogenphobie leidet, der wird hier auf das Urwissen der Menschheit zurückblicken und für sich neue Wege nach Akasha finden können.

Die Menschen, die sich von den Pflanzengeistern durch das Leben führen ließen, waren weitaus glücklicher als der vereinsamte und zubetonierte Großstadtbewohner. Wer die Stimme der Natur hört, hat auch mehr Respekt vor ihr. Wer die Pflanzen liebt, der liebt Gaia, unsere Mutter Erde. Aber heute liegt die Menschheit mit Gaia in einem Kriegszustand. Wälder sterben, Regenwälder werden abgeholzt, Berge werden zerfressen, Flüsse vergiftet, die Luft verpestet. Wo aber bleibt der Mensch, wenn dieser Wahnsinn weiter getrieben wird?

Wer sich wieder mit Gaia versöhnen möchte, wer die tiefen Wunden unserer Mutter Erde wieder heilen möchte, der sollte wieder auf die Stimme der Natur, auf die Lehre der Pflanzen horchen und sich der alten Erde in respektvollen Ritualen nähern. Jeder Versuch ist sinnvoll. Jedes Ritual wertvoll. Jede Vision kostbar. Mögen sich die Tore nach Akasha wieder öffnen! Möge das Urwissen wieder empor quellen! Möge den Göttern das Morgenrot dämmern!

Christian Rätsch

Archaisches Wissen

Amajaj, *Großvater!*
Ruhig, ruhig!
Umherirrende Kinder
Haben Dich gefunden.
Amajaj, *Großvater!*
Ruhig, ruhig!
Hier sind die Jakuten
Unter den Sumpfporst-Sträuchern
Amajaj, *Großvater!*
Tungusisches Zauberlied an den Bären

Der Tanz des Bären

Das Gefühl, das uns bei dem Gedanken an den Neandertalerdurch-
fährt, ist ein Cocktail aus Primitivismus, Sittenlosigkeit, embryona-
lem Höhlendasein, Grobschlächtigkeit, Geborgenheit im Schutze
eines Lagerfeuers, Naturmagie, Freiheit von den Sorgen um den
Kontostand, Von-der-Hand-in-den-Mund-Leben, Fell, Haaren,
Nacktheit, Steinen und Keulen.
Namaste Yeti – Sei gegrüßt Wilder Mann!

In unseren Mythen erinnern wir uns an die Wunder der Schöpfung. Wenn wir der Evolution von Materie und Geist gedenken,
werden die Bilder von Drachen, Riesen, Zwergen, Meeresunge-
heuern, Wilden Männern wieder lebendig. Die Paläontologen
und Biologen nennen diese Wesen Dinosaurier, Gigantopithe-
ceen, Pygmäen, Plesiosaurier, Flugechsen, Urmenschen. Die
Funde der Wissenschaftler, ihre Forschungsergebnisse und

Theorien fließen in unsere Erinnerung ein. In uns wird der Charakter eines Riesen, das Verhalten eines Drachen, das Bewußtsein eines Wilden Mannes wieder wach. Denn alles, was war, ist und sein wird, ist aus der einen Zelle gekeimt, die am Beginn der Schöpfung steht. So wie in einem winzigen Samen ein mächtiger Baum verborgen ist, so ist auch in jedem einzelnen Menschen der gesamte Kosmos mit allen Aspekten der Vergangenheit, der Gegenwart und der Zukunft enthalten. Wenn wir uns erinnern, können wir an den Rand dieses Wissens gelangen, und wer es wagt, auch das wahrnehmen, was er nicht begreifen kann, der kann in den See der Weisheit eintauchen.

Auch wenn wir die Rituale, die die Menschen vor 60 000, vor 100 000 Jahren oder vielleicht vor noch längerer Zeit begangen haben, heute nicht mehr exakt rekonstruieren können, wirken diese Vorgänge bis heute in unserem Bewußtsein nach. Sie haben unsere Erinnerungen und unsere Welterkenntnis geprägt und prägen sie weiter. In uns tragen wir das Erbe aller Wesen, die jemals auf diesem Planeten gelebt haben. Manchmal ist uns das Vermächtnis dieser großen Ahnengemeinschaft bewußt, meist ruht es in den tiefen Schichten des Unbewußten. Noch heute erschauern Menschen beim Anblick eines Skeletts, das die letzten Überreste eines Tyrannosaurus rex verkörpert. Werden dabei nicht Erinnerungen an die Zeiten wach, in denen wir unser Dasein als angstgepeinigte Kleinsäuger erlebten?

Die verschiedensten Wissenschaften und Erkenntnismethoden können uns helfen, den Blick auf unsere Vergangenheit zu fokussieren. Dazu gehören die Paläontologie, die Archäologie, die vergleichende Religionswissenschaft und die Ethnologie. Unsere Erinnerungen können aber auch erwachen, wenn wir im Zustand der Hypnose oder in Trance sind oder wenn wir psychedelische Erfahrungen machen. Wenn unser Gehirn, mit dem wir moderne Errungenschaften wie Flugzeuge, Computer und Atomwaffen ersonnen haben, in einem Teil immer noch so geformt ist, als ob wir nach wie vor unter Wasser leben würden, warum sollen wir uns dann nicht unserer archaischen Wurzeln entsinnen können?

Unsere Reise in die Steinzeit beginnt mit einem Besuch bei den Neandertalern.

Von Neandertalern

Was wissen wir von den Neandertalern? Welche Vorstellungen haben wir von ihnen und ihrem Leben? Was bedeuten sie für uns? Waren sie Primitive? Warum sind so vielen Menschen die Erinnerungen an die Neandertaler peinlich?

Man kann sich entscheiden, den Neandertaler als unzivilisierten Halbaffen zu betrachten, man kann in ihm aber auch den hochintelligenten Ahnen erkennen, der eine Welt geschaffen hat, die dem Menschen unter eiszeitlichen Bedingungen nicht nur das Überleben, sondern das Leben selbst ermöglichte. Waren es einzelne Intelligenzbestien, die zu diesem Quantensprung an Lebensqualität beitrugen? Oder kannten die Neandertaler Formen von praktisch anwendbarer Gruppenintelligenz? Wenn wir annehmen, daß die Neandertaler wie die modernen Menschen über sehr unterschiedliche Intelligenzgrade verfügen, dann ist zumindest eines sicher: die Unintelligenten führten damals ein weitaus unsichereres Leben als heute.

Paläanthropologische Forschungen bezeugen, daß der Neandertaler über eine enorme Intelligenz, ein großes Geschick, fantastische Körperkräfte und eine ausgeprägte Kultur verfügte. Die Neandertaler lebten in der Zeit zwischen 90 000 und 35 000 v.Chr. in weiten Gebieten von Mittel- und Südeuropa, Südostafrika, Kleinasien, Zentralasien bis zu den Inselwelten Indonesiens. Sie bewohnten Höhlen, die sie immer wieder verließen, um als Nomaden weiterzuziehen. Sie fertigten Jagdwaffen, Gebrauchsgegenstände und Schmuck an. Sie bemalten ihre Körper mit Mineralpigmenten und Pflanzenfarben. Sie trugen Amulette aus Muscheln, Schnecken und Ammoniten. Sie benutzten eine Reihe von wirksamen Heilpflanzen. Sie machten gemeinsame Jagd auf die heute ausgestorbenen, eiszeitlichen Großsäuger. Bei diesen Gruppenjagden waren die Neandertaler darauf angewiesen, sich untereinander schnell und eindeutig zu verständigen. Aber aufgrund ihrer Kehlkopfstruktur waren sie höchstwahrscheinlich nicht in der Lage, eine elaborierte Sprache zu verwenden. Dennoch konnten sie durch Zeichen und Gedanken miteinander kommunizieren. Ihre riesigen Gehirne, die viel größer waren als unsere heutigen Menschenhirne, sandten Botschaften aus, die von anderen gleichartigen Gehirnen empfangen wurden. Die Neandertaler verwendeten eine Form der Verständigung, die man ohne weiteres als Telepathie bezeichnen kann. Ihr Jagdverhalten könnte dem der Wölfe ähnlich gewesen sein. Wölfe jagen im Rudel. Sie kreisen ihr Opfer ein und stoßen gemeinsam zu, ohne daß eine Kommunikation auf physikalischem Wege nachzuweisen wäre, und bilden so ein überindividuelles Bewußtseinsnetzwerk.

Meertrauben von Mompeller.
Una marina Mompeliaca.

Abb. 1 Das Meerträubel (*Ephedra sp.*) gehört zu den ältesten bekannten Ritual- und Heilpflanzen der Menschheit. Es wurde schon von den Neandertalern als Grabbeigabe benutzt. Es gehört auch zu den bedeutensten Substituenten für Soma und Haoma, die geheimnisvollen Drogen aus der Frühzeit der indoeuropäischen Zivilisation. (Holzschnitt aus Tabernaemontanus)

Zu den größten kulturellen Leistungen der Neandertaler gehörte, daß sie Bestattungsriten, magische Rituale und schamanische Kulte schufen. In der Höhle von Shanidar im heutigen Irak wurden mehrere Neandertaler-Gräber freigelegt, deren Anlage beweist, daß die Toten nicht einfach der Erde zurückgegeben, sondern so bestattet wurden, daß ihre Seelen in eine andere Welt reisen konnten. Dazu wurden die Verstorbenen in ein Loch im Höhlenboden gelegt und mit Blüten und Kräutern bedeckt. Der Archäologe Ralph Solecki war von dieser Entdeckung so beeindruckt, daß er die Neandertaler von Shanidar euphorisch als die *ersten Blumenkinder* bezeichnet hat.

Zu den Pflanzen, deren Reste in den Gräbern von Shanidar gefunden und die demzufolge schon vor 60 000 Jahren rituell genutzt wurden, gehört auch das Meerträubel *(Ephedra sp.)*, ein Kraut, das noch heute in Persien als heilig gilt und für Weihehandlungen und zur Zauberei genutzt wird.

Meerträubel enthält die stimulierende Substanz Ephedrin. Wir können heute nur noch Vermutungen darüber anstellen, wie die Neandertaler die anregende Wirkung des Meerträubel entdeckt haben könnten, aber daß sie darum gewußt haben, steht nach den Funden von Shanidar außer Zweifel und bestätigt eine Theorie, derzufolge die zentralanregende Wirkung des Meerträubel ihren Teil zur Steigerung der Intelligenz des Neandertalers beigetragen haben soll.

Vermutlich hegten manche Neandertaler-Stämme kannibalische Neigungen. In Krapina, Jugoslawien, wurden gespaltene Beinknochen, die Überreste einer kannibalischen Mahlzeit, gefunden. In der Höhle von Monte Ciceo, dem Berg der Zauberin Kirke, bei Rom wurde eine Neandertaler-Schädelschale entdeckt, die darauf hindeutet, daß sie als rituelles Trinkgefäß benutzt wurde. Vielleicht hat der noch heute in Tibet und Nepal lebendige Kult der Schädelschalen seine Wurzeln in dieser fernen Zeit.

In vielen Neandertaler-Höhlen wurden Anzeichen und Spuren eines archaischen Bärenschädelkultes entdeckt. Bären-

MEERTRÄUBEL

Name	*Ephedra americana, Ephedra chinensis, Ephedra gerardiana, Ephedra spp.*
Synonyme	Meerträubelkraut, Meerträubchen, Ma-Huang, Indianischer Tee, Mormonentee, Nahrung des Saturn, Popotillo, Soma (Ersatz)
Familie	*Ephedraceae*
Aussehen	ein kleines Kraut, das nur aus Stengeln besteht. Daran sitzen die unscheinbaren, kleinen, weißen Blüten und die runden, leuchtendroten eßbaren Früchte.
Vorkommen	in allen Teilen der Welt, besonders in trocken-warmen Gebieten, aber auch in abgelegenen Arealen (Hochgebirge, Wüsten, Steppen).
Droge	das frische oder getrocknete Kraut, nicht die Wurzeln.
Anwendung	Zauberpflanze, Grabbeigabe, Prophetenpflanze, Weinzusatz, Stimulanz, zur Vorbereitung auf die Visionssuche, Medizin, Antialergikum, Aphrodisiakum (besonders für Frauen).
Wirkstoffe	alle Ephedra-Arten enthalten das amphetaminartige Alkaloid Ephedrin, Pseudoephedrin, Norephedrin und weitere Alkaloide. Gerbstoffe, Saponine, Flavone und ein ätherisches Öl. Der Extrakt wirkt blutdrucksteigernd, zentral anregend, diuretisch, appetitdämpfend, antialergisch und krampflösend auf die Bronchien.
Literatur	Flattery & Schwartz 1989, Miller 1988, Rätsch 1987, Wasson 1972.

schädel ruhten auf altarähnlichen Anlagen oder waren in Steinnischen eingelassen. An anderen Fundorten zeigten die Schädel mit der Schnauze zum Höhleneingang. Manche Schädel wurden nach der Ost-West-Achse, ein Koordinatensystem, das noch heute bei vielen Ritualen eine tragende Rolle spielt, deponiert. Ein besonders aufschlußreicher Fund ist der Schädel, durch dessen Augenhöhle ein Beinknochen geschoben worden war. Aus dieser sensationellen Entdeckung läßt sich eindeutig schließen, daß ein Neandertaler eine zielgerichtete (magische?) Handlung mit dem Schädelknochen ausgeführt hatte. Eine derartige Handlung kann nur von einem Menschen durchgeführt werden, der eine exakte Vorstellung von der diesseitigen und jenseitigen Welt hat. Wurde hiermit ein Zauber bewirkt?

Ein Trank aus dem Gehirn eines Bären bereitet und in dessen Schädel dargereicht, soll eine Bärenwut hervorrufen, so daß ein Mensch, der davon getrunken hat, sich in einen Bären verwandelt glaubt, alles vom Bärenstandpunkt aus beurteilt und in seiner Raserei verharrt, bis der Zauber des Trankes gelöst ist, ohne daß übrigens irgendein anderes Übel für den Betreffenden draus entstände.
Heinrich Cornelius, Agrippa von Nettesheim,
Die magischen Werke (15. Jh.)

In der Nähe von Mixnitz, einem Ort in den österreichischen Alpen, liegt eine Höhle, die heute *Drachenloch* genannt wird. Hier wurden tausende von Skeletten des mächtigen Höhlenbären *(Ursus spelaeus)* gefunden, der seit dem Ende der letzten Eiszeit ausgestorben ist. Viele Generationen von Neandertalern haben hier während unzähliger Rituale aus Ehrerbietung an den Geist des Höhlenbären und als Zeichen der körperlichen Welt Knochen und Schädel des von ihnen verehrten Tieres deponiert. Manche Schädel hatten große Löcher, die beweisen, daß die riesigen Tiere gewaltsam getötet wurden. Das Drachenloch von Mixnitz ist das größte bislang entdeckte eiszeitliche Heiligtum, dessen Spuren sich über die Jahrtausende erhalten haben und das noch immer die Phantasie der Menschen beflügelt. Hier mag die Wiege eines in der nördlichen Hemisphäre zirkumpolar verbreiteten Bärenkultes gestanden haben. Seit der Zeit der Neandertaler tanzt der Geist des Bären durch die Epochen und Kulturen.

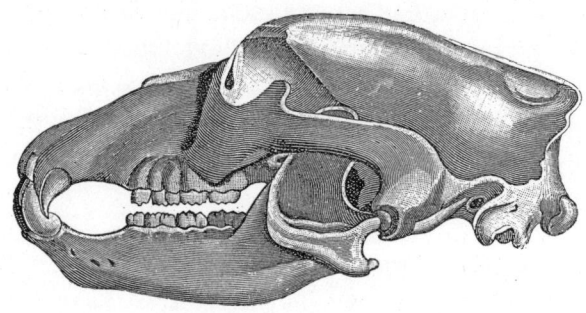

Abb. 2 Der Schädel des Höhlenbären (*Ursus spelaeus*) konnte über 50 cm lang werden.

Ayla und der Clan des Bären

Die amerikanische Autorin Jean M. Auel hat einen auf der ganzen Welt erfolgreichen, dreiteiligen Roman-Zyklus geschaffen, in dessen Mittelpunkt das Mädchen Ayla steht. Ayla ist ein Cro-Magnon-Kind, das während eines Erdbebens von seinem Stamm getrennt und später von einem Clan der Neandertaler aufgenommen wird.

Jean M. Auel schildert das Leben der Neandertaler so, wie es wohl einmal von einem heranwachsenden Mädchen empfunden worden sein mag, das aus der gleichen Welt wie die Neandertaler kam und doch zu einer anderen Kultur gehörte. Seine besondere Faszination gewinnt der Roman dadurch, daß die Autorin sich ihrem Thema so nähert, als sei sie eine mit allen Fachpublikationen vertraute Ethnologien, die die

24

Lebensweise eines fremden Volkes erforschen will. Auf diesem Wege gelingt es ihr, die Denkweise der Neandertaler, die sich doch so sehr von der unseren unterscheidet, zu erfassen und sie gleichsam von innen heraus zu schildern. Ihre Beschreibungen des Alltags und der Rituale der Neandertaler erwecken beim Leser den Eindruck, als sei sie selbst bei dem, was Ayla erlebt, dabeigewesen.

Ayla wird von Iza, der Medizinfrau des Clans, adoptiert und lebt fortan am Herdfeuer des Mog-ur, des Zauberers. Während Iza Ayla zu einer Medizinfrau erzieht, gelingt es dem Mädchen manchmal, Einblicke in die magische Welt des alten Zauberers zu gewinnen. Nachdem Ayla gelernt hat, aus den Wurzeln des Stechapfels *(Datura)* den heiligen Trank, der bei den Ritualen der Zauberer und bei den Bärenfesten getrunken wird, zu brauen, darf sie selber mehrere Rituale erleben.

Wenn die Männer des Clans sich im Kreis um den gewaltigen Schädel eines Höhlenbären versammelt und das bewußtseins-

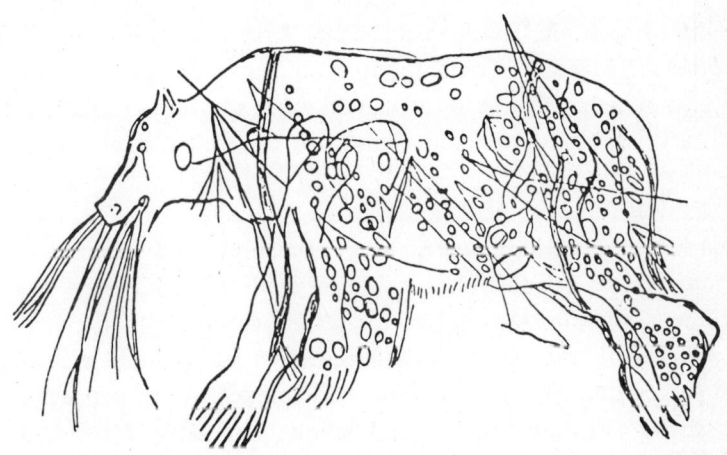

Abb. 3 Ein blutender, von Speeren durchstoßener Höhlenbär, der seinen letzten Atem aushaucht. Wurde mit solchen Zeichnungen der Geist des Höhlenbären beschworen? Übten sich die Jäger im Dunkel der Höhle? (Felsgravur in der Höhle von Trois Frères, Paläolithikum, Mittel Magdalenian, ca. 14 000 v. Chr.)

verändernde Stechapfelgebräu zu sich genommen haben, beschwören sie den Geist des Höhlenbären. Stark und heftig ist der Rhythmus ihrer Speere, mit denen sie auf den Boden trommeln. Langsam erhebt sich der Mog-ur und ruft mit der den Neandertalern eigenen Gebärdensprache den Geist des Höhlenbären herbei. «Durch ihn fühlten die Clan-Leute sich eingebunden in die Gemeinschaft derer, die wie sie waren. Indem sie verehrten, was ihnen gemeinsam war, waren sie vereint und spürten die Kraft.» Unter der eintretenden Wirkung des magischen Tranks beginnen sich Vergangenheit, Gegenwart und Zukunft zu einer Einheit zu verschmelzen. Die Teilnehmer «konnten auf gemeinsam Erfahrenes zurückgreifen, sich der Entwicklung ihrer eigenen Art erinnern, und wenn sie tief in sich hineinblickten, konnten sie diese Erinnerung, die bei ihnen allen die gleiche war, verschmelzen und geistig eins miteinander werden». Wenn dieses Stadium erreicht war, begann der Mogur, die Versammelten zu ihren Ahnen und zum Ursprung des Lebens zurückzugeleiten:

Da der Höhlenbär das alle verbindende Zeichen war, beschwor der Mog-ur ein Urwesen, das beide Arten, die säugenden Tiere und die Menschen, und zahllose andere hervorgebracht hatte, und verschmolz die Sinne der Männer mit den Anfängen des Bären. Und indem sie die Zeiten durchlebten, als sich die Berge falteten und Feuer spien, Kälte das Land umklammert hielt, das sich vom Wasser geschieden hatte, traten sie nach und nach in den Körper eines jeden ihrer Vorfahren und wurden jener gewahr, sie sich abspalteten und andere Formen bildeten. Es war ihnen, als seien sie ein Teil allen Lebens auf der Erde; und die Ehrfurcht, die daraus erwuchs, selbst für die Tiere, die sie töteten und von denen sie sich nährten, legte den Grund für die geistige Einheit mit ihren Zeichen. Auf diese Weise durchmaßen sie die Zeiten, und erst als sie der ihren nahe kamen, spalteten sie sich auf und wurden ihre Ahnen und schließlich wieder sie selbst. Das alles dauerte eine ganze Ewigkeit, dabei war doch nur eine kurze Zeit verstrichen.

Von den Ainu

Als der moderne Mensch, der *Homo sapiens,* auftauchte, verschwand der Neandertaler. Starb er aus? Wurde er von den Menschen ausgerottet, wurde er von ihnen assimiliert? Hat er sich nur zurückgezogen und lebt er noch in abgelegenen Gebieten? Ist er der Wilde Mann der mittelalterlichen Mythologie oder gar der Wilde Mann der modernen Zeitungsschlagzeilen? Oder lebt er in dem Volke der Ainu fort?

Die Ainu sind die Ureinwohner Japans, die noch heute auf

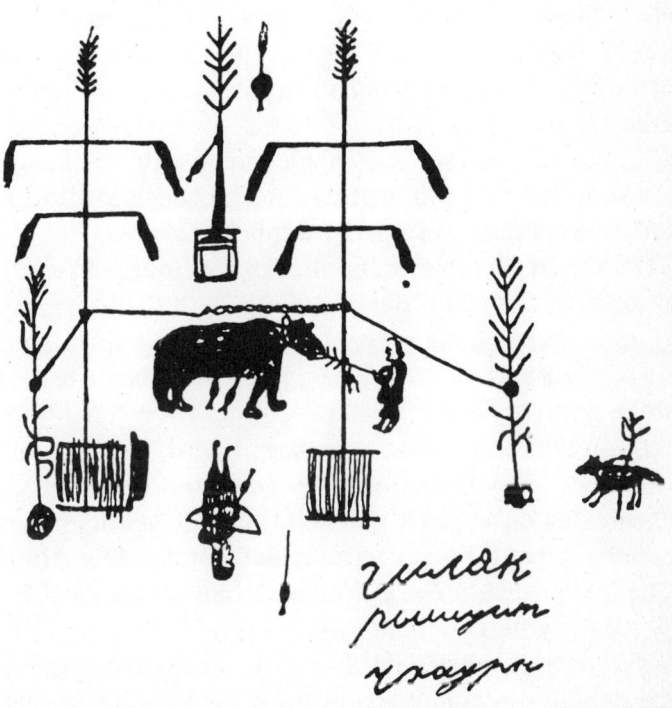

Abb. 4 Die Tötung des Bären während des Rituals bei den Giljaken auf der nördlich von Japan gelegenen Halbinsel Sachalin. (Zeichnung eines Giljaken, nach Ivanov 1954.)

der nordjapanischen Insel Hokkaido und auch auf der nördlich davon gelegenen Landzunge Sachalin leben. Die Ainu sprechen eine ganz eigene Sprache und unterscheiden sich in Körperbau und Physiognomie nicht nur von den Japanern, sondern auch von allen anderen Menschen. Sie sind klein, gedrungen, gehen vornübergebeugt und sind extrem stark behaart. Die Männer sind am ganzen Körper behaart, und es wachsen ihnen riesige Bärte. Körperhaare und Bärte werden so hoch bewertet, daß sich die Frauen Bärte ins Gesicht tätowieren lassen.

Einige Forscher haben vermutet, daß die Ainu eine Restpopulation der einstigen Neandertaler sind.

Im Zentrum der schamanischen Stammeskultur der Ainu steht ein Bärenritual. Dieses Volk sieht im Bären eine essentielle kosmische Macht, die das Geschehen der menschlichen Welt entscheidend beeinflußt, wenn nicht gar beherrscht. Das Bärenritual heißt *iyomande*, «Entsenden». Entsendet wird der Geist des Bären.

Das Bärenfest verläuft nach einem uralten festgelegten Gesetz und ist dem Bärenritual der sibirischen Stämme und der nordamerikanischen Indianer ähnlich.

Das Gesetz der Ainu befiehlt, daß auf einer Jagd ein Jungtier gefangen werden muß, das in Gefangenschaft großgezogen und mit allen erdenklichen Mitteln aufgepäppelt wird. Solange es klein ist, wird es von den Frauen des Stammes, die viel Milch haben, gesäugt. Während der drei oder manchmal noch mehr Jahre, in denen das Tier aufgezogen wird, wird es immer gut behandelt, oft geradezu verhätschelt. Erst wenn die Zeit des Bärenfestes, das meist in den Oktober fällt, gekommen ist, wird das liebevoll aufgezogene Tier rituell getötet. Die Ainu stellen dann aus verschiedenen Giftpflanzen, zu denen auch *Aconitum japonicum* gehört, ein Pfeilgift her, mit dem sie einen Pfeil präparieren, durch den der Bär verwundet wird. Anschließend wird das Tier in einem eigens für diesen Zweck gezimmerten Holzgestell erwürgt. Die Ainu glauben, daß sie durch diesen Prozeß die Seele des Bären zu seinem Ahnen, dem Herrn der Berge senden. Sie sagen, daß der Geist des Bären weiterlebe, nachdem er seine sterbliche Hülle abgeworfen habe. Der Bärengeist soll nun dem Herrn der Berge berichten, wie gut die Menschen ihn behandelt haben und ihn, der über Wild und Vögel herrscht, bitten, den Jägern der Menschen gnädig zu sein und sie mit reichlich Jagdwild zu versorgen.

Abb. 5 Die rituelle Tötung des Bären währen des Großen Festes bei den Ainu auf Hokkaido, der nördlichsten Insel Japans. (Japanischer Holzschnitt, 19. Jh.)

Ist der Bär tot, trennt man ihm als erstes den Kopf vom Leibe. Dieser wird enthäutet und entbeint, geschmückt und mit magischen Objekten verziert und schließlich als apotropäische Waffe auf einen Holzstab aufgesteckt. Dann versammeln sich die Ainu im Halb- oder Vollkreis um den Bärenschädel, um das Blut des Tieres zu trinken, das Fleisch zu kochen und den *inao* zu opfern. Ein Teil des Blutes und des Fleisches opfern sie dem aufgespießten Bärenschädel. Bei einem großen Mahl tun sich alle zusammen am Fleisch des Bären gütlich. Dazu fließt reichlich Sake. Nach dem Festgelage werden Ringkämpfe aufgeführt und Geschichten erzählt. Nach dem Opferritual ist die Zeit für allgemeine Vergnügungen gekommen.

Der Weg des Bären ist auch der des Menschen. So wie der Bär zunächst beschützt und aufgezogen, dann aber seine Hülle geopfert wird, damit er mit dem Herrn der Berge zusammentreffen kann, so muß jeder Mensch eines Tages dem Tod ins Auge blicken, damit er bald wieder mit seinem Schöpfer verschmelzen kann. Manche Ainu können mit Hilfe verschiedener Zauberpflanzen, kraftvoller Gesänge und Rituale aber

Wilder Roßmarein.

Abb. 6 Der Sumpfporst oder Wilde Rosmarin gehört zu den ältesten Zauber- und Prophetenpflanzen der Menschheit. Er wurde vornehmlich von Schamanen und Wahrsagern der nördlichen Hemisphäre zur Induktion einer prophetischen Trance benutzt. Sein Gebrauch gehört vorwiegend der Vergangenheit an. Anwendung und Inhaltsstoffe sind wenig erforscht. (Holzschnitt aus Tabernaemontanus)

schon vor ihrem Tod zum Herrn der Berge, zur Göttin des Feuers und zum Schöpfer der Welt reisen. Dort erkennen sie die verborgenen Aspekte ihrer Welt. Diese Rituale finden immer nach Sonnenuntergang im Hause neben dem Herdfeuer statt. Das Herdfeuer ist ein eigenes heiliges Universum, in dem die Großmutter Herd lebt und ihren Menschenkindern hilft. Zu Beginn des Rituals wird Wermutkraut geräuchert und die Trommel geschlagen. So verschwinden die schlechten Geister und ermöglichen das freie Fließen der Heilkräfte. Ist das geschehen, trinkt der Heiler einen Trunk aus aromatischen Kräutern und Salzwasser.

Eine der Pflanzen, die zu diesem Anlaß verwendet werden, ist der *nuhca* genannte Sumpfporst. Der Sumpfporst, bei uns als Wilder Rosmarin bekannt, ist eine typische Pflanze des Nordens, der in sumpfigen Gegenden des nördlichen Eurasiens wächst und überall Eingang in die Zauberei und die Heilkunde gefunden hat. Es ist ungewiß, aber möglich, daß bereits die Neandertaler den auch in den Alpen wachsenden Sumpfporst gekannt und bei ihren Ritualen verwendet haben. In Sibirien wurde der Sumpfporst als Räuchermittel zur Erzeugung der schamanischen Trance verwendet.

Wir wissen wenig über den Gebrauch dieser kaum erforschten Zauber- und Prophetenpflanze. Da die Ainu ein aussterbendes Volk sind, das zuerst von den Japanern unterdrückt und schließlich von den christlichen Missionaren an den Rand des Abgrunds gebracht wurde, geht ihr Wissen um die Geheimnisse des Bären, der schamanischen Reise und des Sumpfporstes verloren. Die meisten der heute noch lebenden Ainu sind dem Alkohol oder den Verlockungen der techno-zivilisierten Welt verfallen. Wie lange wird der Geist des Bären noch in ihrem Bewußtsein tanzen?

Von Berserkern

Das Wort Berserker bedeutet ‹Bärenhäuter›. So wurden in alten Zeiten Menschen bezeichnet, die sich durch besondere magische Kräfte, durch den Gebrauch der rechten Zaubermittel und mit Hilfe eines geweihten Tierfells in Bären oder Wölfe verwandeln konnten. Aus diesem Zusammenhang ist auch die Vorstellung vom Werwolf entstanden. Berserker waren oft von ihren Mitmenschen gefürchtete Einzelgänger, weil sie wie aus dem Nichts auftauchten und als ungebetene Gäste in die Häuser einfallen konnten. Manchmal schlossen

SUMPFPORST

Name	*Ledum palustre*
Synonyme	Porst, Wilder Rosmarin, Tannenporst, Moor-Rosmarin, Schweineporst, Porsch, Kühnporst, Sumpf-Kühnrost, Heidebienenkraut, Gränze, Weiße Heide, Gruiz, Grutkraut
Familie	*Ericaceae* (Heidekrautgewächse)
Aussehen	Bis zu 1,2m hoher Strauch mit holzigen Stengeln, kleinen lanzettförmigen Blättern und weißen Blütenkronen
Vorkommen	in Nordeuropa und Nordasien, aber auch im nördlichen Nordamerika, hauptsächlich in Hoch- und Übergangsmooren und auf kalkfreien Böden. In Mitteleuropa gilt er als Eiszeitreliktpflanze und ist in Endmoränengebieten, u.a. in den Alpen anzutreffen.
Droge	die frischen oder getrockneten Blätter und Stengelspitzen, der alkoholische Gesamtextrakt
Anwendung	Zauberpflanze, Heilmittel, als Bitterwürze des Bieres («Grutbier»), Insektenschutzmittel, Räuchermittel, homöopathisches Medikament
Wirkstoffe	die ganze Pflanze enthält das aromatische ätherische Öl Ledol, Palustrol, Myrcen, Quercetin, Hyperosid, Arbutin und einige Alkaloide. Das Öl wirkt psychoaktiv.
Literatur	Greve 1938, Knoll-Greiling 1959, Mitsuhashi 1976, Rätsch 1988, Sandermann 1980.

sie sich in Verbände zusammen, die ihre Dienste den germanischen Fürsten anboten um die verhaßten Römer in die Flucht zu schlagen. Die Römer, die nach Germanien zogen, erlebten ihr blaues Wunder, als sie den Berserkern begegneten. Solche Gestalten hatten sie noch nie gesehen: Große Männer und riesige Frauen, nackt, nur in zottelige Felle gekleidet, die Körper mit Farben und Kräutern beschmiert, Augen, die Blitze schleuderten wie Jupiter selbst, wilde lange Haare, die im Wind wallten und Stimmen, die wie Donnergrollen oder das Peitschen der Brandung klangen. In den Augen der Römer musste so das wilde Heer aussehen, das aus der Unterwelt auf die Erde kommen sollte. Die kleinen und vergleichsweise zarten Römer fürchteten am meisten die Wut, die berühmte Berserkerwut oder den Berserkergang, denn die Berserker konnten in eine Raserei verfallen, gegen die das bacchantische Treiben in den Heimatstädten eher ein harmloser Kindergeburtstag war. Wer einem Berserker in einem solchen Zustand begegnete, konnte nur noch seine Beine unter die Arme nehmen und auf eine bessere Zukunft hoffen. Die Berserker strahlten schon durch ihre bloße Erscheinung eine Kraft aus, die jeden Gegner kampflos in die Knie zwang. Sie waren unverwundbar, gnadenlos und besaßen übermenschliche, göttliche Kräfte. Der römische Geschichtsschreiber Tacitus hat die germanischen Harier, die einen Berserkerverband bildeten, eindrucksvoll beschrieben:

Ihrer angeborenen Wildheit helfen sie künstlich und durch Ausnützung der besten Zeit nach: schwarz sind ihre Schilde, bemalt ihre Körper, dunkle Nächte suchen sie zum Kämpfen aus und jagen schon durch das grauenvolle Dunkel ihres Totenheeres Schrecken ein. Hält ja doch kein Feind dem ungewohnten und gleichsam höllischen Anblick stand. Denn bei allen Kämpfen werden zuerst die Augen besiegt.
(*Germania 43*)

Was war das Geheimnis der Berserker, ihrer Wut und ihrer

Trance? Waren sie Anarchisten, Rocker oder Punks? Oder waren sie mächtige Zauberer, die über Methoden zur Steigerung der Körperkräfte verfügten?

Es gibt Vermutungen darüber, daß die Berserker einen Zaubertrank besaßen, der sie in einen Zustand besonderer Kraft, Kompromißlosigkeit und Gleichgültigkeit versetzte. Manche Forscher glauben, daß es der Fliegenpilz war, der den Berserkern sowohl enorme Körperkräfte verlieh als ihnen auch die Verwandlung in ein Tier, in einen Bären oder einen Wolf, ermöglichte. Die pharmakologische und ethnologische Erforschung des Fliegenpilzes hat allerdings gezeigt, daß dieser denkbar ungeeignet ist, die für den Berserkergang typischen Veränderungen zu erzeugen. Hinter dem Geheimnis der Berserkerwut müßte sich eine andere Pflanze verbergen.

In den ältesten skandinavischen Quellen zum Bier und Bierbrauen wird immer wieder das sogenannte Grutbier als Auslöser der Berserkerwut genannt. Das altgermanische Bier wurde nicht mit Hopfen, der erst seit dem Mittelalter verwendet wird, sondern mit vielen «bitteren Kräutern», unter anderem mit Sumpfporst gebraut. Der Sumpfporst hat dem Grutbier nicht nur einen aromatischen Geschmack verliehen und es haltbar gemacht, sondern hat auch dessen Wirkung verstärkt, beziehungsweise verändert. Der Sumpfporst enthält nämlich ein ätherisches Öl, das stark berauschend wirkt und in höheren Dosierungen zu Krämpfen, Wut und Raserei führt. Vielleicht war es der Sumpfporst, der den Bären in den Berserken zum Tanzen brachte. Waren die Berserkerverbände alte Kultgemeinden, die den Bären – ähnlich wie einst die Neandertaler, die nordamerikanischen Indianer, die sibirischen Schamanen und die Ainu verehrten?

Die Pflanze des Lebens

*In diesem rotweißen Hut stecken mehr Farben, als deine armseligen
Menschenaugen jemals gesehen haben!... Wenn du ihn trocknest und
kaust, kannst du im Traum furchtbare Geheimnisse lüften. Du
kannst dich in die frühesten Zeiten hineinversetzen... In die Zeiten
vor deinem Gott... vor meinen Göttern...*
François Bourgeon: *Die Gefährten der Dämmerung*

Wenn zur Zeit der Wintersonnenwende die gewaltigen
Winterstürme über den Himmel jagen, reitet der wilde Gott
Wotan auf seinem mächtigen achtbeinigen Schimmel über die
Wolken. Ihm folgt die Wilde Jagd, eine Schaar himmlischer
Wesen, in denen die Naturgewalten lodern. Ihre Gegenwart
läßt die Luft zucken, die Wolken donnern und den Himmel
speien. Ein furchtbares Toben, Brausen und Grollen hebt an.
Es ist der Augenblick der längsten Nacht, des kürzesten Tages.
Der düstere Winter wird vom herannahenden Lenz verdrängt.
Die Götter schlagen über alle Stränge – solange, bis alle Wasser
aus den Wolken gewrungen sind, die Bäume von Schneewehen
bedeckt werden, und die Erde vom Geifer der göttlichen
Reittiere befruchtet worden ist.

Wotan ist ein unermüdlicher Reiter, ein unerschrockener
Abenteurer, ein nach ewigem Wissen dürstender Gott. Er ist
ein schamanischer Gott, der aus Asien kam und den Alten
Europäern die Ekstase brachte. Er reitet sein Roß wohin er will
und solange er will. Bald tritt seinem treuen Roß der Schaum
vor das Maul, seine Nüstern erzittern im Wind, seine Hufe
treten den Donner. Schon spritzt der Schaum vom Maul des
Pferdes, zischt durch die Luft und dringt in den feuchten Wald-
boden ein. Dort verbindet sich der himmlische Tropfen mit der
Wärme der Wala, der Göttin der Erde. Sie wird schwanger.
Nach neun Monden, wenn die Birken schon ihr goldenes Kleid
zur Feier des Spätsommers angelegt haben, bricht die unterir-

dische Frucht auf. Einem gewaltigen Phallus gleich schiebt sich ein Pilz mit rotem Hut und weißen Flecken durch die Erdkrume, ein Pilz, der seine Kraft im Schatten der Birken und Tannen neben dem Purpur der Heidekrauts zeigt... – So der Mythos.

Der Fliegenpilz gehört heute zu den Pflanzen, die von soge-nannten zivilisierten Spaziergängern in knirschender, blinder Wut zerstört werden, denn hinter dieser Wut verbirgt sich ein Haß auf die Natur, so als ob der Mensch die Entscheidung habe, was die Erde des Waldes hervorbringen soll und was nicht. Ein gelehriger Vater sagt zu seiner wißbegierigen Tochter: «Dieser Pilz ist böse, darum zertreten wir ihn.» Wie aber kann ein Wesen, daß durch die Götter auf die Erde kam, «böse» sein?

Der auffällige Fliegenpilz – dessen Name auf den magischen Flug verweist und nicht auf das legendäre Fliegengift der Großeltern [1] – gehört vermutlich zu den ältesten Zauber- und Prophetenpflanzen der Menschheit. Er wuchs bereits in den nacheiszeitlichen Gletscherlandschaften und hat vor allem in den Kulturen der nordischen Völker eine wichtige Rolle gespielt. Der Fliegenpilz gedeiht in Landschaften, die durch Urstromtäler geprägt sind, in denen die Heide blüht, die Birken sich wiegen und die Tannen sich gen Himmel recken. Wenn die goldene Herbstsonne durch die Lichtungen flutet, ragen die leuchten-den Köpfe dem Licht entgegen. Mit ihm setzt die Natur ein Zeichen, das die Menschen der Steinzeit verstehen konnten.

Wann und wo, vor allem von wem der erste Fliegenpilz gegessen wurde, ist unbekannt. War es von 3000 Jahren, vor 30 000 Jahren oder gar vor 100 000 Jahren? War dieser Pilz die Pflanze des Lebens, die den eiszeitlichen Jäger zum wissenden Schamanen machte? War er der nordische Baum der Erkennt-nis? War er vielleicht ein Zaubermittel der sagenhaften Hyperboreer? [2]

Schamanismus im archaischen und engeren Sinne ist genau-so ein Phänomen des Nordens, wie der Fliegenpilz ein Pflanze des Nordens ist. Beide gehören zu unseren tiefsten archaischen

Wurzeln. Der Norden repräsentiert in vielen Kulturen die Geburt; manche sehen sogar die Geburt der Kultur im Norden.

Von Schamanen

Das Wort Schamane wird heute oft in einem recht oberflächlichen Sinne verwendet. New Age-Kreise und selbsternannte Heiler verstehen unter diesem Begriff eine Person, die ‹irgendwie› in Trance heilen kann. Neo-Schamanen schießen aus dem Boden wie Pilze (nur sind sie meist nicht so wirkungsvoll wie diese Pilze...).

Die Wurzel des Wortes lautet *shaman* und begegnet uns nur in den sibirischen Sprachen, wo es eine Person – ob Mann, Frau, Transvestit oder Weibmann – bezeichnet, die von der Geisterwelt den Auftrag erhalten hat, ihrem Stamm zu helfen. Ein Schamane ist man nicht aus Hobby oder Interesse. Es genügt auch nicht – wie oft fälschlich behauptet – auf die Trommel zu hauen. Nicht die Trommel macht den Schamanen, der Schamane macht die Trommel. Ein Schamane wird nur der von den Geistern, Göttern oder Dämonen Auserwählte, jemand der – oft gegen seinen Willen – mit der Last des Schamanentums belegt wird. Er *muß* nach der Berufung, nach der Initiation, der Einweihung in die andere Wirklichkeit, seinem Stamm helfen. Er *muß* Krankheiten heilen. Deshalb reist er mit Hilfe der ihm von den Geistern verliehenen Fähigkeiten in die Unterwelt, in den Himmel, klettert den Weltenbaum hinauf und sucht nach der Seele, oder nach Seelenbruchstücken des Kranken. Er *muß* wahrsagen. Deshalb reist er in die Vergangenheit oder in die Zukunft, oder er fliegt mit Hilfe seiner verbündeten Tiergeister über die Tundra und hält nach Jagdwild Ausschau. Er *muß* seine Mitmenschen unterhalten. Ein Schamane ohne Showtalent ist nicht nur langweilig, er gilt als Versager. Denn er muß mit Witz die Mysterien des Universums enthüllen, seine Brüder und Schwestern zum lachen bringen, ein Clown, Theaterheld und Spaßvogel sein. Dabei sind sein Geschlecht und seine gelebte

Sexualität von besonderer Bedeutung. Frauen, die niemals schwanger waren, eignen sich am besten für das Schamanentum. Fällt die Wahl der Geister auf einen Mann, so paßt er sich dem Bild der Frau an. Er trägt Frauenkleidung, macht Frauenarbeit, feminisiert sich selbst. Und er pflegt sexuelle Kontakte zu Männern. Es gibt Geschichten von männlichen Schamanen, die

Abb. 7 Wenn die Hexe durch den Wald, den heiligen Ort ihrer heidnischen Vorfahren wandelt, ist der Fliegenpilz nicht weit. (Heinrich Vogler, *Die Hexe*, Federzeichnung um 1900)

sich so sehr in ihre Gestalt als Frau vertiefen, daß ihre Hoden verkümmerten, ihr Penis schrumpfte und ihr Anus zum Ort der Lust wurde. Ein solcher Weibmann konnte sich, so oft er wollte, mit den Männern seines Stammes vergnügen. Er brauchte nie Angst zu haben, schwanger zu werden und dadurch seine Schamanenkraft zu verlieren.

Die sibirischen Schamanen wurden vielfach in alten Reiseberichten beschrieben. Besonders häufig wurde von ihrem «unappetittlichen» Gebrauch des Fliegenpilzes erzählt. Schon zu Anfang des 19. Jahrhunderts beschäftigten sich zwei deutsche Toxikologen und Botaniker mit sibirischen Fliegenpilzritualen. In ihrem klassischen, mit handkolorierten Kupferstichen illustrierten Werk von 1845, unter dem schlichten Titel *Giftpflanzen-Buch* erschienen, heißt es:

Merkwürdig ist es, daß verschiedene Völkerschaften des nördlichen Asiens sich des Fliegenschwamms als eines berauschenden Mittels bedienen, so die Samojeden, Ostjaken, Tungusen, Jakuten usw, besonders aber die Kamtschadalen. Der Fliegenschwamm wird von denselben, auf verschiedenen Weise zubereitet, genossen. Nach einer halben, zuweilen auch erst nach einer bis zwei Stunden, beginnt die Wirkung, zuweilen mit Ziehen und Zucken in den Muskeln oder mit Sehnenhüpfen. Die Menschen werden lustig, später ausgelassen lustig, zeigen auch, indem sie zum Theil schwindeln und taumeln, doch ungewöhnliche körperliche und geistige Kräfte. Nur ausnahmsweise tritt eine traurige Gemütsstimmung ein, sowie auch andere Symptome, welche auf den Genuß geistiger Getränke zu folgen pflegen, in einzelnen Fällen nicht ausbleiben, z.B. starke Kongestionen gegen den Kopf, Erbrechen usw, machen Individuen wüthen gegen sich selbst. Aus dem Schlaf, in den die Berauschten fallen, erwachen sie mit grosser Mattigkeit, eingenommenem Kopf, aufgedunsenen Gesicht usw. Der häufige Gebrauch des Fliegenschwamms macht die Leute, wenigstens im Alter, stumpfsinnig und dumm. Bei heftigen Berauschungen erfolgt zuweilen der Tod unter Zuckungen. Das berauschende Prinzip des Fliegenschwammes geht in den Harn über, und so unwahrscheinlich es auch klingt, so bezeugen doch verschiedene Reisende (etwa Enderli), daß bei den genannten Völkerschaften nicht alleine der Schwamm sondern auch der Urin der dadurch Berauschten als Berauschungsmittel benützt und auf diese Weise die Berauschung selbst auf die vierte und fünfte Person übertragen werde. Zu bemerken ist übrigens noch, daß auch der Fliegenschwamm in Beziehung auf Unbeständigkeit seiner Wirksamkeit durchaus keine Ausnahme macht vom Verhalten der Pilze überhaupt. Es fehlt auch bezüglich seiner nicht an Beobachtungen, wo sein Genuß keine nachhaltige Wirkungen hervorbrachte. Langsdorf gibt an, derselbe Mensch werde oft von einem Pilz sehr stark, andere Male von zwölf bis zwanzig Stück gar nicht angegriffen, und Bulliard aß zwei Unzen des Pilzes ganz ohne Nachtheil.

Auch heute noch wird der Fliegenpilz, *das* Symbol des Glücks, ohne erkennbare Nachteile genossen. Im Tessin gibt es ein Antipasto aus frischen, in Essig und Öl eingelegten Fliegenpilzhüten. Manche Schweizer Skifahrer schwören auf den Fliegenpilz, weil er bei der Abfahrt von der Höhe der Berge Kraft und Genuß steigere. In Hamburg werden von den Bewohnern der Walddörfer schmackhafte Suppen aus frischen Fliegenpilzen gekocht. In Rußland verstärkt man die Wirkung des Wodkas durch ein bis zwei Pilze, die Igorot auf den Philippinen essen sie zum gemeinsamen Zeitvertreib. In Alaska werden Fliegenpilze zur Erzeugung von Visionen verspeist. In Mexiko und Guatemala raucht man getrocknete Fliegenpilzhüte um wahrsagen zu können. Weitverbreitet ist auch eine aphrodisierende Rauchmischung aus Fliegenpilz, Marijuana und Stechapfelblättern. Ob es noch immer Schamanen gibt, die mit dem Pilz das Fliegen erlernen und den Urin ihrer Freunde trinken, ist ungewiß, aber möglich.[3] Wer weiß schon, was wirklich in Sibirien los ist!

FLIEGENPILZ

Name   *Amanita muscaria*

Synonyme   Fliegenschwamm, Narrenschwamm, Rabenbrot, äh kib lu'um («das Licht der Erde»), tschasch baskon, («Augenöffner»), Toadstool, Miskwedo, Muchumor

Familie   *Amanitaceae* (Knollenblätterpilze)

Aussehen   roter, weißgepunkteter Hut auf weißem Stiel. Die orangefarbene Variante *aureola* ist recht selten.

Vorkommen Der Fliegenpilz wächst in allen Teilen der Erde.

Droge   die getrockneten Hüte, oder der alkoholische Gesamtauszug

Anwendung Zauberpflanze, Trancemittel, Unsterblichkeitselixier, homöopathisches Medikament, Aphrodisiakum

Wirkstoffe   der frische Fliegenpilz enthält Cholin, Acetylcholin, Muscarin, Muscaridin, Muscazon, Butyltrimethylammonium, ebenso Ibotensäure, deren Gehalt bei der Trocknung durch Decarboxilierung abnimmt. Aus der schwach wirksamen Ibotensäure entsteht dabei das stark psychedelische Muscimol.

Literatur   Alegre 1980, Allegro 1971, in Efron 1967, Ott 1976, Pollock 1975, Rätsch 1986 und 1987, Sanford 1973, in Schröder 1985, Wasson 1972 und 1979.

Von Urin und sinnlichen Träumen

Gegen Ende des 19. Jahrhunderts verbrachte der deutsche Völkerkundler Enderli zwei Jahre bei den sibirischen Völkern der Tschuktschen und Korjaken. Er hatte das Glück, bei einer schamanischen Seance der Korjaken, einem Fliegenpilzritual, dabeisein zu dürfen. Es ist nicht bekannt, ob er selbst jemals den Wunderpilz versucht hat.

– Auf Befehl des Mannes suchte die Frau aus einem alten Ledersacke, in dem alle möglichen Dinge durcheinander geworfen waren, ein kleines in schmutziges Leder gewickeltes Paketchen vor, aus dem sie einige alte, vetrocknete Fliegenpilze hervorzog. Die Frau setzte sich alsdann neben den beiden Män-nern nieder und fing die Pilze gut zu zerkauen an. Dann nahm sie den Pilz aus dem Munde heraus und rollte ihn zwischen den Händen zu einem kleinen Würstchen zusammen. Der Pilz ist nämlich von höchst unangenehmem Geschmack, der starken Brechreiz hervorruft, weshalb ihn denn auch derjenige, der ihn zu essen beabsichtigt, immer einem andern zum Zerkauen gibt und auf diese Weise hergestellte Würstchen mit einem Male, gleich Pillen, verschluckt. Kaum war die Fliegenwurst hergestellt, als sie auch sofort von einem der Männer auf höchst appetitliche Art verschluckt wurde, indem er sie mit seinen unbeschreiblich schmutzigen Fingern – die Korjaken waschen sich überhaupt im Leben nie – tief in den Rachen hineinschob.

Schon nach dem vierten Pilze fangen die Wirkungen des Giftes sich zu äußern an. Die Augen nehmen einen wilden (nicht etwa den glasigen, wie bei Betrunkenen) Ausdruck an, ihr Glanz wurde geradezu blendend und die Hände kamen in nervöses Zittern. Die Bewegungen wurden eckig und schroff, gleich als ob die Vergifteten die Herrschaft über ihre Glieder verloren hätten. Dabei befanden sie sich bei vollem Bewußtsein. Nach einigen Minuten ergriff die zwei Männer eine schwere Betäubung, sie fingen leise an, eintönige, improvisierte Lieder zu singen, deren Inhalt ungefähr lautete: ‹Ich heiße Kuwar und bin betrunken, mir ist lustig, ich werde immer Pilze essen usw.› Dann wurde der Gesang immer lebhafter und lauter, zeitweise durch rasend schnell ausgerufene Worte unterbrochen, und der tierisch wilde Ausdruck der Augen nahm zu, das Zittern der Extremitäten wurde stärker und der Oberkörper geriet in immer heftigere Bewegungen. Dieser Zustand dauerte gegen zehn Minuten. Plötzlich überfiel den Rentierkorjaken und kurz darauf den anderen ein Tobsuchtsanfall. Sie stürzten gleich Rasenden von ihren Plätzen, auf denen sie bisher gesessen hatten, laut und verwirrt Trommeln verlangend. (Scheibenförmige Trommeln aus Rentierleder, die für religiöse Zwecke benutzt werden, besitzt jede Familie.) Die Frauen brachten sofort zwei Trommeln herbei, die sie den Betrunkenen überreichten. Und nun ging ein unbeschreiblicher Tanz mit Gesang los, ein ohrenbetäubendes Trommeln und rasendes Umherrennen in der Jurte, bei dem alles rücksichtslos herumgeworfen wurde, bis zur völligen Ermattung. Wie tot stürzten sie plötzlich zusammen und verfielen darauf sofort in einen tiefen Schlaf, währenddessen den Schlafenden Speichel aus dem Munde floß und der Puls auffallend langsamer wurde.

Eben dieser Schlaf bietet den größten Reiz, der Betrunkene hat dabei die schönsten phantastischen Träume. Diese Träume sind sehr sinnlich und der Schlafende schaut darin alles, was er wünscht.

Nach einer halben Stunde erwachten die beiden ziemlich gleichzeitig aus dem Schlafe, die Wirkung des Giftes hatte nachgelassen, beide waren bei Sinnen, ihr Gang aber war unsicher und von Zuckungen begleitet. Aber bald zeigte sich das Gift von neuem in seinen Wirkungen: der Betrunkenen bemächtigte sich wieder ein Tobsuchtsanfall, nur in schwächerer Form. Dann fielen sie wieder in Schlaf, aus dem sie für eine kurze Zeit zu völliger Klarheit erwachten, die wieder von neuem von einem Anfall abgelöst wurde. So wiederholten sich die Anfälle einige Male, aber immer an Heftigkeit abnehmend. Sie hätten wahrscheinlich nach einigen Stunden gänzlich aufgehört, wenn diese

Vergifteten nicht ein weiteres Mittel in Anwendung gebracht hätten, das die Vergiftung wiederum verstärkte.

Wie es scheint, wird das Gift des Fliegenpilzes im Harn ausgeschieden, wodurch derselbe, wenn getrunken, dieselben Wirkungen ausübt, wie der Fliegenpilz. Da nun in jenen Gegenden der Fliegenpilz verhältnismäßig selten ist, wird er von den Korjaken sehr geschätzt und sie finden es daher zu kostspielig, den Urin, der in seiner Wirkung den Pilz völlig ersetzt, wegzuschütten.

Ich bemerkte nun, daß eine Frau dem Erwachten ein kleines Blechgefäß herbeibrachte, in welches sich der Mann seines Urins in Gegenwart aller entledigte. Dieses Gefäß wird ausschließlich für diesen bestimmten Zweck verwendet und der Korjake nimmt es auch auf Reisen mit sich. Der Betrunkene (eigentlich der Vergiftete) stellte das Gefäß neben sich; der Urin war noch warm und der Dampf stieg in der kalten Jurte dicht auf-wärts, als der zweite Pilzesser, der eben aus dem Schlafe erwachte, das Uringefäß neben sich erblickte, es ohne weiteres ergriff und einige volle Züge daraus trank. Bald darauf folgte der erste, der eigentliche ‹Herr des Urins›, dem Beispiel des anderen. Nach wenigen Augenblicken übte der getrunkene Urin seine Wirkung aus, die Vegiftungssymptome nahmen in der beschriebenen Weise an Heftigkeit zu. Schlaf mit Tobsuchtsanfällen und Momenten völliger Ruhe wechselten ab. Die Vergiftung wurde immer wieder durch Urintrinken verstärkt. So dauerten die rasenden Tänze und Trinkgelage die ganze Nacht hindurch und erst gegen den folgenden Abend hatten sich beide Korjaken von der Betäubung erholt. Der übrigbleibende Urin wird sorgfältig auf kurze Zeit aufgehoben, um bei nächster Gelegenheit wiederum benutzt zu werden. Selbst während der Fahrt, wenn der Korjake noch in halb trunkenem Zustand die Ansiedlung verläßt, wird er den Harn nicht vergeuden; er sammelt ihn dann auch in dem dazu bestimmten Gefäß, das er mit sich führt.

Das ist die höchste Belustigung, die fröhlichste Unterhaltung, die der Korjake kennt und die er das ganze Jahr hindurch ungeduldig erwartet. Zwar liebt er alkoholische Getränke (dort kommt nur 95 proz. gereinigter Spiritus, den viele ohne Beimischung von Wasser trinken, in Betracht) wegen ihrer leichteren Form mehr, denn Fliegenpilzvergiftung hält in Form von Herzklopfen und Brechreiz oft 1–2 Tage an und birgt bei unmäßigem Genuß die Gefahr in sich, mit Wahnsinn oder Tod zu enden. Solche Fälle kommen jedoch nur sehr vereinzelt vor.

Der Fliegenpilz hat aber nach Ansicht der Eingeborenen, im Gegensatz zum Alkohol, die Kraft in sich, dem Genießenden die Zukunft zu enthüllen; wenn nämlich über dem Pilz vor dem Verspeisen der Wunsch, die Zukunft schauen zu dürfen, in bestimmten Formeln ausgesprochen wird, worauf der Wunsch sich im Traum verwirklicht.

(aus *Petermanns Mitteilungen*, Bd. 49, Heft VIII, S. 183ff., 1903)

Andrija Puharich: Das ägyptische Experiment

Der 1918 geborene amerikanische Arzt Henry (Andrija) Karl Puharich gehört zu den Pionieren der Parapsychologie. Seine Versuche, die später unter dem reißerischen Titel *Das Ägyptische Experiment* bekannt wurden, gehören zu den Kuriosa dieser Wissenschaft. Puharich versuchte naturwissenschaftliche Methodik mit parapsychologischem Glauben zu verbinden. Aufgrund seines medizinischen Hintergrundes hatte er als erster die Idee psi-steigernde Wirkungen von pflanzlichen Drogen experimentell zu testen.

Nachdem Puharich mit dem amerikanischen Medium Harry Stone Kontakt aufgenommen hatte, erzählte ihm dieser in Trance, daß die «schöne heilige Pflanze des Lebens» im Alten Ägypten ein Pilz gewesen sei. Stone fertigte während oder nach der Trance Zeichnungen an, die unzweideutig auf den Fliegenpilz schließen ließen. Stone sagte außerdem, der Pilz habe eine gelbe Haut, die mit weißen Punkten, in denen die geheimnisvollen PSI-Kräfte schlummern, geziert sei.

45

Puharich brachte daraufhin einige Fliegenpilze in ein Labor, wo sie chemisch untersucht werden sollten. Puharich hat jedoch die Ergebnisse dieser Analyse niemals veröffentlicht.

Abb. 8 Das amerikanische Medium Harry Stone glaubte während einer Trance die heilige, psychedelische Pflanze der Alten Ägypter entdeckt zu haben. Er hat nicht nur diese Zeichnung angefertigt, er hat auch das entsprechende Rezept mitgeteilt: «Nimm die Haut von seinem Hut, und auch die weißen Punkte, sie werden genauso wirksam sein. Die Salbe [daraus] soll für eine Trance am Schädel auf die Schläfen gerieben werden.» Bis heute gibt es keinen Hinweis auf einen nativen Fliegenpilzgebrauch in Ägypten.

Obwohl die Fliegenpilze als tödliches Gift verschrien waren, fand Puharich genügend Freiwillige, an denen er testen konnte, ob die Fliegenpilze paranormale Fähigkeiten begünstigten. Doch die Ergebnisse des Experiments waren für Puharich enttäuschend. Die erhofften paranormalen Leistungen blieben weitgehend aus. Allerdings schienen ‹Sensitive›, also medial oder parapsychisch Begabte, eher auf den Pilz zu reagieren als andere, sogenannte ‹normale› Versuchspersonen. Puharich schrieb dazu in seinem 1959 erschienenen Buch *The Sacred Mushroom:* «Es ist klar, daß normale Menschen keine bemerkenswerten psychischen Effekte oder außersinnliche Wahrnehmungen durch den Pilz erleben; aber trotz der etwas beschränkten Beobachtungsmöglichkeiten zeigt sich, daß Sensitive eher auf die psychosomatischen Effekte von *Amanita muscaria* reagieren. Dieser Effekt kommt wohl durch die höhere Sensitivität den vorhandenen Chemikalien gegenüber zustande. Oder es ist ein besserer psychologischer Zugang zu den

Dingen, die der Pilz eigentlich tun sollte? Meiner Meinung nach werden zukünftige Forschungen zeigen, daß *Amanita muscaria* gezielte psychische Effekte in echten Medien hat und ihre Kräfte zur außersinnlichen Wahrnehmung steigert.»

Der einzige weitere Versuch in diese Richtung war ein Experiment des Philosophen und Meskalin-Advokaten Aldous Huxley (1894-1963). Er hat 1955 in Glen Cove, New England, mehrere Fliegenpilze gesammelt und angeregt durch Puharichs Berichte an sich selbst getestet. In einem Brief an Mrs. Eileen J. Garrett schrieb er: «Die Wirkungen sind, wenn man nur ein stecknadelkopfgroßes Stück einige Sekunden lang in die Kopfhaut einreibt, alarmierend stark; es wird also ganz offenkundig einer Menge sehr vorsichtiger Versuche bedürfen, um die richtige PSI-steigernde Dosis des Pilzes festzulegen.»

Akasha im alten Ägypten?

In Obernubien am Nil unweit des Dritten Kataraktes liegt ein Ort (21° 05'N/30° 42'O), der zu dynastischen Zeiten Akascha genannt wurde. Er lag inmitten des untergegangenen Reiches von Kusch. Heute gehört dieser Teil des Nillandes zum Sudan. Woher aber bekam dieser Ort seinen Namen, der mit dem Sandskrit-Begriff «Akasha» identisch ist? Und was hat er den Alten bedeutet?

Das Gehörn des Amon

Als die Urwasser noch die Welt bedeckten und außer dem
Feuchten und dem Windhauch noch nichts auf der Welt war,
erhob sich aus den Wassern der *bnbn*-Hügel, der ein großes Ei
trug... Aus dem Ei aber entsprang der Gott Amon. Er wohnte
auf den Wassern wie eine Nilgans. Im tiefen Nachsinnen über
sich und seine Umgebung schwamm er dahin, in Gedanken
brütend, wie er seine Einsamkeit verändern könnte. Da gesellte
er zu sich aus sich selbst die Gottherrin Amaúnet. Dann erst
schuf es alles, was in der Welt vorhanden war. Er schuf aber die
Welt und alles, was in ihr lebt, indem er einfach ihr Kommen
befahl. So blieb er auch in allen Dingen wirksam und mächtig,
der Ba aller Erscheinungen.[4]

So lautet ein altägyptischer Schöpfungsmythos. Der Gott Amon
war der Herr von Theben und Karnak, wo er zunächst in der
Form einer Schlange, später als widderköpfiger oder
widdergehörnter Gott verehrt wurde. Er war ein Orakelgott,
denn er wirkte in allen Dingen, die sind. Niemand außer ihm
konnte so genau Auskunft geben über die Geschehnisse des
Universums. Sein berühmtestes Orakel lag an einem geheimnisvollen Ort inmitten der Libyschen Wüste, in der Oase Siwa,
deren Name allein bereits Rätsel aufgibt. Er stammt nicht aus
einer bekannten, in Ägypten jemals gesprochenen Sprache.
Verwirrend ist der Anklang an den Namen des Hindugottes
Shiva. Sollte etwa ein Zusammenhang zwischen der Oase und
einem aus Indien stammenden Kult bestehen, der über die
berühmte Handelsstrasse von Indien über Mesopotamien in
das Reich der Pharaonen gekommen war? Über die Art und
Weise des Orakels von Siwa ist nur wenig bekannt. Dort gab es
einen Tempel des Amon, weshalb der Ort von den Griechen
auch Ammonium genannt wurde. Der Tempel stand bei der
Sonnenquelle und enthielt in seinem Inneren einen Omphalos,

einen eiförmigen, mit Smaragden und anderen glänzenden Steinen behängten Fetisch. Vielen galt dieser Stein als das Gegenstück zum Omphalos von Delphi. In Form und Gestalt erinnert ein Omphalos an den Lingam, das Zeichen des indischen Gottes Shivas. Omphalos und Lingam wurden beide als Zeichen der Verehrung mit Blumen, Girlanden und Edelsteinen geschmückt. Der Omphalos galt auch als Ursprung weissagerischer Kräfte. *Om Phallus!*

In dem Heiligtum von Siwa soll es auch ein Amon-Bildnis gegeben haben, von dem jedoch keine Spur erhalten geblieben ist. Aber bis heute offenbart sich der widdergehörnte Gott Amon in der Libyschen Wüste in anderer, nicht von Menschen geschaffener Gestalt.

Über diese Inkarnation von Amon hat der Römer Plinius der Ältere (1. Jh.) in seiner *Naturgeschichte,* dem wichtigsten

Abb. 9　Oft zeigen die versteinerten Ammoniten die Form eines Widderhorns. In Anlehnung an die Naturgeschichte Plinii wurden diese figurierten Steine seither Ammonshörner genannt. Die Naturforscher der frühen Neuzeit erinnerten sich an den heidnischen Ursprung, wie etwa Johan Jacob Baier (1677–1735) in seiner *Orytographica Norica*: «Den Reigen der Einschaler aus unserer Gegend, die Umgänge oder Windungen tragen, führt das Ammonshorn an, eine Gattung des Figurensteins, welche so benannt ist, weil sie in sich zusammengerollt und eingegrümmte Windungen besitzt, gleich dem Horn des Widders, womit ausgestattet die Heiden ihren Jupiter Ammon darstellten.» Vermutlich wurden die Ammoniten von der Sintflut aus der Oase Siwa (Ammonium) in alle Welt getragen.(Holzschnitt aus Conrad Gesner, 1565)

Naturkundewerk der Spätantike, eine bedeutsame Andeutung hinterlassen:

> *Hammonis cornu* (= die Hörner des Amon) zählen unter die heiligsten Steine Äthiopiens. Von goldener Farbe, das Bild eines Widderhorns zeigend, erregen wie weissagerische Träume.
> (*Hist. Nat.* 37, 167)

Diese natürlichen Ammonshörner waren pyritisierte, goldglänzende Ammoniten, die bis heute, ohne daß man tief graben müßte, in der Umgebung der Oase Siwa in großer Zahl gefunden werden. Hatten also die alten Ägypter die Spiralform der Fossilien, die noch heute «Berghörner» genannt werden, als einen Wegweiser in die magische Welt betrachtet? Waren die Ammoniten ein äußerer Focus für einen inneren Erkenntnisprozeß, der durch die Pflanzen der Götter beschleunigt wurde? Gab es im hochentwickelten Alten Ägypten einen Ammonitenkult, dessen Wurzeln tief in eine archaische Vergangenheit reichten?[5] Ammoniten gelten in vielen Kulturen als Schlangensteine, als Schlangen, die durch göttliches Wirken zu Stein geworden sind. Sollten die Ammoniten nicht nur die Widderhörner des Gottes, sondern auch dessen archaische Schlangengestalt repräsentieren? Folgt man dieser Annahme, dann waren die Ammoniten ein Zeichen der Synthese zwischen dem weiblichen Prinzip Erde, das in allen Mittelmeerländern durch die Schlange verkörpert wurde, und dem in späteren Zeiten als männlich definierten Prinzip Himmel, das Amon als der «der im Himmel ist», darstellt:

> Amon ließ mich in den Himmel blicken. Er schlug mir die Tore der Höhe auf, er öffnete mir die Türe seines Horizontes. Ich flog zum Himmel als ein göttlicher Falke. Ich sah seine geheime Gestalt, die im Himmel ist...

Diese Beschreibung eines psychedelischen Erlebnisses ist uns durch eine Inschrift in Karnak überliefert. Im *Leidener Zau-*

berpapyrus (ca. 3. Jh.) wird ein Rezept zur Induktion einer solchen Erfahrung aufgeführt:

> Alraunenwurzel, 1 Unze, Süßholz, 1 Unze, Bilsenkraut, 1 Unze, Efeu, 1 Unze, du zerstößt sie zusammen... Wenn du es geschickt anstellen möchtest, gibst du zu jedem Teil die vierfache Menge Wein, du benetzt alles vom Morgen bis zum Abend, du schüttest es ab, du läßt sie es trinken; sehr gut.

Dieses Rezept wurde höchstwahrscheinlich im rituellen Zusammenhang mit dem im Altertum weithin bekannten Tempelschlaf verwendet. Dazu legte man sich in das Heiligtum der Orakelgottheit und hatte Wahrträume, die Antworten auf zuvor gestellte Fragen gaben. Offensichtlich kannten die Ägypter genauso wie die Griechen pharmakologisch hochwirksame Techniken zur Erzeugung eines tranceähnlichen, visionsreichen Traumbewußtseins.

Altägyptische Hymne an Amon, den Orakelgott:
Amon ist der allmächtige Gott, denn er ist ja mein Vater, Amon, der Große Gott, der nicht seines Gleichen hat, der Durchforscher der Leiber, der die Herzen öffnet; der Sia (Gott der Allwissenheit), der das Innere des Leibes kennt. Nicht hat ein anderer Gott Macht über etwas, was er (Amon) getan hat. Nicht leistet man seinen Plänen Widerstand. Man verläßt sich auf das, was aus seinem Munde hervorgeht. Er ist der Herr der Götterschaft.

Die bekannteste Divinationsmethode der Alten Ägypter war die Divination mit der Öllampe. Dazu trifft sich der Zauberpriester mit einem reinen Jüngling, der in der Nacht zuvor nicht bei einer Frau oder seiner Schwester gelegen haben darf, in einem dunklen Raum. Er entzündet die Lampe, ruft die Orakelgottheit an und verbrennt Weihrauch (Olibanum) oder andere Kräuter, manche mit Namen, die auf die Pflanzen der Götter schließen lassen (etwa «Pflanze des Amon», «Fußabdruck-der-Isis-Pflanze», «Anubis-Pflanze», «Freuden-Holz»).

Der Rauch steigt durch das Licht der Lampe empor und der in Trance gefallene Jüngling sieht über der Flamme die Gottheit, die nun befragt werden kann.

Prophetenpflanzen gab es im alten Ägypten viele. Es wurden für magische und prophetische Zwecke so kräftig psychotrop wirkende Pflanzen wie der Blaue Lotus (*Nymphaea caerulea*), die Alraune *(Mandragora autumnalis)* und Bilsenkraut *(Hyoscyamus muticus)*, aber auch Opium, Haschisch und Steppenraute benutzt. Eine wichtige Prophetenpflanze des alten Ägypten scheint das noch heute in Äthiopien und im Jemen viel benutzte Qat (*Catha edulis*) gewesen zu sein. All diese Gewächse galten als *Pflanzen der Götter*. Es gibt eine alte Redewendung, die ein beschreibender Ausdruck für ein magisches Ritual ist und die lautet *«Wenn die Pflanzen der Götter in deinem Kopf sind...»* (Jacq 1985: 125)

Den Zenit seines Ruhmes erreichte das Orakel von Siwa durch Alexander den Großen. Obwohl Alexander in Griechenland geboren wurde, war er schon lange vor seiner Geburt mit dem ägyptischen Orakelgott Amon und dessen Heiligtum von Siwa verbunden. In einem römischen Alexander-Roman aus dem 4. Jahrhundert, der auf verlorengegangene griechische Vorbilder zurückgeht, wird beschrieben wie der zauberkundige Pharao Nektanebos Königin Olympia, Alexanders spätere Mutter, in sein Netz eingesponnen hat:

Als Nektanebos ihr weissagte, daß der Gott Amon die Königin schwängern und daß Philippus (der historische Vater Alexanders) sie doch als Gattin behalten würde, auch wenn er sie einmal verstoßen sollte, hatte er die Königin sich schon gefügig gemacht. In der darauffolgenden Nacht ließ er vermittels von Zaubergetränken die Königin im Traum den widdergestaltigen Gott Amon empfangen und umarmen. Tags darauf ließ die Königin ihn rufen und dankte ihm für alles, was er ihr hatte widerfahren lassen, denn so sehr hatte sie an dem Traumbild gefallen gefunden... Nektanebos aber versprach ihr, daß er nun auch in Wirklichkeit erscheinen sollte. In der folgenden Nacht

QAT

Name	*Catha edulis*
Synonyme	khat, Kat, Katstrauch
Familie	*Celastraceae*
Aussehen	ein baumhoher Strauch mit lanzettförmigen, kräftig grünen Blättern.
Vorkommen	wild oder kultiviert in den «Ländern der Götter» am oberen Nil, in den feuchten Urwäldern Kareliens (Äthiopien), in Südarabien und im Jemen.
Droge	die frischen Blätter und Zweigenden
Anwendung	Aphrodisiakum, Heilpflanze, zur Transformation des Bewußtseins, als Werkzeug zur Erschaffung mystischer Erlebnisse, zur Intensivierung der sufischen *Herz-Chakra-Meditation*, vor allem aber als stimulierendes Genußmittel und zur Feier von Kreisritualen
Wirkstoffe	Blätter, Blüten und Zweigenden enthalten die Hauptalkaloide Cathin und Cathidin. Das Cathin ist identisch mit dem Ephedrin, das auch im Meerträubel enthalten ist. Außerdem enthält Qat noch eine Reihe methylierter Amphetamine und Methamphetamine, die in ihrer chemischen Struktur dem MDA und MDMA recht ähnlich sind. Nach neueren Erkenntnissen ist an der spezifischen Wirkung des Qats der Wirkstoff a-Aminopropiophenon essentiell beteiligt. Dieser Stoff zerfällt wenige Stunden nach der Ernte. Die Substanz ist stärker amphetaminartig wirksam und zentralstimulierend als Ephedrin.
Literatur	Leuenberger 1970, Musès 1989, Rätsch 1989, Rausch und Realität.

legt Nektanebos nun die Gestalt einer Schlange an und näherte
sich dem Lager der Königin, beschlief sie und segnete ihren
Leib: den, den du empfangen wirst, wird kein Sterblicher überwinden können; er wird immer siegreich sein. Als Olympia
merkte, daß sie schwanger geworden war, klagte sie Nektanebos ·
ihr Leid. Der aber wußte Rat und ließ auch den fernen König
durch ein Wunder einen Traum sehen, wie der Gott Amon seine
Frau beschlief...
(*Historia de Alexandri Magni*, 1-13)

In der Gestalt Alexanders des Großen hatte Amon bzw. der
zauberkundige Pharao Nektanebos einen Kämpfer und Heer-
führer gezeugt, der an der Spitze seiner Soldaten nach Ägypten
zog, die prächtige Stadt Alexandria gründete, die Perser und
zahlreiche andere Völker besiegte und sich schließlich nach
Siwa begab, um dort in die Geheimnisse des Orakels von Amon
eingeweiht zu werden. Wie bei vielen Initiationen in echte
esoterische Kulte, ist über die Details von Alexanders Begegnung mit seinem göttlichen Vater nichts bekannt. Wir wissen
weder, wie Alexander Amon nahekam, noch welche Pflanzen
und Steine ihm diesen Weg erleichterten. Aber als Alexander
initiiert und der Orakelspruch verkündet war, brach der Kriegs-
held nach Indien auf, wo er bis zum Himalaya vorstieß. Trotz
Einweihung und Weissagung blieb Alexander vor allem ein
Mann des schnellen Schwertes, der den berühmten gordischen
Knoten nur lösen konnte, indem er ihn und damit den in ihm
verborgenen Zauber mit einem kräftigen Hieb seiner Waffe
zerschnitt.

Die Wurzeln des Himmels

Hundert göttliche Zeitalter würden nicht
reichen, um alle Wunder des Himalaya zu beschreiben.
Aus einem Sanskrit-Text

Vor rund 40 Millionen Jahren erhob sich aus dem Urmeer eine gewaltige Landmasse, die die Fluten teilte, sich höher und höher bäumte und schier nach dem Himmel griff. So wurde das Himalaya, das höchste Gebirge der Erde, geboren. Als die Erde den Himmel küßte, hatte die Welt ihr Dach erhalten.

Als nach vielen Zeitaltern die ersten Menschen in das gewaltige Gebirge zogen, erblickten sie in den schroffen, atemberaubenden Berggipfeln die Throne der Götter, die Stätten der Geister und die Zufluchtsorte der Dämonen. Wer das wahre Wesen der Berge sehen und erfassen konnte, der erkannte strahlende Götter und leuchtende Göttinnen. Lange bevor Hinduismus und Buddhismus das Dach der Welt erreichten, hatte es dort ekstatische und erotische Gottheiten gegeben, die das Pantheon der alten Bön-Religion bildeten und später transformiert wurden zu buddhistischen Heiligen und krankheitsbringenden Dämonen.

Für die Menschen, die das Himalaya besiedelten, war das heilige Gebirge voller Gefahren und voller Wunder, ein wildes Land, in dem man den Göttern nahe sein und ihre Zeichen entdecken konnte. Im Kali-Gandaki-Tal, dem tiefsten erosiven Einschnitt der Welt, werden noch heute *Saligrame,* die man Steine der Götter nennt, gefunden. Diese Ammoniten werden mit den Wassern des Monsuns jährlich in das breite Flußbett des Takkhola gespült. Sie sind heilig, denn sie entstehen an einem der heiligsten Orte, in Mukhtinath. Dort tritt aus einem Felsen eine Quelle hervor, über der eine ewige Flamme brennt. Dies ist der Ort, wo sich die fünf Elemente miteinander vermählen. Der Fels ist die Erde, die Quelle das Wasser, die Flamme das Feuer, die Atmosphäre die Luft und die wundersame Kombination der Äther. Dort ist ein Zugang zu Akasha und die heiligen Saligrame repräsentieren Akasha per se. Ihre Spirale kann den Meditierenden oder Berauschten in den Äther, in die Welten jenseites der erfahrbaren Welt entführen.

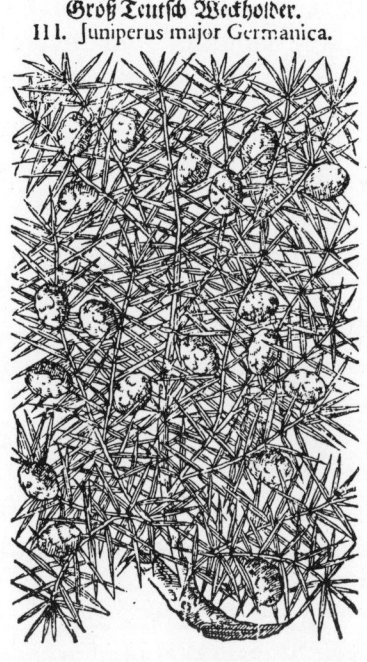

Groß Teutſch Weckholder.
111. Juniperus major Germanica.

Abb. 10 Die duftenden Wachholderzweige gelten weltweit als dämonenabwehrend, geisterbannend und apotropäisch. Der Rauch aus diesen Zweigen ist für die Schamanen vieler Völker das Tor zu einer anderen Wirklichkeit. (Aus Tabernaemontanus)

Die Saligrame sind aber nicht nur Zeichen der Elemente, sondern sie gelten auch als Inkarnationen der tantrischen Kundalini-Schlange, sie verkörpern die Große Göttin, Kali selbst; sie sind Symbole und Inkarnationen des Vishnu oder des phallischen Shiva, und sie sind die Erleuchtungsflamme Buddhas. Ihre Rippen bilden die Stufen auf der Leiter zur Erleuchtung. Sie sind das Urbild der Evolution, des Götterrads und des Rads des Gesetzes. Sie offenbaren das Mysterium.

Im Himalaya leben die Tiere der Götter: der Yak und der Geier, der Schneelöwe und der Rabe, der Bär und der Yeti.

Dort wachsen auch die Pflanzen der Götter: das sagenhafte Soma, das *Somalata*, «Mond-Pflanze» geannte Hochgebirgs-Meerträubelkraut (*Ephedra gerardiana*), der *Vijaya*, «Sieger» genannte Hanf, der *Dhatura* oder *Unmata*, «göttlicher Rausch» genannte Stechapfel (*Datura metel*), der Wacholder, das asiatische Bilsenkraut (*Hyoscyamus niger var. chinensis*) und die berühmten *magic mushrooms*. Die Vegetation ist in den hohen und höchsten Regionen sehr spärlich, aber was dort wächst gilt naturgemäß als heilig. Alle Kulte und Religionen des Himalaya wurden durch diese Pflanzen maßgeblich geprägt.

Bön – Besessenheit und Exorzismus

Lange bevor Buddha das tibetische Hochland erleuchtete, hatten die Bön-pos aus der wilden Region ein heiliges Land erschaffen. In einer alten Bön-Schrift, dem *gTzañ ma klu abum,* steht über den Ursprung des Universums zu lesen:

Das unerschaffene Wesen hat ein weißes Licht hervorgebracht. Aus der Essenz dieses wirklichen Lichtes kam ein vollkommenes Ei hervor. Dieses war außen lichtstrahlend und vollkommen gut. Es hatte weder Teile, noch Hände, noch Füße. Es war jedoch mit der Kraft der Bewegung erfüllt. Es hatte zwar keine Flügel, vermochte jedoch zu fliegen. Es hatte weder Kopf noch Mund, noch Augen. Aber eine Stimme kam aus ihm hervor. Nach fünf Monaten zerbrach dieses wunderbare Ei. Ein Mensch kam aus ihm hervor. Dieser Mensch gab sich selbst einen Namen. Er lautet in der Bön-Bezeichnung *kLu*. Er saß auf einem goldenen Thron, der auf einer Insel inmitten eines großen Meeres stand. Er ordnete das Universum, regelte die Verehrung der Geister und unterdrückte die Dämonen.

Und er gab den Bön-pos, den Zauberpriestern der Menschen, die Fähigkeit zu fliegen, obwohl auch sie keine Flügel besaßen. Die Bön-pos erhielten die Begabung zur Trance, zur Ekstase.

kLu lehrte sie, wie sie die Gaben der Götter, die Wunder des Himalaya für ihre Zwecke und zum Wohle der Menschen einsetzen konnten. Und obwohl Tibet auf eine lange buddhistische Tradition zurückblicken kann, gibt es noch heute einige Menschen, in denen die Lehren der Bön-pos lebendig sind. Im Bön-Glauben wird der Körper des Menschen als eine

Abb. 11 Das *Lang-Tang* genannte chinesische Bilsenkraut (*Hyoscyamus niger* var. *chinensis*) war eine der wichtigsten Zauberpflanzen der Taoistischen Zauberer und Alchimisten. Wer die Samen einnahm, konnte Kontakt zur Geisterwelt aufnehmen, in das Reich der Toten reisen und dort die Unsterblichkeit erfahren. (Aus dem *Chêng-lei pên-ts'ao* von 1249 n. Chr.)

Hülle, die mit Geistern oder Dämonen erfüllt werden kann, betrachtet. Wenn ein Mensch sein Wachbewußtsein verliert und in Trance oder Schlaf verfällt, öffnet sich sein Körper. Dann können sich in ihm die Götter inkarnieren und aus menschli-

WACHOLDER

Name	*Juniperus communis, J. recurva*
Synonyme	Baum des Lebens, Feuerbaum, Kranewitt, Machandel, Rechholder, Weckhalter, Weihrauchbaum, (fälschlich) Zeder
Familie	*Cupressaceae*
Aussehen	buschiger, hochgewachsener, schlanker, holziger Strauch mit immergrünen Nadelblättern
Vorkommen	In vielen gemäßigten Klimazonen der Welt, selbst im Hochgebirge (Himalaya; *J. recurva*).
Droge	Holz, Nadeln (frisch oder getrocknet), Beeren.
Anwendung	für kultische und medizinische Räucherungen, zum Schutz vor dämonischen Mächten, zur Induktion der schamanischen Trance, Heilmittel, Zauberpflanze, Gewürz
Wirkstoffe	alle Wacholderarten enthalten ein ätherisches Öl, das hauptsächlich aus Monoterpenen besteht und tonisierend, antiseptisch, diuretisch, blutreinigend und verdauungsfördernd wirkt.
Literatur	Knoll-Greiling 1059, Knecht 1971, Rätsch 1988.

chem Munde sprechen. Aber auch Dämonen können sich in ihm inkarnieren, die selbstsüchtig den Körper besitzen und die Seele des Menschen daran hindern wollen, zu seinem Körper zurückzukehren. Menschen, die von Göttern besessen sind, gelten als weissagende Orakel, Menschen, die von Dämonen ergriffen werden, als Kranke. Menschen, die die Worte der in Menschen inkarnierten Götter verstehen und deuten können und die darüberhinaus die zerstörerischen Dämonen erkennen und bannen können, gelten als Zauberer. Das sind die Bön-pos. Durch ein einfaches Ritual können sie selbst in Trance fallen, um die dem Wachbewußtsein gewöhnlich verborgenen Wirklichkeiten aufzudecken.

Wird ein Bön-po konsultiert, richtet er zunächst einige Gebete an die Berggeister, die ihm zur Hilfe eilen sollen. Dann verbrennt er die zerriebenen Nadeln des Hochgebirgswachholders (*Juniperus recurva*) und atmet den Rauch tief ein, bis er schließlich die Pforten der Wahrnehmung geöffnet hat. Nun greift er nach seiner Trommel und schlägt sie in gleichmäßigem Takt. Mit jedem Ton verschwindet ein Teil des Wachbewußtwußtseins. Mit jedem Ton legt er ein Stück des Weges zu der Welt der Götter und Dämonen zurück. Ist er dort angelangt,

Abb. 12 Darstellung eines Bönpos der in Trance mit Hilfe seiner Trommel in andere Welten reisen kann und Macht über böse Geister und Dämonen gewinnt. (Nach der Berliner *Gzermyig*-Handschrift)

kann er den krankheitserregenden Dämon erkennen und ihn mit Hilfe seiner magischen Instrumente aus dem Körper des Kranken vertreiben. Dazu benützt er den *phurba*, einen Geisterdolch, der aus den fünf heiligen Metallen, zu denen auch Meteoreisen gehört, geschmiedet ist.

Ein Bön-po kann auch den Dämon einfangen und ihn in einer silberbeschlagenen Schädelschale mit einem Hackmesser zerstückeln. Wenn ihm das gelungen ist, trinkt er das Blut des Dämons und erhält dadurch all das Wissen und alle Weisheit des von ihm getöteten Dämons. Durch ein solches Ritual kann ein Bön-po seine geheimen Kenntnisse erweitern und seine Macht erhöhen, denn er weiß, daß auch Dämonen Götter sind.

Indogermanische Wurzeln

Wir können reisen wie der Wind
Jetzt oder Morgen
Der Körper bleibt hier
Die Seele schwingt sich empor
Ich kann meinen Körper wie ein Schatten
Auf einem See tief unter mir sehen
Es ist wie eine Spiegelung auf dem Wasser
Die Seele aber steigt auf zum Himmel
Wie der Wind
Schamane der nepalesischen Limbu[6]

Alten Legenden und neuen Forschungen zufolge waren die Indogermanen ein aus Innerasien stammendes Reitervolk, das sich in einer im Dunkel liegenden Vorzeit über den indischen Subkontinent und bis nach Europa ausgebreitet hat. In allen Ländern, die die Indogermanen erreichten, setzten sie ihr Weltbild über das der bodenständigen Feldbaukulturen, in denen die Erde und damit das Universum als Muttergottheit verehrt wurde. Diese in jahrhundertelangen Kämpfen von den Indogermanen besiegten Völker waren in der Kunst der Kriegsführung unbewandert, obwohl sie einen hohen technologischen Entwicklungsstand erreicht hatten und selbst die Geheimnisse der Metallverarbeitung kannten. Ihr weiblich geprägtes Weltbild, durch das sie durch Raum und Zeit geführt wurden, scheint sie nicht oder zumindest nur ungenügend auf eine Begegnung mit fremden Eroberern vorbereitet zu haben. Die Indogermanen wußten um die Kunst der Pferdezucht, des Reitens und der Kriegsführung, sie glaubten an männliche Sturm- und Windgötter, die ihnen selbst glichen. Götter und Menschen ritten auf Pferden und nahmen eine Welt, die keine

Eroberung kannte, in Besitz. Sie waren es, die den Kosmos, der eben noch ein kreatives Chaos gewesen war, ordneten. Die Sturm- und Windgötter herrschten über Donner und Blitz und somit auch über Regen und Trockenheit. Dem indogermanischen Weltbild zufolge waren sie der himmlische Same, der die dürstende Erde befruchten sollte. Die Hochzeitsfeierlichkeiten, die im Laufe der Geschichte zwischen den zugewanderten Himmelsgöttern und den weiblichen bodenständigen Vegetationsgottheiten stattfanden, waren zumeist die Quelle weiterer Streitereien und Auseinandersetzungen zwischen beiden Parteien, aber sie waren auch der Ursprung neuer Religionen und nie gesehener Weltbilder, in die die Indogermanen fremde schamanische Wirklichkeiten, kriegerischen Mut und überquellende Männlichkeiten einbrachten.[7]

Wir stammen aus dieser Verbindung zwischen dem asiatischen Reitervolk und ackerbautreibenden Eingesessenen. Bis heute spüren wir den Zwist zwischen beiden Glaubenssystemen. Wir entsinnen uns der seligen Zeiten friedlicher Feldbaukulturen; wir erinnern uns an stürmische Zeiten der kriegerischen Feldzüge. Aus der Vereinigung dieser beiden Lebens- und Denkformen sind neue Kulte entstanden, die uns bis heute verfolgen, die uns bis heute prägen, die wir vielleicht sogar wiederbeleben wollen.

In Zeiten religiöser, sozialer und politischer Auseinandersetzungen gibt es immer wieder Religionsstifter, die den Menschen neue Glaubenssysteme bringen und so die Welt verändern wollen. Viele dieser Kulte beeinflußen nachhaltig das Denken ihrer Anhänger und damit auch die Welt. Verschiedene Lehren sind von Propheten verkündet worden, manche Kulte berufen sich darauf, von den Göttern selbst erschaffen zu sein, einige haben Rituale mit Prophetenpflanzen entwickelt, etliche haben die Tore des Bewußtseins und die Pforten nach Akasha geöffnet.

Also sprach Zarathustra...

Hinter deinen Gedanken und Gefühlen, mein Bruder, steht ein
mächtiger Gebieter, ein unbekannter Weiser – der heißt Selbst. In
deinem Leibe wohnt er, dein Leib ist er. Es ist mehr Vernunft in
deinem Leibe, als in deiner besten Weisheit. Und wer weiß denn,
wozu dein Leib gerade deine beste Weisheit nötig hat?
Friedrich Nietzsche, *Also sprach Zarathustra*

Zarathustra ist vor allem als der gottlose Weise, der der Welt die
Idee des Übermenschen verkündete, bekannt. Der deutsche
Philosoph Friedrich Nietzsche, der sich gerne als Psychologe
sah, hat sich die antike Gestalt des Propheten Zarathustra in
seinem philosophischen Meisterwerk zu eigen gemacht und ihn
seine eigenen Worte aussprechen lassen. Seine Botschaft lautet: Kehrt zurück zur Erde, bejaht das Leben, befreit euch von
Moral und allen anderen christlichen Zwängen, werdet zu
Menschen, die die Natur verehren. Dagegen hat der historische
oder legendäre Zarathustra aber meist von anderen Dingen
gesprochen.

Zarathustra galt unter altiranischen Propheten als der Religionsstifter, dessen Lehre in den heiligen Büchern der Parsen,
der *Avesta*, verewigt wurde. Sein Name lautete bei den Parsen
Zarduscht, bei den Griechen und Römern Zoroaster. Plinius
der Ältere schrieb in seiner *Naturgeschichte*, daß Zoroaster der
Urheber der Magie gewesen sei, daß er schon sechstausend
Jahre vor Plato gelebt und die antike Sekte der Magie begründet habe. Plinius meinte auch, es habe wohl viele verschiedene
Zoroaster gegeben. Neue Ausgrabungen im Süden der Sowjetunion deuten darauf hin, daß der zoroastrische Feuerkult und
das damit verbundene Trankopfer schon vor über 5000 Jahren
das Leben in der Wüste Karakum bestimmten, wo das Land
Margusch gelegen hat, aus dem der legendäre Zarathustra
gekommen sein soll. Am Ufer des Flusses Murgab in Turk-

menistan wurde ein gewaltiger Tempel mit Feueraltären, Opferkrügen und Schneckengefäßen freigelegt. In vielen Kultbechern fanden sich Reste des Meertäubelkrautes. (Sarianidi, 1988)

Der historische Zaratustra lebte im 6. Jahrhundert vor Christus im östlichen Iran. Er lehnte sich gegen die blutigen Stieropfer und die nächtlichen rauschhaften Orgien des bis dahin vorherrschenden Mithrakultes[8] auf. Daraufhin wurde er von den Parsen verbannt und wanderte in das Gebiet von Chorassen. Dort war seine Lehre so erfolgreich, daß ein neuer Kult erschaffen und eine neue Religion geboren wurde. In diesem Kult wurde das Feuer verehrt und ein berauschendes Getränk, das Haoma, gepriesen. Das heilige Feuer, Urbild der Wandlung, wurde auf Altären entzündet, der Rauschtrank gemeinschaftlich eingenommen – bis die Kultgemeinde mit ihrer Gottheit, ihrem Schöpfer Ahura Mazdah, verschmolzen war.

Zu verehren hole ich der Haomapflanze und Haomatrank, um zufriedenzustellen die Fravasay des asa-heiligen Zarathustra Spitama, des bei seinem Namen angerufenen Yazata:
zu verehren hole ich her Brennholz mit Räucherwerk, um zufriedenzustellen dich, den Atar, den Sohn des Ahura Mazdah, den bei seinem Namen angerufenen...
(*Yasna* 3. 21)

Von Haoma

Der aus der Haomapflanze gepreßte Haomatrank wurde getrunken, um die Gottheit zu erschauen, um sich mit dem Propheten Zarathustra zu verbinden, um den rechten Pfad des Lebens zu verstehen und um Verborgenes und Zukünftiges zu erkennen. Haoma wurde vom Schöpfer selbst, von Ahura Mazdah geschaffen.

Im Yasna 10 der *Avesta*, der heiligen Schrift der alten Parsen, werden Haomapflanze und -trank, Ritual und Wirkung beschrieben:

Ich preise die Wolke und den Regen, die beide deinen Leib auf den Höhen der Berge wachsen machen;
ich preise die hohen Berge, wo du gewachsen bist, o Haoma.
Ich preise die breite, weite, energisch schaffende, segensreiche Erde, deine Erhalterin, o asa-heiliger Haoma...
o Haoma, wachsen mögest du auf dem Berg und gedeihen allerwärts; – und wahrlich des heiligen Rechtes Brunnen bist du.
Haoma nimmt zu, wenn er gepriesen wird; desgleichen der Mann, der ihn preist, siegreichen...
Flink macht der Haomarausch. Welcher Sterbliche den Haoma wie einen jungen Sohn lobt: denen wird sich Haoma bereit stellen, ihre Leiber heilen.
Seitdem wächst du hervor auf diesen Gebirgen, der vielartige milchreiche goldfarbige Haoma; deine Arzneien sind mit den Wonnen des Vohu Manah verbunden.
Es sprach der Zarathustra:
«Verehrung dem mazdah-geschaffenen Haoma, gut ist der mazdah-geschaffene Haoma, Verehrung dem Haoma.»

Die Beschreibungen der Wirkung des Haomatrankes in den Yasnas weisen eindeutig auf seine psychedelische Qualität hin. Woraus aber bestand der Haomatrank? Bei den noch heute lebendigen parsischen Zarathustrakulten werden Zusammenstellungen aus Meerträubelkraut (*Ephedra spp.*), aus Granatapfelsaft (*Punica granatum*) und Steppenraute (*Peganum harmala*),[9] die heute noch Hom, Homa, Haomo, Hauma usw. genannt werden, verwendet. Meeträubel ist zwar zentralstimulierend, zeigt aber keine psychedelische Wirkung. Granatapfelsaft ist gesund, mehr nicht. Die Samen der Steppenraute enthalten Harmalin und Harmin, beides MAO-Hemmer, die antidepressiv wirken. Steppenrautensamen können selbst kaum psychedelisch wirken, sehr wohl aber die psychedelische Wirkung anderer Substanzen fördern oder begünstigen. Werden sie mit einer Pflanze, die DMT oder andere gewöhnlich oral nicht wirksame Tryptamine enthält, vermischt, so können diese plötzlich oral wirksam werden und eine psychedelische Erfahrung auslösen. Denn die MAO-Hemmer verhindern die Ausschüttung der Monoaminooxydase, die das DMT vor der Blut-Hirn-Schranke abbaut.

Kannten die Parsen etwa eine DMT-haltige Pflanze, die sie unter den Steppenrauten-Trunk gemischt hatten? Die neueste Analyse des Granatapfelbaumes zeigt, daß dessen Wurzel DMT enthält. Also brauchten die Parsen nur die Wurzelextrakte des heiligen, gut bekannten Baumes unter die ausgepreßten Steppenrautensamen zu mischen, und schon hatten sie ein hochpotentes Psychedelikum, mit dessen Hilfe es sehr gut möglich war, Visionen zu erlangen.

Hermelraut.　　Harmala.

Abb. 13 Überall, wo die Steppenraute wächst, genießt sie ein hohes Ansehen als Heilmittel und apotropäische Zauberpflanze. Obwohl ihre ethno-historische und volksmedizinische Bedeutung recht gut bekannt ist, liegen doch nur sehr wenige Daten zu ihrem psychedelischen Gebrauch vor. (Aus Tabernaemontanus)

War der Apfel, den Eva Adam reichte, und der schon von vielen als Granatapfel bestimmt wurde, ein wichtiger, wenn auch verschlüsselter Hinweis auf den psychedelisch wirksamen Haomatrank, der den Juden und Christen soviel Unmut bereitete?

Die Geheimnisse alter Religionen gehen verloren, neue Glaubenssysteme entstehen, wachsen und schaffen neue Mysterien. Bis heute haben psychedelische Kulte wie die nordamerikanische Peyote-Kirche oder die westafrikanische Bwiti-Religion für viele Menschen eine starke Anziehungskraft. Psychedelische Kulte sind mystische Kulte, deren Ziel in der Vereinigung mit der jeweiligen Gottheit besteht. Wer unter dem Einfluß einer psychedelischen Pflanze oder Substanz einmal seine Gottheit gesehen hat, der vergißt sie nie wieder. Wer seine Gottheit nicht vergißt, der verehrt sie. Wer seine Gottheit verehrt, der möchte sie wieder sehen. Wenn er sie wieder gesehen hat, verehrt er sie noch mehr.

So formten die parsischen Zarathustra-Rituale während der Jahrhunderte ein Glaubenssystem, das erst mit dem bislang nicht erklärbaren Verlust des Wissens über die Zusammensetzung des Haomatrankes an Bedeutung einbüßt und von anderen kleinasiatischen Religionen verdrängt wurde.

Soma – das Licht am Anfang der Geschichte

Als sich die verschiedenen Zarathustras damit beschäftigten, ihren Kult als Religion zu etablieren, entstand im fruchtbaren Industal, ohne daß es dort einen Religionsstifter gegeben hätte, ein ähnlich mystischer Kult.

Die in das Industal strömenden Indogermanen entdeckten in den nahegelegenen Gebirgen, im Pamir, Hindukusch und Himalaya, eine Pflanze, die sie Soma nannten. Aus dieser Pflanze preßten sie einen Saft, den sie mit Milch versetzten. Auf den Altären dieser Menschen brannten ähnlich wie bei zoroastrischen Ritualen, die Feuer der Erkenntnis. Und man trank schließlich gemeinsam einen heiligen Rauschtrank, den Somatrank. Dieser Trank hat die Menschen zu den ältesten religiösen Schriften, den Veden, inspiriert.

STEPPENRAUTE

Name	*Peganum harmala*
Synonyme	Besasa, Churma, Epnubu, Harmala, Hermel, Moly, Peganon, Syrische Raute
Familie	*Zygophyllaceae*
Aussehen	kleines hellgrünes, starkverzweigtes Kraut mit fadenähnlichen Blättern und weißen winzigen Blüten
Vorkommen	in den mediterranen Ländern, Nordafrika, Kleinasien, Zentralasien, im Himalayagebiet bis in die Manschurei.
Droge	die getrockneten Samen
Anwendung	Heil- und Zauberpflanze, Schutz vor dem bösen Blick, Schutz vor schwarzmagischem Zauber, Aphrodisiakum, Räucherstoff, zur Vertreibung der Teufel und Dämonen, Farbstoff (Türkisch-Rot).
Wirkstoffe	die Samen enthalten die b-Carboline Harmalin, Harmin und Harmalol. Diese wirken als MAO-Hemmer.
Literatur	Flattery & Schwartz 1989, Vries 1984 und 1985.

Der Somatrank wird in den meisten Hymnen des Rig Veda besungen und gepriesen. Es wird von Reisen zu den Göttern und von Fahrten durch das Weltall erzählt. Erkenntnisse mystischer Welten werden mitgeteilt. Verschiedene Aspekte der Welt werden beschrieben. Mit dem Rig Veda beginnt nicht nur die Geschichte, mit ihm beginnt auch die Geschichte der indischen Philosophie. Und Soma war das Licht am Anfang dieser Geschichte. So ist es nicht verwunderlich, daß die psychedelische Urkultur des Industales einen tiefgreifenden Einfluß auf alle weiteren Kulturen und Religionen des indischen Subkontinentes hatten. Die Götter der Veden leben in den hinduistischen Göttern weiter. Die Rituale der Veden wurden in Hinduismus und Tantra integriert. Noch heute soll ein Brahmane die Veden kennen und beherzigen, so heilig und wichtig sind diese psychedelischen Urgesänge.

Doch nicht nur die Parsen haben das Rezept zur Herstellung des Haomatrankes vergessen, auch das genaue Rezept zur Herstellung des Somatrankes ist verloren gegangen (oder zumindest als Geheimnis so gut gehütet, daß niemand davon weiß). Viele Historiker, Botaniker, und Ethnobotaniker haben sich mit der Identifizierung der Somapflanze beschäftigt. Aber alle Kandidaten – ob Meeträubel, Steppenraute, Fliegenpilz, Schachtelhalm, Hanf – halten nicht was die Veden versprechen. Keine dieser Pflanzen bewirkt psychedelische Visionen, wie sie im Rig Veda beschrieben sind. Die Rekonstruktion des alten Somatrankes gehört zu den bedeutendsten Aufgaben der Ethnopharmakologie. Derjenige, der dieses Geheimnis lösen wird, wird mehr als nur einen Nobelpreis verdienen.

Das Auge Shivas

In den türkisfarbenen Wassern des Indischen Ozeans lebt eine kleine Schnecke. Sie trägt ein turbanförmiges, farbenprächtiges Gehäuse und heißt deshalb Turbanschnecke (*Turbo petholatus*). Wenn dieses entzückende Geschöpf von einem Raubfisch oder einem Kraken bedroht wird, zieht es sich in sein Haus zurück und klappt einen Deckel vor die kreisrunde Öffnung. Den Deckel (Operculum) bildet sie im Laufe ihres Lebens und proportional zum Wachstum der Schale aus dem Kalkgehalt des Meewassers. Stirbt die Schnecke, so löst sich der Deckel vom vergehenden Fleisch ab und wird mitunter von den Fluten an den Strand geworfen. Wer so einen Deckel findet, hat großes Glück und wird in naher und ferner Zukunft noch mehr Glück erfahren. Denn der Deckel der Schnecke ist eines der begehrten und gesuchten Shiva-Augen.

Die Schneckendeckel repräsentieren nicht das linke oder rechte Auge des vielgestaltigen Gottes, sondern sie symbolisieren Shivas Drittes Auge, das sich über den Augenbrauen inmitten der Stirn befindet. Dieses göttliche Auge sieht nichts und erkennnt alles, denn es blickt in den Äther, nach Akasha. Auch der Mensch kann auf spirituellem Wege erlernen, die Kraft seines Dritten Auges zu entwickeln. Wer sein inneres Drittes Auge öffnen kann, der kann das gewöhnlich Verborgene erschauen, kann die Ewigkeit sehen, den Blitz der Erkenntnis erhaschen, die Welt der Götter erfassen.

Gott Shiva, in dem so viele andere Götter wohnen, der asketisch und erotisch ist, der sich in unendlich vielen Inkarnationen offenbart, der viele Attribute trägt und sich in verschiedenen Aspekten seines Seins inkarniert, hat den Menschen Rituale und Techniken gezeigt, mit denen sie ihr Drittes Auge öffnen und nach Akasha reisen können.

Der Urschamane

Im Verlauf einer schamanistischen Séance wird genauso gelärmt,
gelacht, geschäkert, gegessen, geraucht, gerülpst und reichlich
Alkohol genossen wie bei jeder anderen geselligen Zusammen-
kunft auch.
  Michael Oppitz, *Schamanen im Blinden Land*

Shiva lebt auf dem Kailas, dem heiligen Berg im Himalaya. Von
dort aus betrachtet er die Welt und ihre Erscheinungen, die ihm
alle gleichgültig und gleichbedeutend sind. Dort lebt er als
Einsiedler, der den Yoga erfunden hat. Dort ist er Rudra, der
Heiler, ein wilder Gott aus vedischer Zeit. Dort lebt er als
Shakta, als Meister des Tantra, dessen Gespräche mit seiner
göttlichen Shakti über Tantra, die Lehre von Eros und Erkenntnis, begründet haben. Nepalesischen Überlieferungen
zufolge, tanzt er auf dem Kailas als Urschamane, der den
Menschen die Fähigkeit zu sehen geschenkt hat. Dort hat Shiva
die Pflanzen der Götter erschaffen und in alle Welt ausgesandt.
  Wenn die Schamanen auf den Hängen des Himalaya tanzen,
ahmen sie den großen Gott Shiva nach, der in ihrem Glaubenssystem auf dem Dach der Welt seinen göttlichen Tanz vollendet.
Sie sehen in Shiva den Urschamanen, den Begründer ihrer
Lehre und den Quell ihrer Begabung. Diese Shiva-Anhänger
sind nominell Hindus. Sie sind Inder oder Nepali, also Nach-
fahren der in das Industal eingewanderten Indogermanen.
  Zuhause, in ihren Dörfern, vollziehen diese shivaitisch ge-
prägten Schamanen Rituale, die der Heilung ihrer Mitmenschen oder der Divination dienen. Außerdem regeln sie öffent-
liche und private Opfer. Sie sind wie alle Schamanen zu ihrem
Beruf von der Geisterwelt, hier von Shiva selbst, berufen
worden. Shiva hat ihnen auch die Pflanzen gezeigt, die ihnen
helfen, die gewünschte Trance zu erreichen und ihr Drittes
Auge zu öffnen. Diese Pflanzen sind der heilige Hanf (*Cannabis
sativa* oder *indica*), der duftende Stechapfel (*Datura metel*) und
aromatische Wacholder (*Juniperus recurva*).

HANF

Name	*Cannabis sativa, Cannabis indica*
Synonyme	Bhang, Cannabion, Dope, Ganja, Grass, Haschischpflanze, Kif, mafen, Maconha, Marijuana, quunabu, Shit, Stoff
Familie	*Cannabaceae / Moraceae* (Maulbeergewächse)
Aussehen	bis zu 5m hohes zweihäusiges Kraut mit verholztem Stil, verzweigten, charakteristisch gefingerten lanzettförmigen Blättern.
Vorkommen	Hanf kommt wild in vielen Gegenden im Himalaya vor. Kultiviert ist er in allen tropischen und subtropischen Zonen zuhause.
Droge	die weiblichen Blüten (Ganja, Marijuana), das ausge-schiedenen Harz (Caras, Haschisch), seltener die Blätter und Wurzeln
Anwendung	Rauschmittel, Zauberpflanze, Heilmittel, Medizin, Nahrungs- und Rohstofflieferant, zur Konzentration beim Lesen heiliger Schriften, als Zauberstab, Grundstoff eines Elixiers der Unsterblichkeit, Räucherung, Aphrodisiakum, Tranquilizer, Ekstasemittel, Gegengift bei Opiumüberdosierung
Wirkstoffe	Cannabinole, Canabinoide; der Hauptwirkstoff ist das Δ^9-Tetrahydrocannabinaol (THC). Das THC hat keine direkte Wirkung auf das Bewußtsein. Es löst einen innerkörperlichen enzymatischen Prozeß aus, der die angestrebte Bewußtseinsveränderung bewirkt. Dieser Vorgang muß vom Körper erlernt werden.
Literatur	Aldrich 1977, Andrews & Vinkenoog 1968, Behr 1982, Brunner 1977, Crowley 1979, Kimmis 1977, Li 1974 und 1978, Nahas 1982, Rubin & Comitas 1976, Touw 1981.

Der Hanf wird geraucht oder mit Büffelmilch und anderen Zutaten (Zucker, Opium, Daturasamen, Gewürze, Nüsse) getrunken. Wer Shiva ehrt und den Gott in sich spüren möchte, der muß Bhang, wie die Nepali den Hanftrunk nennen, zu sich

Abb. 14 Die Heilige Datura der Shivaiten (*Datura metel*), Pflanze und Symbol des Gottes Shiva. Die Blüten werden als Symbole der schöpferischen Sexualenergie dem Shiva-lingam geopfert. Nach ihrer Form werden Rauchgeräte (*chilum*) zu Ehren Shivas angefertigt. (Illustration von Rumphius 1737)

nehmen. Dieser Trank öffnet ihm zwar nicht *die* Augen, wohl aber *das* Auge, das unsichtbare Dritte Auge. Wenn Bhang getrunken wird, geschieht dies in einem rituellen Rahmen, meist in einem Shivaheiligtum – sei es in einem Tempel, in einer Höhle oder vor einem natürlich geformten Phallusbild (Naturlingam). Dazu werden dem Gott Opfer in Form von Blumen, Reiskörnern und Farben (Mineralpigmente) dargebracht. Die rote oder gelbe Farbe (Zinnober, Auripigment) wird an das Götterbild geschmiert, bevor die Shiva-Anhänger sie sich als Zeichen der stattfindenden Verehrung auf die Stirne, genau an der Stelle des zu öffnenden Dritten Auges tupfen. Der Gott wird mit Mantren beschworen: *Om namah Shiva, om namah Shiva, omnamah Shiva, om namah Shiva, om...* Nachdem Bhang getrunken worden ist, wird das Mantra ohne Unterlaß weiter zitiert. Heftige Trommelmusik erklingt, die Teilnehmer des Rituals geraten in Verzückung und schließlich in Ekstase. Die Konturen der gewöhlichen Welt lösen sich auf, eine andere Welt tritt in das Bewußtsein: Akasha, der mystische Raum. Dort sieht der Hanftrinker die Antworten auf die zuvor gestellten Fragen. Dort ist er mit Shiva, dem Urschamanen, eins, dort ist er mit Vergangenheit, Gegenwart und Zukunft eins, dort ist er mit allem eins. Und das, womit man sich vereinigt, kann man verändern, denn man ist Teil davon geworden. Man kann die Welt oder Wirklichkeit, mit der man eins geworden ist, verändern, genauso wie man sich selbst verändern kann. Und das ist Zauberei, das ist die schamanische Zauberkraft. Das ist die Lehre des Urschamanen Shiva. Das ist sein Weg der Erkenntnis, der Weg seines Wissens. Wer mit

---

Der Sabbat ist das wahre Paradies, in dem größere Freuden auf einen warten, als man je beschreiben kann. Jene, die dorthin gehen, finden, daß die Zeit zu kurz ist, um all die Freuden und Glückseligkeiten auszukosten, und so werden sie den Ort in Trauer und der Sehnsucht nach Rückkehr verlassen.
Johanna Dibasson

Shiva tanzt, kann diesen Weg beschreiten. Er wird es nicht bereuen.

Von Opium und den Wachträumen der Seele

Opium erzeugt nämlich keine Träume, sondern macht hellsichtig und befreit von allen körperlichen Miseren und den Fesseln des Geistes.
Emmanuelle Arsan, *Emannuelle oder die Schule der Lust*

Eine der Drogen, die dem Urschamanen und Kiffergott heilig sind, ist das Opium, das aus den sanft geritzten Mohnkapseln wie die Freudentränen eines Gottes rinnt. Im Westen löst die

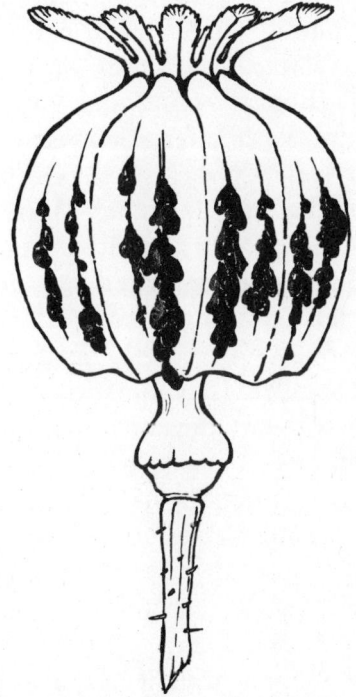

Abb. 15 Die Tränen des Mohns, die nach der Ritzung der unreifen Kapsel hervorquellen, bilden das Rohopium.

Erwähnung von Opium unweigerlich eine Diskussion über Suchtgefahr und Drogenmißbrauch aus. Opium gilt als gefährlich, weil es angeblich in extremen Maße suchterzeugend ist. Die meisten Menschen glauben der staatlichen Propaganda, die Opium als illegale Droge bannt und seinen Gebrauch als Genußmittel bestraft, obwohl Opium kaum ein anderes Suchtpotential besitzt als die staatlich lizenzierten Drogen Alkohol und Tabak.Opium verfügt über ein breites Wirkungsspektrum, durch das es zu einem ausgezeichneten Heilmittel wird. Wer einmal an konvulsiven Durchfällen gelitten hat und von einem Eingeborenen mit Opium behandelt worden ist, weiß welche Wunder in dem braunen Saft schlummern. Rohopium oder Opiumtinktur beruhigen die Krämpfe, betäuben Keime, beflügeln den Geist und vereinigen Seele und Körper, sodaß der Mensch wieder gesund werden kann. Opium kann ein Weg zur Erkenntnis sein, aber nur dann, wenn dieser mit dem Blick zu den Göttern beschritten wird.

Opium wurde schon vor 6000 oder 9000 Jahren von den Pfahlbaubewohnern der heutigen Schweiz genutzt. Im Altertum war Opium vielen griechischen Göttern (Aphrodite, Demeter, Hypnos) heilig. Die frühen Ärzte aus Kleinasien, Ägypten und Arabien verwendeten den Mohnsaft zur Krankenbehandlung und schätzten ihn als beglückendes Entspannungsmittel. Opium galt als eines der wirkungsvollsten Aphrodisiaka, besonders wenn es in der Form der Orientalischen Fröhlichkeitspillen (Kombination von Hanf, Opium, Stechapfel und Gewürzen) eingenommen wurde.[10] Die erotischen Geschichten aus «Tausend und einer Nacht» erzählen davon. Opium gehörte zu den Substanzen, die den prophetischen Tempelschlaf auslösten. Mit Hilfe des Opiums wurden die sagenumwobenen Fakire unverwundbar. Es war eine Droge der Götter und Schamanen, später der Sufis, Mystiker und Okkultisten.

Typisch für die Opiumwirkung ist das Hellsehen oder die Telepathie. Viele Berichte erzählen von diesen psychischen Phänomenen. Der Opiumesser liegt in seiner Höhle, auf seinem

Bett, auf seiner Matte oder in einem Tempel. Sein Leib ruht regungslos. Sein Körper scheint zu schlafen, sein Geist aber ist wach, wacher als im gewöhnlichen Wachbewußtsein. Er hat sich von den Fesseln der Materie gelöst und sich von den Begrenzungen der eigenen Wirklichkeit befreit. Das opiumbe-

Abb. 16 Das Verabreichen der aphrodisierenden Hexensalbe war seit alten Zeiten ein erotisches Ritual. Wie auf allen entsprechenden Darstellungen sind auch hier keine Männer abgebildet.

rauschte Bewußtsein segelt durch eine Wirklichkeit, die von erotischen Visionen, von verführerischen Göttinnen, von Pflanzenseelen und Märchenträumen erfüllt ist, und erlebt sich selbst als Pflanze, als Tier oder Geist. Das innere, das Dritte Auge öffnet sich, nicht um an eine Kinoleinwand an der Innen-seite des Schädels zu blicken, sondern um nach außen, durch Knochen, Haut und Gewebe hindurch zu schauen. Es sieht alles, nimmt alles wahr. Es blickt aber nicht nur durch dieeigenen materiellen Mauern, es sieht auch durch die äußeren Mauern hindurch. Wände aus Holz und Stein werden durchsichtig. Der Berauschte sieht, was sich dahinter abspielt. Liegt er in einer Höhle, erkennt er die Pflanzen und Tiere, die auf dem darübergelegenen Berg leben. Liegt er in einem Wohnsilo,kann er Freud und Leid seiner Nachbarn beobachten (deshalb ist es besser, die Opiumreise in der Natur zu begehen; dort wird man nicht durch menschliche Unzulänglichkeiten gepeinigt, dort kann man besser das innere Wesen der Welt ergründen).

Das folgende, aus dem europäischen Mittelalter stammende Rezept, das an die Zusammenstellung der Hexensalben erinnert, diente zur Erzeugung wahrsagerischer Trancen: «Man bereite eine Salbe aus Schierling, Opium, dem Saft des Eisenhutes, Mistel, Pappelblättern und Ruß und trage sie auf den ganzen Körper auf.»

Während der Renaissance wurde in Frankreich von Alchimisten ein Rezept zur Erzeugung telepathisch-erotischer Träume entwickelt. Es wurde in dem Buch *L'art de se rendre heureux par les songes* veröffentlicht:

Nimm zwei Unzen von der Wurzel der Skammonium-Winde und zerkleinerte Römische Kamille, drei Unzen Gräten vom Kabeljau und Schildpatt; mische diese mit zwei Unzen Blauer Skammonium-Winde. Koche es zusammen mit einer Unze Honig und sechs Drachmen frischen Mohnsaftes. Gebe es in einen hermetisch abgeschlossenen Kolben. Laß es für zwei Monate in der Sommersonne backen und laß es im Keller in

SCHLAFMOHN

Name	*Papaver somniferum*
Synonyme	Gartenmohn, Mohn, Ölmohn, Pflanze der Freude, Smyrna, Magsamen
Familie	*Papaveraceae*
Aussehen	Die einjährige Kulturpflanze hat bläulichgrüne Stengel und wellige, fast gekräuselte Blätter. Die Blüten können weiße, rosafarbene oder rote Blütenblätter ausbilden. Charakteristisch sind die großen, mit sehr vielen winzigen schwarzen Samen gefüllten Fruchtkapseln.
Vorkommen	geographisch sehr weit verbreitete Kulturpflanze, deren ursprüngliche Heimat nicht genau zu bestimmen ist. Sie wird heute in den meisten Ländern der Erde angepflanzt.
Droge	der in Stengeln und Kapseln fließende Milchsaft, der an der Luft zu Rohopium verdickt.
Anwendung	Heilmittel, Nahrungslieferant, Rausch- und Zaubermittel, Opiumlieferant, Rauchopfer, zur Erzeugung einer mystischen Ekstase, in der Alchemie als Mittel zur Verwandlung des Bewußtseins, Opfergabe, Gegengift, Aphrodisiakum, Lebenselixier, Bestandteil der Hexensalbe, Laudanum.
Wirkstoffe	Opium enthält etwa 40 Opium-Alkaloide, die in ihrer Synergetischen und antagonistischen Wirkung charakteristisch sind. Man unterscheidet den Morphian-Typ (Morphin, Codein, Thebain) und den Benzylisochinolin-Typ (Papaverin, Noscapin = Narcotin, Narcein, Nor-Laudanosin, Reticulin). Der Hauptwirkstoff ist Morphin, das sedativ-hypnotische, narkotische, antitussive, atemdepressorische und verstopfende Wirkung hat.
Literatur	Geddes 1976, Gelpke 1982, Rätsch 1990, Seefelder 1987.

Sand gehüllt über den Winter abkühlen. Das Ergebnis wird sich auszahlen. Eine Applizierung dieser Salbe zur Nacht wird auf jeden Fall das Bild der Geliebten in den Träumen erscheinen lassen. Sie wird wirklich vor dir stehen, daß die Leibespartner bis zum Erwachen glauben beieinander zu liegen.

Nach dem «Opiumkrieg» im 19. Jahrhundert wurde Opium fast weltweit verboten. Eine der letzten positiven und verständnisvollen Stimmen kam von dem Grafen Pourvourville, der 1908 schrieb:

Heutzutage ist das Opium gleichzeitig Anregungsmittel für die Gelehrten, Zeitvertreib für die Müßigen, Erholung für die Arbeiter, Stärkung für die Müden und Schlafspender für die Leidenden und Flüchtlinge... Gleichviel, ob in der mit Goldreifen besetzten Elfenbein- oder Schildpattpfeife, die der kunstsinnige Mandarin bevorzugt, ob im geschwärzten Bambusrohr des Lieb-

Scammonea Syriaca.

Abb. 17 Die zu den Winden (*Convolvulaceae*) gehörende Skammonium-Winde wurde schon von den Alten Ägyptern zu magischen und medizinischen Zwecken genutzt. Im Leidener Zauberpapyrus ist ein Rezept zur Erzeugung eines prophetischen Schlafes angegeben. Es enthält neben der Skammonium-Wurzel noch Opium und Milch. Skammonium ist eine der wenig erforschten Zauberpflanzen. Vielleicht enthält sie, wie andere Vertreter dieser Pflanzenfamilie, psychedelisch wirksame Indol-Alkaloide. (Holzschnitt aus Tabernaemontanus 1731)

habers, oder in der infizierten Pfeife des Landstreicher, das Opium flößt allen Körperkraft, Mitgefühl, Verstandesschärfe und die dreifache Gabe ein, die allein die Menschheit beglücken kann: Vergessen der Vergangenheit, Verachtung der Gegenwart und Gleichgültigkeit gegen die Zukunft.

Vergessen werden soll nicht die Geschichte, sondern die persönliche Vergangenheit, verachtet werden soll die unerfreuliche Welt der Gegenwart, und die Zukunft soll mit Shivas Auge als gleichgültig erkannt werden.

Novalis

Hymne an die Nacht

Aber zeitlos ist der Nacht Herrschaft,
Ewig die Dauer des Schlafs.
Heiliger Schlaf!
Beglücke zu selten nicht
Der Nacht Geweihte –
In diesem irdischen Tagwerk.
Nur die Toren verkennen dich
Und wissen von keinem Schlafe
Als den Schatten,
Den du mitleidig auf uns wirfst
In jener Dämmerung
Der wahrhaften Nacht.
Sie fühlen dich nicht
In der goldenen Flut der Trauben,
In des Mandelbaums Wunderöl
Und dem braunen Safte des Mohns.
Sie wissen nicht,
Daß du es bist,
Der des zarten Mädchens
Busen umschwebt
Und zum Himmel den Schoß macht –
Ahnden nicht,
Daß aus alten Geschichten
Du himmelöffnend entgegentrittst
Und den Schlüssel trägst
Zu den Wohnungen der Seligen,
Unendlicher Geheimnisse
Schweigender Bote.

Der Rauch von Delphi

> *Zuerst von allen Göttern ehr ich im Gebet*
> *Die Erde als die früheste Seherin.*
> Die Delphische Priesterin
> Aischylos, *Die Eumeniden*

> *Es gibt einen Wahnsinn, der ist ein Geschenk*
> *der Götter; der größte Segen kommt zu uns im*
> *Wahnsinn, und die Prophetin in Delphi hat*
> *Griechenland viel Gutes getan, jedoch wenig oder*
> *nichts ausgerichtet, wenn sie bei Sinnen war.*
> Platon

Zu den frühesten Generationen von Göttern gehören die Drachen. Dann kamen die Dämonen. Neue Götter verbannten, verdrängten oder mordeten die Drachen und Dämonen. Aber was einmal ist, das bleibt auch. Drachen und Dämonen gibt es heute noch, wenn auch nur in unserer Erinnerung.

Genauso war die Urgöttin, die in Delphi verehrt wurde, und die eine Botin aus Akasha war, von dem Gott Apollon, ermordet und verdrängt worden. Sie hieß Python, «Drachin». Obwohl ihr Leib vermoderte, sich transmutierte, lebte ihre Weisheit doch in der delphischen Wahrsagerin, der Pythia, weiter. Die Prophetin hat sich unter Apollons Herrschaft an dem Rauch von Delphi, der nach der Auffassung von Homer durch das Vermodern der Drachin entstand, berauscht.

Das delphische Orakel

Apollon war der Gott des Lichtes, der Dichtung und Musik, der Jugend, der Heilkunde, der Weissagung und der Divination. Er war aber auch der Gott der Sühne, der für den Mord an Python auf Kreta gebüßt hatte, und der des Todes, weil er in seiner Gestalt als *Apollon smintheus,* des Mäusegottes, den Menschen tödliche Seuchen brachte. Einer Auffassung zufolge stammt er

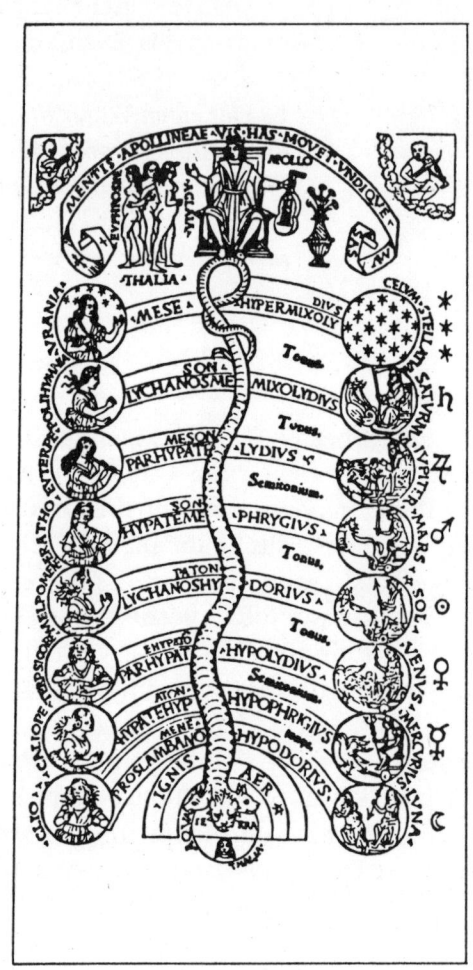

Abb. 18 Der Orakelgott Apollon herrscht über die neun Schichten der Welt, die den Musen und Planeten zugeordnet sind. Alles wird von einer kosmischen Schlange durchdrungen. Ihre drei Köpfe symbolisieren die verschiedenen Zustände der Zeit. Der Wolf ist die Vergangenheit, der Löwe ist die Gegenwart und der Hund ist die Zukunft.

wie seine Mutter aus Asien, in anderen Glaubenssystemen war er der Sonnengott der Hyperboreer, des Volkes, das die nordische Nacht mit seinem Wissen erleuchtete. Später wurde er zu einer übergreifenden, allgemein-griechischen Gottheit. Plutarch (ca. 50–125 n.Chr.), der selber zwanzig Jahre Oberpriester in Delphi war, schrieb über den Orakelgott:

> Apollon offenbarte und eröffnete seine Gedanken, aber er offenbarte sie unter Vermischung mit einem sterblichen Körper und einer menschlichen Seele, die es nicht vermag, Ruhe zu bewahren und alles unbewegt und ohne Erschütterung darzubieten. Sie ist vielmehr schwankend wie ein Schiff in stürmischer See und wird mitgerissen von ihrem aufgewühlten Innern.
> (21, 404)

Es gab im alten Griechenland vier verschiedene Wege der Mantik oder Divination. Nämlich die Traumdeutung, die von besonders dazu ausgebildeten Priestern und Traumdeutern betrieben wurde, die Nekromantie, die Beschwörung der Geister der Toten und die Vorzeichendeutung, indem man z.B. das Rascheln der Blätter einer heiligen Eiche hörte. Die wichtigste Methode der Mantik war die Befragung eines Orakels.

Ursprünglich wurde das Wort Orakel ausschließlich zur Bezeichnung eines heiligen Ortes verwendet: für Delphi, wo sich die Erde geöffnet hatte und tiefe Geheimnisse verriet, für Dodona, wo Zeus sich durch das Rascheln der Blätter uralter Eichen offenbarte, für Siwa, wo der Gott Amon seine Zeichen hinterlassen hatte. Erst später wurden auch Priester und Priesterinnen als Orakel bezeichnet. Das menschliche Orakel verfiel durch eine bestimmte Technik oder eine psychedelische Pflanze, einen Trank der Götter, in einen Trancezustand und öffnete sein Bewußtsein der göttlichen Sphäre. So konnte dann der Gott in den Körper des Orakels fahren und durch dessen Mund die göttliche Prophezeiung verkünden. Meist war die Verkündigung hinter rätselhaften Versen oder Grunzen, Gemurmel und Gekreisch versteckt. Diese unverständlichen, oft mehrdeutigen Botschaften wurden dann von Priestern, die dem Orakel dienten, den Frage- und Bittstellern vorgetragen und gedeutet.

Abb. 19 Die delphische Pythia sitzt vom geheimnisvollen Rauch umhüllt auf ihrem Dreifuß. In der Verzückten hat sich der Orakelgott Apollon inkarniert. Die Anwesenden scheuen den Anblick des göttlichen Wesens. (Volkstümliche Illustration aus Gartenlaube 1892)

In der Antike gab es mehrere, weithin über die Grenzen des alten Griechenland berühmten Orakelstätten. Das spektakulärste und bekannteste Orakel war das Orakel von Delphi, der Ort, an dem Sokrates zum Weisesten der Weisen erklärt wurde. Delphi liegt im zentralen Griechenland in einer bergigen, kargen Landschaft. Der Ort war der *omphalus*, der Nabel der Erde, ein altes Erdorakel, daß von Apollon übernommen wurde. In der Homerischen Hymne an den Pythischen Apollon spricht der glänzende Gott:

> Hier gedenke ich mir fürwahr den lieblichen Tempel
> als ein Orakel den Menschen zu gründen, daß sie dann immer
> mir vollendete Opfer an diese Stätte geleiten.
> Alle, die in der Peloponnes, der üppigen, hausen,
> die Europa bewohnen und ringsumflossene Inseln,
> holen sich hier Orakel, und den untrüglichen Ratschluß
> werde ich allen hier in dem üppigen Tempel verkünden.

Die Homerische Hymne berichtet, wie der Gott in Gestalt eines gewaltigen Delphins auf ein kretisches Schiff sprang und dessen Kurs änderte. Das Schiff trieb bei Krisa an den Strand. Da nahm Apollon wieder seine göttliche Gestalt an und gebot den Kretern, am Fuße des Berges Parnassos einen Tempel zu erbauen und ihm zu dienen. Der Name *delphi* leitet sich nach einer Deutung von dem Namen des heiligen Delphins ab. Durch das Wirken der Gottheit wurde Delphi zu einem wahrhaft göttlichen Ort. Aphrodite wurde dort *Aphrodite Harma*, die Zusammenführende, die Harmonisierende, genannt. Die Grazien, die reizenden Töchter des Zeus und anmutigenden Schwestern der Aphrodite, aus deren strahlenden Augen jene Liebe strömt, welche die Glieder jeglicher Kräfte beraubt, spenden Freude, geben dem Leben frische Kraft und schwellende Fülle.

Eine andere Geschichte beschreibt den archaischen Ursprung des Orakels. Als einmal der Ziegenhirte Koretas eine Herde über die kargen Hänge des Parnassos führte, zogen die

Tiere auf einen Erdspalt zu, aus dem Dämpfe aufstiegen. Als die Ziegen von dem hervorquellenden Dampf einatmeten, begannen sie wie toll herumzuspielen, machten seltsame Sprünge und erzitterten. Koretas wollte den Grund dafür in

Plutarch, *Die Sibylle*

Die Sibylle mit begeistertem Munde, wie Herakleitos sagt, welche ohne Lachen, Schmuck und Schminke spricht, setzt durch Gottes Wohltat ihre Rede tausend Jahre fort.

Ähnliches will ich auch über die Sibyllinen melden, denn da ich auf einem Felsen stand, nahe bei dem Gebäude wo die erste Sibylle sich aufgehalten haben sollte, nachdem sie vom Helikon dahin gekommen war, wo sie von den Musen erzogen war, erwähnte Strapion ihres Gesanges, worin sie sich selbst verherrlicht und sagt, nicht einmal mit ihrem Tode werde ihre Weissagung zu Ende gehen, sondern sie werde auf dem Monde einherwandeln, in diejenige verwandelt, deren Gesicht im Monde erblickt werde.

Ihr Gesicht aber sei durch die Luft gemäßigt, so daß sie immer alles aus eignem Antriebe aussprechen werde. Aus ihrem in Erde verwandelten Körper aber würden Kräuter und Stoffe entstehen, womit sich das heilige Vieh von verschiedenen Farben, Gestalten und Eigenschaften der Eingeweide ernährte, woraus dann den Menschen die Zukunft verkündigt würde.

Erfahrung bringen und beugte sich über den Erdspalt. Als er die merkwürdigen Dämpfe einsog, verfiel er in einen ihm unbekannten Zustand. Er begann in undeutlicher Sprache Dinge auszusprechen. Als andere Hirten vorbeikamen, merkten sie, daß ihnen Koretas weissagte. Fortan gingen die Hirten zu dem Erdspalt, atmeten den Rauch ein, und prophezeiten. Weil viele Hirten jedoch in dem Erdspalt verschwanden, «erschien es den Einwohnern der Gegend angebracht, sich gegen die Gefahren zu schützen, und sie wählten eine Frau als einzige Prophetin für sie alle. Man baute ein Gerüst, auf das sie stieg und wo sie in völliger Sicherheit die Eingebung empfangen konnte. Dieses Gerüst hatte drei Stützen und wurde deshalb Dreifuß genannt» (Diodor XVI, 26). Viele Generationen später errichteten die Leute an diesem Ort einen Tempel für Apollon, dem Gott der Weissagung. Fortan sollte eine Prophetin, die Pythia geheißen wurde, das Orakel des Gottes sein.

Viele Autoren der Antike haben den Apollontempel von Delphi ausführlich beschrieben. Besonders aufschlußreich ist die Beschreibung von Pausanias, dem berühmten Reisenden aus Kleinasien. Ihm zufolge war der Tempel reich geschmückt und ein herausragendes architektonisches Kunstwerk. Am Eingang waren Schrifttafeln angebracht. Auf einer stand geschrie-ben: *Erkenne dich selbst.* Im Inneren stand eine goldene Statue von Apollon. Die Räume waren geschmückt und mit weiteren Götterbildern und Schreinen ausgestattet. In dem Tempel verbarg sich auch das Adyton, der Raum, in dem die Pythia ihre Weissagungen machte.

Das Orakel konnte nur an jedem siebten Tag des Monats befragt werden (außer in den drei dionysischen Wintermonaten). An diesen Tagen kamen viele Bitt- und Fragesteller aus aller Welt, um von der Pythia Antworten auf dringende Fragen, meist familiärer, politischer oder strategischer Art, zu erhalten. Die Pythia wurde auf diesen Tagen und auf ihre Trance vorbereitet. Sie mußte die Nacht vorher auf einem Lager aus Lorbeerblättern verbringen und Lorbeerblätter kauen. Am Morgen des siebten Tages wurde sie von dem Oberpriester und einigen Orakeldienern in einer Prozession zu dem kastalischen Brunnen geleitet, in dem sie nackt baden mußte.

Bei der rituellen Waschung wurden Gebete deklamiert:

O ihr delphischen Diener Apolls,
Kommt zu Kastalias Silberquell;
Vom reinen Tau bespült,
Tretet zum Tempel.
Vernehmet in Andacht die Zunge des Heils,

LORBEER

Name	*Laurus nobilis*
Synonyme	Laurel, Daphne, Daphnis
Familie	*Lauraceae* (Lorbeergewächse)
Aussehen	kleiner, immergrüner Baum mit länglichen Blättern, kleinen unscheinbaren Blüten und schwarzen, olivenförmigen Früchten.
Vorkommen	hauptsächlich im östlichen Mittelmeerraum
Droge	die frischen oder getrockneten Blätter, Früchte, Öl
Anwendung	kultisches und magisches Räuchermittel, Wahrsagemittel, Weinzusatz, Zaubermittel, Heilmittel, Gewürz
Wirkstoffe	ätherisches Öl, Bitterstoff, fettes Öl, Stärke, Zucker, diverse Glyceride und Myricilalkohol. Der Pflanzensaft hat durchblutungsfördernde, stimulierende und antiseptische Eigenschaften.
Literatur	Gessmann o.D., Melas 1990, Rätsch 1987.

Daß ihr Worte des Heils
Den Befragern des Gottes
In der eigenen Sprache verkündet.

Daraufhin zog die Prozession zu der zweiten Quelle, Kassotis: «Von dieser Kassotis sagt man, daß ihr Wasser tief in die Erde eindringe und im Allerheiligsten des Gottes die Frauen hellsehend mache; die der Quelle den Namen gegeben hat, soll eine der Nymphen am Parnaß gewesen sein.» (Pausanias X, 24.8.)

Von dem kassotischen Wasser mußte die Pythia trinken, denn, so hieß es, es verleihe die Gabe der Weissagung. In den Apollontempel zurückgekehrt wurden die Vorzeichen gedeutet, ob es der rechte Tag für die Prophezeiung sei. Sie mußte dann nochmals Loorberblätter und Gerstenkörner kauen. Wenn die Pythia auf dem lorbeerbekränzten Dreifuß saß, hielt sie einen Wollfaden in der Hand, der sie mit dem Omphalus, einem Stein, dem symbolischen Mittelpunkt des Universums, verband. In der anderen Hand hielt sie einen Lorbeerzweig. Sogleich verfiel sie in konvulsive Zuckungen, so daß es aussah, als kämpfe sie noch mit ihrem Körper gegen den herabkommenden Gott. Dann sackte sie in sich zusammen und wirkte, wie nicht mehr von dieser Welt. Wenn die Gottheit in sie eingekehrt war, stellte der Oberpriester die Frage. Die von Apollon Besessene verkündete dann mit donnernder Stimme und «rasendem Munde» und in einem leuchtenden Scheine die Prophezeiung. Ihre Sprache, das heißt, die Sprache des Gottes, war oft unbekannt; sie benutzte nie zuvor gehörte Worte, die stakkatohaft oder gemurmelt aus ihrem Mund kamen. Sätze, die sie von sich gab, waren mehr als rätselhaft und zweideutig. Es sind viele Sprüche der Pythia überliefert worden; diese zeigen deutlich, wie fremd die Sprache des Gottes ist:

Schildkrötenduft erreichte mich wohl, des gepanzerten Tieres, brodelnd mit Fleisch zusammen vom Lamme in eherner Pfanne, Erz umschließt es von allen Seiten, so oben wie unten.

Für die alten Griechen waren derartige Orakelsprüche immer Ausdruck der letzten Wahrheit. Gab die Pythia Anweisungen, was die Fragesteller zu tun haben, hielten sie sich haargenau daran, weil sie sonst ein Unglück oder Mißgeschick erwartete.

Rauch galt den Griechen als ein Mittel, das die Seele vom Körper befreit und so die Verschmelzung mit dem Göttlichen ermöglichte. Dem Apollon war der Manna, ein Pulver aus dem abgerollten Libanotesharz, heilig. Laut Dioskuriedes bewirkt *Libanotes*, «Weihrauch» (von *Boswellia*-Arten), einen Wahnsinn, in großen Mengen mit Wein vermischt sogar den Tod (*de Mat. Med.* 1.81). Apollon galt als Verursacher des «prophetischen Wahnsinns», eines Ausnahmezustandes, der von anderen Autoren als Enthusiasmus, Verzückung, Ekstase oder Raserei gedeutet wird.

Abb. 20 In den orphischen Hymnen werden allerlei, sich zum Teil widersprechende Angaben über Rauchopfer gemacht. Bei dem Orakel der Demeter in Patras wurde Weihrauch verbrannt. Die Priesterin atmete vor der Befragung des Spiegels den Rauch ein, der in den orphischen Mysterien eine ebenso bedeutende Rolle spielte. Im Apollontempel in Dydima waren Olibanum, Myrrhe, Cassie, Zimt und andere Gewürze als Räuchermittel bekannt. Eines der wenig erforschten Räuchermittel des Altertums ist das Ladanum-Harz, das von der Stammpflanze *Cistus ladaniferus* ausgeschieden wird. Im Zeus-Heiligtum von Dodona wurde eine unterirdische Schicht von verbranntem Haschisch entdeckt. (Holzschnitt aus Tabernaemontanus 1731)

Ladanum.

Die Gelehrten der letzten Jahrhunderte stimmten alle darüber ein, daß der Rauch von einer glosenden Pflanze oder einem Weihrauchgemisch stammen mußte. Sicher ist, daß Myrrhe (das Harz von verschiedenen *Commiphora*-Arten) in Delphi zum Räuchern benutzt wurde, wie Euripides in *Ion* berichtet:

Siehe! Mit leuchtendem Viergespann
Glänzt Helios über die Erde schon.
Die Sterne fliehn vor des Himmels Glut
In heilige Nacht.
Parnassos' unbetretene Höhn
Erstrahlen im Licht, berührt vom Tag,
Der für die Sterblichen anbricht.
Dorrender Myrrhe Duft steigt auf
Zu Phoibos' [= Apollons] Gebälk.
Auf heiligem Dreifuß thront und singt
Den Griechen die delphische Frau den Spruch,
Mit dem Apoll sie umtönte.
Ihr Delpher! Phoibos' Gesinde, auf!
Zieht hin zur silbern schimmernden Flut
Kastalias', netzt im reinen Tau
Die Glieder, dann steigt zum Tempel hinan,
Weiht frommer Rede den Mund, und nahn,
Die Fragen um Rat,
So spendet ihnen Worte des Heils
Von angemessener Zunge!

Es ist auch bekannt, daß Lorbeerblätter zur Wahrsagerei verbrannt wurden. Lorbeer war ein Gewächs, das dem Apollon selbst geweiht war, das direkt mit der Orakelgottheit verknüpft war: «Daphne ... hieß die von Apollo geliebte Nymphe. Sie war eine hübsche, wilde Jungfrau, und als Apollo sie begehrte, flüchtete sie zur Mutter Gaia, die sie in einen Lorbeerbaum verwandelte. Seitdem ist der Lorbeer dem Apollo heilig und diente ihm mit seinem kräftigen aromatischen Duft auch als

Mittel zur Reinigung. So erzählt die Sage, daß sich Apollo nach der Tötung des Drachen Python im noch heute lorbeerbewachsenen Tempetal reinwusch und mit Lorbeer bekränzte als gereinigter Sieger in Delphi einzog. Daher kündet der Lorbeer als Siegeszeichen Ruhm und Ehre an. Auch das älteste Heiligtum des Apollo soll aus Lorbeerzweigen erbaut gewesen sein.» (Pausanias 10.5.9.) Von da an galt der Lorbeer als Zeichen des Gottes Apollon und als eine Pflanze der Weissagung, als Mittel, das die Fähigkeit verleiht, Verborgenes und Zukünftiges zu erschauen. Heute aber ist es uns unmöglich, dem bekannten Küchenkraut jene Wirkung zu entlocken, die es einst in Delphi gehabt haben soll.[11]

Die Pflanze, auf deren Gebrauch in Delphi die meisten Hinweise deuten, ist das weiße Bilsenkraut (*Hyoscyamus albus*). Das Bilsenkraut ist seit alters her als Wahrsagemittel bekannt. Dem Herakles, dem Spender und Beschützer der Heilquellen, wird die Entdeckung des Bilsenkrautes zugeschrieben. Er fand es im Hades, als er die Abenteuer seiner Unterweltsfahrt bestehen mußte. In der Antike trug es neben *hyoskyamos* die Namen *Apollinaris* oder *Pythonion*. *Apollinaris* bedeutet «Kraut des Apollo»; *Pythonion* heißt «pythonisches (= apollinisches) Kraut», «Kraut des Orakels» oder «Kraut der Verwesung (= Transmutation)». Interessanterweise hat Dioskurides den keltischen Namen des Bilsenkrautes mitgeteilt. Er lautete *belinuntia* und bezog sich auf den keltischen Orakelgott Belenos (noch heute heißt des Bilsenkraut in Spanien *beleño*). Im Volksmund heißt das Bilsenkraut auch Apolloienkraut oder Prophetenkraut.[12]

Die Erscheinung der Trance der Pythia läßt sich auch sehr gut mit den Symptomen einer Bilsenkrautberauschung erklären. Der vom Bilsenkraut Berauschte kann konvulsiv zucken, sich dann beruhigen, stammelt und brabbelt Unverständliches vor sich hin, bekommt glasige weitaufgerissene Augen und große tiefe Pupillen.

Der Toxikologe Gustav Schenk hat sich selbst einer

Bilsenkrautfumigation unterzogen, um die möglichen Wirkungen experimentell zu prüfen:

> Ich hatte mir berichten lassen, daß man das Hyoscyamin (den Hauptwirkstoff aus dem Bilsenkraut) in ihnen am besten befreien und gleichzeitig dosieren könne, wenn man die Samen röstete und ihren Dunst einatmete... So legte ich die Samen auf eine Eisenplatte und hielt diese über ein Spiritusflämmchen. Sehr langsam erhitzten sich die Samen, die Schalen sprangen auf, und die Dünste des Hyoscyamin erreichten mich merkwürdig eindringlich, brennend scharf und gleichzeitig sehr süß duftend...
> Es ist eine Eigentümlichkeit der Bilsenkrautwirkung, daß das Gedächtnis nicht erhalten bleibt, daß nur Fetzen von Bildern später wieder auftauchen, daß nur das allgemeine Klima der Vergiftung erhalten bleibt... Weist aber auch dieser schwarze Wahnsinn des Bilsenkrautes in der Erinnerung große Lücken auf, so sind doch mächtige Vorstellungen, kräftige, unheimliche Bilder voll erhalten geblieben, auch die Empfindungen des körperlichen Zustandes, des Zusammenbruchs des Körpers.
> Die Bilsenkrautwirkung begann mit einem rein körperlichen Unbehagen. Die Glieder verloren Sicherheit, Schmerzen hämmerten im Kopf, und ein starkes Schwindelgefühl stellte sich ein, während von der Eisenplatte noch die Dünste aufstiegen. Es konnte also nicht viel Zeit vergangen sein, als sich die ersten Wirkungen einstellten höchstens eine Viertelstunde... Um die Macht von Bilsenkraut zu begreifen, muß man sich mit mir folgende Vorstellungen machen: Die Ohren werden taub, die Augen fast blind, sie sehen im Nebel nur noch den Umfang der Dinge, deren Grenzen sich verwischen. Langsam wird man von der Außenwelt abgeschnitten, unrettbar ist man sich selbst und seinem Inneren verfallen. Das Zimmer tanzt, der Boden, die Decke, die Wände, sie schwanken langsam nach rechts und dann wieder nach links. Doch man hat nicht mehr das Gefühl, sich selbst zu bewegen...

BILSENKRAUT

Name   *Hyoscyamus niger, Hyoscyamus spp.*

Synonyme   Teufelsauge, Prophetenkraut, Apollinaris, Pilsenerkraut

Familie   *Solanaceae* (Nachtschattengewächse)

Aussehen   kleines Kraut mit gesägten, stark behaarten Blättern und gelben Blütenrispen. Die Samen sind winzig kleine schwarze Kügelchen.

Vorkommen   Das Kraut gedeiht besonders gut in den subtropischen Zonen des Mittelmeeres, Kleinasiens bis nach Hinterindien.

Droge   das ganze frische oder getrocknete Kraut, besonders die getrockneten Blätter und Samen

Anwendung   Narkotikum, Wahrsagemittel, Räuchermittel, Regenzauber, Hexenpflanze, Heilmittel, Bierwürze, Metzusatz, Bestandteil der Hexensalben, liebesreizende Räucherung, Medizin, Halluzinogen, Aphrodisiakum, Kaffee-Ersatz, Zauber- und Heilpflanze, Schmerz- und Schlafmittel, Tabakersatz.

Wirkstoffe die Tropan-Alkaloide Hyoscyamin, Scopolamin und Atropin, die anticholinerge, berauschende, psychedelische und in höheren Dosen toxische Wirkung haben.

Literatur   Hansen 1981, Li 1978, Marzell 1964, Perez de Barradas 1957, Rätsch 1987.

Wie gelähmt starrte ich, und im starren Sehen mögen wohl die ersten Halluzinationen vorübergeflogen sein. Ein gelbes, metallenes Schild glänzte auf, das eine furchtbare Bedeutung hatte. Es sah mich an, nicht mit Augen und mit menschlichen Blicken, das wäre zu ungenau beschrieben. Ein Schild kann weder sehen, noch uns anblicken, so sagen wir. Damals aber wußte ich, daß ein solches Schild sehr gut Blicke werfen konnte, die meine Seele erschauern ließen. Gleich darauf aber, und das ist mir das Verwunderliche, erheiterte mich diese Vision ungeheuer, sie erfüllte mich mit maßloser Lachlust, die gar kein Ende zu nehmen schien. Ja, alles erheiterte mich auf einmal, das Unvermögen meiner Augen, das tanzende Zimmer, die Unsicherheit meiner Hände, die immer falsch zugriffen – und düster, brennend, mit drohendem Ernst sah mich dabei unverwandt das Schild an. Nun folgte wohl Bild auf Bild, und es waren Trümmerhaufen unserer realen Bilder...

Eine quellende, rußige Wolke war eine Frau, wenigstens das Wesen einer Frau. Sie enthielt alles weibliche, so gewalttätig, so besessen, daß dieser Eindruck der Beschreibung unbedingt widersteht...

Tiere, die ich scharf sah, mit verzerrten Grimassen und starren, schreckerfüllten Augen, fliegende Steine, Nebelwolken, die alle in einer bestimmten Richtung vorwärts trieben. Sie nahmen mich unwiderstehlich mit. Ihr Farbton ist zu beschreiben – aber es war keine reine Farbe. Ein unbestimmtes graues Licht umgab sie, aus dem es düster glomm und fortrollte nach oben in einen kohligen Himmel hinein. Ich wurde in eine flackernde Trunkenheit geschleudert, in einen Hexenkessel der Tollheit. Ein Wasser floß oben, blutig dunkel, der Himmel war mit ganzen Tierherden gefüllt...

Der Kopf wuchs allein für sich, und ich erlebte die Angst der körperlichen Teilung. Gleichzeitig begleitete der Rausch des Fliegens diesen Wahnsinn. Mich durchdrang nicht nur die Gewißheit des Untergangs, der Auflösung meines ganzen einheitlichen Körpers, der doch zusammengehörte – sondern der Zustand verschaffte mir auch eine animalische Befriedigung, denn nun flog ich. Ich zog dahin, wo meine Halluzinationen, die Wolken, der düstere Himmel, Tierherden, fallende Blätter, die wiederum nicht gewöhnlichen Blättern glichen, wo quellende Dampffahnen, Erzströme und das ganze schwarze, sinnlose Chaos fortschwamm.

(Schenk 1954: 47–59)

II. Bilſenkraut.
Hyoſcyamus II.

Abb. 21 Da Herakles nicht nur als Entdecker des Bilsenkrautes gilt, sondern dem Apollon den Dreifuß des Orakels streitig gemacht hat, ist eine Verbindung von dem ekstasebegünstigen- dem Bilsenkraut mit dem Gebrauch des Dreifußes für weissagende Verzückung durchaus möglich.
(Holzschnitt aus Tabernae- montanus 1731)

Angesichts der Berichte über das Orakel von Delphi erscheint es als mehr als wahrscheinlich, daß die prophetische Trance der Pythia pharmakologisch ausgelöst wurde. Plutarch hat zur Wirkung des Rauches genaue Beschreibungen hinterlassen:

Auch glaube ich, daß es mit der Ausdünstung nicht immer und durchweg gleich bestellt ist, sondern daß manchmal eine Abnah- me und dann wieder eine starke Zunahme stattfindet. Der Beweis, den ich dafür anführe, hat zu Zeugen viele Fremde und alle, die im Dienst des Heiligtums stehen. Denn das Gefäß, in

100

dem man diejenigen, die den Gott befragen, sich niedersetzen läßt, erfüllt sich, nicht häufig und nicht zu bestimmten Zeiten, sondern von ungefähr in längeren Abständen, mit einem Wohlgeruch und einem Hauch ähnlichen Düften, die die edelsten und kostbarsten Parfüme entsenden und die dem Allerheiligsten wie einer Quelle entströmen; und es ist wahrscheinlich, daß die infolge von Wärme oder irgendeiner anderen wirksam werdenden Kraft aufsteigen. Und wenn das nicht überzeugend klingen sollte, so werdet ihr dies doch zugeben müssen, daß die Pythia selbst in demjenigen Teil ihrer Seele, auf den der Hauch einwirkt, zu verschiedenen Zeiten verschiedene Stimmungen und Eindrücke erfährt und daß sie nicht immer die gleiche Mischung oder gleichsam Harmonie unveränderlich zu aller Zeit bewahrt. Denn viele Verdrießlichkeiten und Störungen erfassen so, daß sie es merkt, und noch mehr, ohne daß sie es merkt, ihren Körper und dringen zu ihrer Seele, und wenn sie davon erfüllt ist, dann ist es nicht gut, daß sie dahin geht und sich dem Gott hingibt, weil sie dann nicht ganz rein ist wie ein wohlgestimmtes, schönklingendes Instrument, sondern von Leidenschaften getrübt und verstört. Denn auch der Wein hat ja nicht immer dieselbe Wirkung auf den zur Trunkenheit geneigten noch die Flöte auf den Schwärmer, sondern dieselben Menschen geraten einmal weniger, ein andermal mehr in dionysischen Rausch und in Verzückung, wenn ihre innere Stimmung eine andere ist.
(Plutarch 50, 437)

Plutarch nahm hier die moderne synergetische Theorie zur Erklärung der Wirkung einer psychoaktiven Substanz, nämlich die von Dosierung, Set und Setting,[13] vorweg. Er sagte, die Trance könne nur dann eintreten, wenn sich «die Wahrsagekraft in der rechten Verfassung für die Mischung mit dem Hauch befindet». Die Trance der Pythia kann also von der Dosis der eingeatmeten bewußtseinsverändernden Dämpfe, von ihrer inneren Einstellung und dem äußeren Gegebenheiten, z.B. dem Verhalten der Orakelpriester und Bitt- oder Fragestellern, abhängen. In der antiken Literatur sind nämlich Fälle berichtet, bei denen die Pythia aufgrund des gestörten oder verstümmelten Rituals wahnsinnig oder verrückt wurde, und nicht ihre prophetische Gabe erlangte. Welche Drogenmischung tatsächlich wirksam war, und die Pythia in die wahrsagerische Trance versetzte, bleibt dunkel.

III. Gelb Feigbonen.
Lupinus luteus.

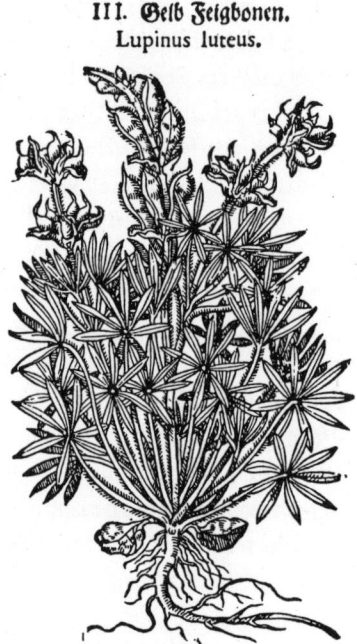

Abb. 22 Die Lupine (*Lupinus albus*) war eine der Drogen, die von griechischen Priestern verwendet wurden. «Lupinen gehörten auch zur besonderen Kost der Besucher des Totenorakels am Acheron, bevor diese die Seelen der Toten anrufen durften und in den engen Gängen des labyrinthischen Heiligtums durch eine strenge Diät psychich auf die Kommunikation mit der Unterwelt vorbereitet wurden. Der Genuß der alkaloidhaltigen Lupinenkerne verursachte bei den Pilgern den von den Priestern gewünschten Rauschzustand und verminderte das Empfindungsvermögen, für den Eingeweihten die nötige Voraussetzung, um eine echte Kommunikation mit den Schattenbildern der Verstorbenen vorzutäuschen.» (Baumann 1982:146) Die *Lupinus*-Arten enthalten Chinolizidin-Alkaloide. Ihre Bedeutung als Prophetenpflanze muß aber noch genauer erforscht werden.

Hymne an Apollon

Sende mir den Daimon, der mir Antworten gibt
auf alles, was ich ihm befehle, zu sagen!
Ich singe von Dir, O Du Gesegneter, O du Heiler
Verleiher der Orakel, O Du Alleswissender!
O Delischer Herr und Zerstörer der Python
König von Dodona, weissage, O pythischer Paian
Ich rufe Dich, Gott, der die wohlklingende Lyra beherrscht
Die nur Du, einziger unter den Göttern, hälst und streichst
Mit kräftigen Händen, Herr des Silberbogens
O wohlbenannter Phoibos...
...
Vollkommener Herrscher
Der die bewaldeten Höhen des Parnassos durchstreift
Seid ruhig, entsaite jetzt nicht
O Myrrhenbaum... Lykischer Gott
Endlos wachse
Ein größeres Licht, denn er will lernen
Von göttlichen Lippen, einer wird sich dort erheben
Der Seher mit dem Plektrum
Aber so komme hierher, prophezeiend, komme
Komm hierher, Prophet, der die Freude bringt, O Smintheus
Gib Deine Antwort und Beachtung Pythischer Paian
Unsterblicher Schößling, heil! delphische Maid, Daphne
Für Dich hat Phoibos zuerst die Lieder gespielt
Im Wettkampf mit den Musen, Daphne, Du
schüttelst Zweige und Triebe über Phoibos. Denn in den
Hymnen
Preisen sie deine wohltönenden Klänge vom heiligen Delphi
O Maid, die jubelt in göttlichen Tönen
Und Orakel... Himmlischer Läufer, Lichtträger
Erderschütterer: wohlwollend und ergebend
Komme zu deinem Propheten, aber komme jetzt in Eile
O, der du durch die Lüfte läufst, O Pythischer Paian
(Nach einem griechisch-ägyptischen Zauberpapyros)

Zeus war, Zeus ist und Zeus wird sein,
O, großer Jupiter!
Die Erde sendet Früchte,
Darum nennet die Erde Mutter!
Orakelspruch der Pleijaden
Priesterinnen des Orakelgottes zu Dodona

Das Orakel der Hekate

Die Göttin Hekate stammt aus Karien in Kleinasien. Ihr Kult
verbreitete sich schnell in ganz Hellas. Hekate wurde zu den
chthonischen Mächten gezählt, sie war die Herrin aller nächtlichen Unwesen und Gespenster und wurde im Volke sehr
verehrt. Es wird gemunkelt, daß sie noch heute so manche
Anhängerin hat. Sie war die Schutzpatronin der Hexen, Gift-
mischer und Zauberer. Sie kannte alle geheimen Mittel und
Kräuter. Besonders nahe war ihr das Bilsenkraut. In Kolchis am
Schwarzen Meer hatte sie einen Kräutergarten, in dem sie mit
ihrer Tochter Medea Giftgewächse und Zauberpflanzen auf-
zog. Sie übte Liebeszauber und beherrschte die Dreiwege. Sie
vereinte in sich Vergangenheit, Gegenwart und Zukunft und
war deshalb eine mächtige Orakelgöttin. Sie trug eine kosmische Schlange, das Verbindungsglied zwischen den Welten und
Wirklichkeiten, in ihren wilden Haaren. Aus dem Altertum ist
ein sibyllinisches Orakel überliefert, in dem sich die Göttin in
all ihren magischen Aspekten offenbart:

Ich bin jene vielgestaltige Jungfrau, vom Himmel gekommen,
mit dem Anblick eines Stiers, dreiköpfig, wild, mit goldenen
Waffen, die in Künsten erfahrene Phöbe, die den Menschen
Licht spendende Eileithya, welche je drei Verbindungen der
dreifachen Natur trägt, den feurigen Bildern des Äther ähnlich.
Aber ich nehme mit weißem Gespann die Luft in Besitz, wäh-

rend die Erde das Geschlecht meiner schwarzen Kinder lenkt. Jetzt sollst du mir alles tun, das Bild aber ist in ihm selbst. Ich habe die Gestalt der Ceres, der Königin der herrlichen Früchte, mit ganz weißen Kleidern und mit goldnen Schuhen an den Füßen. Den Gürtel aber umgeben krumme Drachen, die sich mit reinen Spuren in die Höhe richten, vom Haupte selber herabhängend bis auf die Fußspitzen, im Kreis herum windend nach der Reihe.

Nach dem himmlischen Lichte, dem unermeßlichen, sternenreichen, reinen, habe ich die weite Wohnung des Gottes verlassen. Wenn ich aber die Erde, die Nährerin der Tiere, besteige, auf dein Gebot und auf deinen Rat der unaussprechlichen Worte, womit der sterbliche Mensch die unkundige Seele der Unsterblichen erfreut.

Ich bin gekommen, nachdem ich dein sehr kluges Gebet gehört und vernommen habe, welches die Natur der sterblichen Menschen erfand auf die Mahnung der Götter.

Warum hast du nach mir hieher begehrt aus dem immer eilenden Äther und hast mich Hekate, die Göttin der göttlichen Notwendigkeit, genannt.

Nichts hat jemals Hekate bei den unsterblichen Göttern Unerschrockenes und nichts Vergebliches gesagt den weisen göttlichen Sehern. Aber vom Geiste des almächtigen Vaters geboren, leuchtet sie immer in Wahrheit und bleibt ihre Klugheit unverrückt und beständig durch ungebrochene Weissagungen. Darum ruhe in Fesseln; denn du hälst mich für die große Göttin, welche die höchste Welt zu beseelen vermag.

Aber verfertige ein reines Bild, wie ich dich lehren werde, und mache aus der wilden Raute einen Körper und schmücke ihn mit kleinen Tieren und Stellionen des Hauses und reibe dazu ein Gemisch von Myrrhen und Storax und Weihrauch mit jenen kleinen Tieren und sammle dies beim Anfang des wachsenden Lichtes und spreche selber darüber folgendes Gebet.

So viele Gestalten ich habe, so viele Tiere lege ich dir auf. Und flugs vollende mir dies! Aber von jenem Lorbeer, der von selbst gewachsen ist, sollst du mir den Zufluchtsort meines Hauses machen und sollst über das Bild viele Gebete ausschütten. Dann wirst du mich im Traum erblicken.

Welcher Sterbliche hat nicht verlangt, eingegrabene Zeichen aus Gold und aus Erz und glänzendem Silber mitzunehmen? Wer aber liebt dies nicht, der da oben steht? Nimm alles in eins zusammen; ich meine aber den schicksalgeprüften Mann.

Alles Dämonische steht zwischen Gott und den Menschen... zu verdolmetschen und zu überbringen den Göttern, was von den Menschen, und den Menschen, was von den Göttern kommt, der einen Gebete und Opfer und der andern Befehle und Vergeltung der Opfer. In der Mitte also zwischen beiden stehend, bilden sie die Ergänzung, so daß nun das Ganze in sich selbst verbunden ist. Durch dieses Dämonische geht auch alle Weissagung und die Kunst der Priester in bezug auf Opfer, Weihungen und Besprechungen und allerlei Wahrsagung und Bezauberung; denn der Gott verkehrt mit den Menschen nicht unmittelbar, sondern aller Umgang, und auch jeder mündliche Verkehr der Götter mit den Menschen und zwar sowohl im Wachen wie im Schlafen, erfolgt nur durch das Dämonische... Dämonen aber gibt es viele und vielerlei Art.

Platon, *Symposion* 203c

Der Traum der Druiden

Als ich geschaffen wurde,
formte mein Schöpfer mich
aus der Frucht der Früchte,
aus den Stockrosen und den Blumen der Hügel,
aus den Blüten der Bäume und Sträucher,
aus den Blüten der Nessel.
Ich war verzaubert von Math...
Aus dem Buch von Taliesin

Ob auf natürliche Weise, ob durch besondere
Techniken, ob durch halluzinogene Essenzen
oder durch berauschende Getränke hervorgerufen –
stets ist der Traum im Druidentum wie im
Schamanismus ein elementarer Bestandteil der Welt.
Jean Markale, *Die Druiden*

Die Auffassung, daß die Welt der Traum eines Gottes ist, ist indogermanischen Ursprungs.[14] Der Traum des Menschen kann manchmal einen Blick auf den göttlichen Traum erhaschen. Wer aber richtig träumen kann, der kann die Welt verzaubern. Die Druiden, die in allen keltischen Stämmen das religiöse Leben regelten, träumten für ihre Mitmenschen Wahrträume. Selbst im Wachen hatten sie Zugang zu der Traumwelt, die heute Feenwelt, Autre Monde oder Anderswelt genannt wird. Diese Welt lag nicht in einem anderen Land, auch nicht in einer anderen Zeit. Die Anderswelt lag und liegt in der diesseitigen Welt, so wie der Geist in der Materie liegt. Beide Welten bedingen, durchdringen und beeinflussen sich gegenseitig. Wer in der einen Welt etwas verändert, bewirkt auch in der anderen etwas. Wie aber gelangt man in die Feenwelt? Welche Tore muß man öffnen? Wie läßt man die Nebel, die über der Anderswelt liegen, aufsteigen?
Manche Menschen glauben, daß die megalithischen Anla-

gen früher Völker auf den britischen Inseln solche Tore bilden. Es gibt viele Geschichten über junge Abenteurer, die auf einem alten Kulthügel sitzen und sich plötzlich jenseits von Raum und Zeit in der Feenwelt wiederfinden. Andere behaupten, Stonehenge sei eine Pforte zu Anderswelt. Manchen modernen Legenden zufolge soll Stonehenge auch ein alter atlantischer Tempel gewesen sein. Dagegen spricht, daß Stonehenge von Menschen erbaut wurde, die zu einer vorindogermanischen Kultur gehörten und offensichtlich noch nichts von Krieg und Königsherrschaft wußten. Obwohl Stonehenge also nicht von den Kelten erbaut wurde, halten viele hartnäckig an der Meinung fest, der Steinkreis sei ein ganz und gar keltisches Heiligtum, das kultische Zentrum der Druiden.

Stonehenge wurde zu der Zeit erbaut, als in Ägypten die dynastische Kultur blühte. Vermutlich war Stonehenge von Anfang an als ein Tor in eine andere Wirklichkeit geplant. An diesem Ort lebten im zweiten Jahrtausend vor Christus die *Beaker People,* die «Becherleute». Sie bauten den zweiten Ring aus Bluestone und hinterließen eine große Anzahl von Ritual-Bechern, die eindeutig auf einen Kult mit Trankopfern schließen lassen. Der bekannte britische Archäologe Aubrey Burl glaubt, daß in diesen Bechern der Urin derjenigen, die sich am Fliegenpilz – der Wunderdroge der englischen Feen – berauscht haben, aufgefangen und bis zum weiteren Verzehr aufbewahrt wurde.[15] Er stützt sich dabei auf Untersuchungen sowohl an den Bechern selbst als auch auf die Ergebnisse der vergleichenden Religionsforschung und Ethnopharmakologie. Da der Fliegenpilz in England häufig vorkommt und von den Menschen der Frühzeit, die viel bessere Naturkenner waren als wir moderne Menschen, bestimmt in seiner Wirkung erkannt wurde, ist diese Theorie wahrscheinlich. Als die Kelten nach England einwanderten, wurde die alte bodenständige Bevölkerung kulturell assimiliert. Aber wie es immer ist, haben die Eroberer natürlich viel von den Besiegten gelernt und das Gelernte in ihre eigene Kultur eingebracht. Doch über einen Fliegenpilzkult der Druiden in Stonehenge ist bisher nichts bekannt geworden.

Stonehenge war schon in der Antike bekannt. Der heilige Steinkreis wurde von mehreren griechischen und römischen Autoren erwähnt. Es hieß, daß dieses mächtige Steinrund eine Tempelanlage des Orakelgottes Apollon sei. Die Griechen wußten um die nordische Herkunft ihres leierspielenden Sonnengottes. Sie wußten auch, daß Apollon, wenn auch unter anderen, keltischen oder germanischen Namen, von den Inselbewohnern verehrt wurde. Diodor schreibt:

> Sie sind alle sozusagen Priester dieses Gottes... Es gibt dort einen riesigen Steinkreis, der dem Apoll geweiht ist, sowie einen prachtvollen Rundtempel mit zahlreichen Opfergaben... Alle neunzehn Jahre soll Apoll diese Insel besuchen. (II, 47)

Soll dies bedeuten, daß Stonehenge tatsächlich ein Orakel war, ein Ort an dem Raum und Zeit in einem Punkt zusammenstürzen, besonders wenn die Menschen auf Fliegenpilzen trippten?

Die Kelten kannten keine Tempel, jedenfalls keine aus Holz oder Mauern erbauten Anlagen. Ihre Tempel waren die Wälder, die heiligen Haine. In der Natur waren sie ihren Göttern nahe, aus der Wildnis führten die Wege direkt in die Anderswelt. Und doch war es Merlin, der größte und der berühmteste aller Druiden, der der Sage zufolge durch seine Zauberkräfte, die an jene der Götter heranreichten, Stonehenge geschaffen hatte. Merlin war Heiler, Prophet und Seher. Er kannte die Geheimnisse des «Trankes der Inspiration», wußte um die Zaubertränke und die Unsterblichkeit der Seele, konnte sich selbst in Tiergestalten verwandeln, streifte als Wilder Mann durch die Wälder und erschuf ungeheure Trugbilder. Stonehenge gilt der Sage nach als sein magisches Meisterwerk.[16]

Wie Delphi hat Stonehenge seit dem Altertum kein bißchen seiner Popularität und Anziehungskraft eingebüßt. Jährlich wird das Steinheiligtum von unendlichen Touristenlawinen überrollt. Zur Sommersonnenwende besuchen Karawanen aus aller Welt diesen mysteriösen und berühmten Ort. Stonehenge ist zu einem Pilgerort der Hippies und Neo-Druiden, der Freimaurer und anderer Bruderschaften geworden. Apoll hat sich hier allerdings schon lange nicht mehr blicken lassen. Die alten Techniken der keltischen Seher, die durch «ihre Untersuchungen versuchen die Ereignisse zu verstehen und den Zugang zu den tiefsten Geheimnissen der Natur zu bekommen» (Timagenes), scheinen vor lauter Stonehenge-Begeisterung vergessen worden zu sein. Welche Bedeutung hatte das Ritual des Mistelschneidens in alter Zeit? Wie haben die Druiden mit Hilfe des pharmakologisch unwirksamen Eisenkrauts Einblick

I. Eisenkraut Männlein. Verbenaca recta I.   II. Eisenkraut Weiblein. Verbenaca Fœmina.

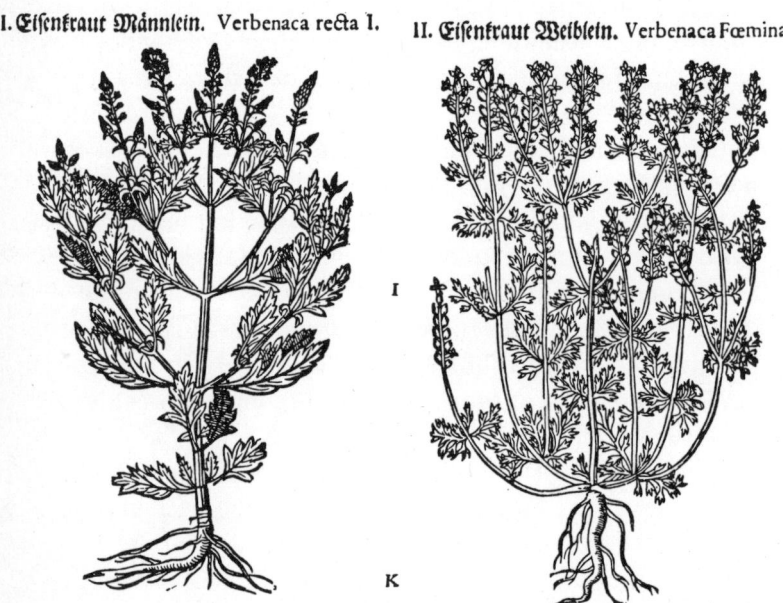

Abb. 23   Das Eisenkraut (*Verbena officinalis*) ist in ganz Europa verbreitet. Es wurde schon im Altertum als Heil- und Weihkraut geschätzt. Dioskurides sagt von ihm: «Man nennt diese Pflanze die heilige, weil sie bei Sühneopfern als Amulett sehr im Gebrauch ist.» (IV, 61) Das Kraut wurde von den keltischen Druiden bei ihren Weissagungen verwendet und soll in besonderer Beziehung zum Planeten Venus stehen und somit Liebeszauber wirken können. Es wurde auch unter die Flug- und Buhlsalben der Hexen gemischt. Unter das Kopfkissen gelegt, soll es zauberhafte Träume erzeugen. Allerdings hat die Pflanze, die wir heute als Eisenkraut bezeichnen, nicht die Eigenschaften, die dem Eisenkraut im klassischen Altertum zugesprochen wurden. (Holzschnitt aus Tabernaemontanus)

EISENKRAUT

Name	*Verbena officinalis*
Synonyme	Demetrias, Druidenkraut, Eisenhart, Erigenion, Hiera-botane, Peristeron, Persephonion, Richardkraut, Sagen-kraut, Stahlkraut, Taubenkraut, Verbenaca, Verbene, Ver-benenkraut, Wundkraut, Zeusrohr
Familie	*Verbenaceae* (Eisenkrautgewächse)
Aussehen	bis 50cm hohes Kraut mit eichblattähnlichen Blättern, einer langen Wurzel und kleinen bläulichen Blüten.
Vorkommen	überall in Mittel- und Südeuropa, besonders an Hecken, Mauern, Wegesrändern und im Ödland.
Droge	das ganze Kraut, meist aber ohne Wurzel
Anwendung	Heilmittel, Aphrodisiakum, Liebeszauber, Zauberpflanze, Wahrsagemittel, Wundkraut, Amulett, Talisman, Weih-pflanze, Opfergabe, Homöopathikum
Wirkstoffe	Bitterstoffe, Gerbstoffe, Glycoside (Verbenalin, Hasta-tosid), ätherisches Öl. Die Pflanze hat möglicherweise eine parasympatholische Wirkung.
Literatur	Gessmann o.D., Markale 1989, Marzell 1964, Rätsch 1988.

in die Anderswelt erhalten? Was verbirgt sich hinter den mysteriösen Schlangeneiern,[17] die einst der Prophezeiung dienten?

Plinius: Das Ritual des Eisenkrautes
Keine Pflanze ist unter den Römern so berühmt wie die hiera
botane [= heilige Pflanze]. Einige nennen sie asistereon, die
lateinischen Autoren aber verbenaca [= Eisenkraut]... Mit ihr
werden die Altäre des Jupiter abgefegt, Häuser gesäubert und
gereinigt. Es gibt zwei Arten davon; eine hat viele Blätter und
wird für weiblich gehalten; die andere, die männliche, hat weniger
Blätter... Sie wächst überall an flachen, feuchten Orten. Beide
Arten werden von den Galliern zum Wahrsagen und Prophezeien
benutzt, und die Magi [= Druiden] treiben damit wahren Unsinn.
Wenn man sich damit salbt, so erlangt man alles, was man will;
das Kraut vertreibt Fieber, stiftet Freundschaft und heilt alle
Krankheiten. Sie fügen hinzu, man müsse es beim Aufgang des
Hundssterns [Sirius] sammeln, wenn weder Mond noch Sonne
scheinen; zuvor muß die Erde mit Wachs- und Honigopfern
versöhnt werden. Mit Eisen muß man einen Kreis um die Pflanze
ziehen und sie alsdann mit der linken Hand ausgraben und
emporheben. Die Blätter, Stengel und Wurzeln müssen getrennt
voneinander im Schatten trocknen. Sie sagen auch, daß die
Unterhaltung lustiger wird, wenn eine Kline [Liege bei
Trinkgelagen] zuvor mit Wasser, in das diese Pflanze eingelegt
wurde, besprenkelt wird. Als ein Mittel gegen Schlagenbiß wird
sie auch in Wein ausgequetscht.
(*Hist. Nat.* XXV, 106,59)

Die Fähigkeit der Druiden, richtige Weissagungen zu treffen,
wird in der gesamten klassischen Literatur hervorgehoben.
Indem Glossar von Cormac, einer der wenigen heidnischen
Quellen aus christlicher Zeit, wird ein prophetisches Ritual
beschrieben:

Der *file* (Seher) kaut ein Stück vom Fleisch eines roten Schweins,
eines Hundes oder einer Katze... Er preist die Götter am Altar

mit einer Inkantation und ruft sie anschließend an... Dann spricht er über die Innenflächen seiner beiden Hände magische Formeln und legt beide Hände an seine Wangen bis er einschläft. Sein Schlaf wird behütet, damit er nicht gestört wird, bevor er von selbst erwacht.

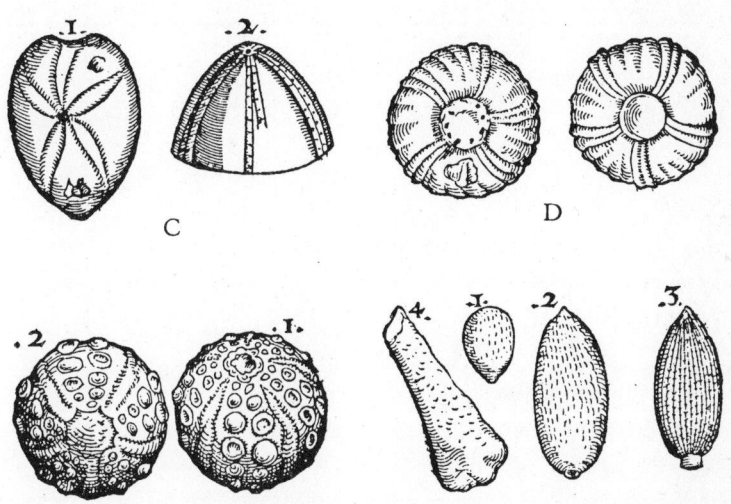

Abb. 24 Versteinerte Seeigel gehören zu den ältesten bekannten Ritualobjekten der Menschheit. Sie wurden schon in der Steinzeit, besonders aber in der Bronzezeit kultisch verwendet. Es gibt eine Reihe von Funden, die belegen, daß versteinerte Seeigel als Amulette, Talismane, Fetische und Idole verehrt wurden. Sie wurden sogar rituell bestattet und als Grabbeigaben mitgegeben. In Nord- und Mitteleuropa wurden sie auch bei der Wahrsagerei verwendet. In altdänischen Quellen heißen sie *spadjesten*, «Prophetenstein». Die fossilen Seeigel waren auch mit den ekstatischen Sturm- und Gewittergottheiten verbunden. Noch heute heißen sie im Volksmund Donnersteine, Gewittersteine, Donarsteine, Ora- kelsteine usw. Vermutlich waren auch die magischen Schlangeneier (*ovum angui- num*) der Druiden, von denen Plinius berichtet, versteinerte Seeigel (der Gattungen *Hemicidaris* oder *Cidaris*). Versteinerte Seeigel fallen vor allem durch das oft deutlich zutage tretende *signum druidis* auf, das ist der «Drudenfuß», ein natürliches Pentagramm, ein Zeichen, das bei magischen Beschwörungen weissagender Daimonen eine bedeutende Rolle spielt. Es ist sicher kein Zufall, daß im modernen Wicca-Kult wieder fossile Seeigel («Sanddollar»; *Encope sp.*) benutzt werden. (Holzschnitt aus Gessner, 16. Jh.)

In anderen Texten werden Zaubertränke genannt, die anstelle des Fleisches eingenommen werden.[18]

Ich war mir selbst entfremdet, und glich einem übermenschlichen Wesen, wußte ich die Taten vergangener Völker und sagte das Künftige voraus. Ich kannte das Verborgene aller Dinge, den Flug der Vögel, die schweifende Bahn der Sterne und die Züge der Fische.
  Vita Merlini

Schatten der Nacht

Heute denken viele Menschen, daß die alten Germanen kultur-
lose Barbaren waren, ewig besoffen, grobschlächtig und
frauenfeindlich. Die wenigsten wissen, daß die Germanen eine
ausgeprägte Kultur, eine einzigartige Mythologie und zauberi-
sche Rituale zur Bewußtseinserweiterung besaßen. Die Tempel der Germanen waren – wie bei ihren Nachbarn, den Kelten – die heiligen Haine. Sie verehrten die Natur, durch die sich
die Götter als Bäume, Blitz oder Donner und magische Kräfte
offenbarten. Sie versammelten sich zu kultischen Trinkgelagen,
bei denen heftig berauschendes Bier oder Met, gebraut aus
Honig, Wasser und «bitteren Kräutern» solange gemeinschaftlich getrunken wurde, bis die Götter unter den Menschen
weilten. Es gab die Skalden, deren Dichtkunst in hohem Ansehen stand, und deren Sprüche das Mysterium der Welt
enthüllten. Diese Skalden tranken vom «Met der Inspiration».
Bei den Germanen galten vor allem die Frauen als seherisch
und prophetisch begabt.

Von Raben, Runen und Alraunen

Der germanische Gott der Erkenntnis hieß Wotan oder Odin.
Wotan wurde der Gott bei den Südgermanen, Odin bei den
nordischen Stämmen genannt. Er war nicht nur der wichtigste
Schöpfergott, er war der Erhalter des Weltengesetzes, er war
der Gott der Dichter und Sänger, er war der Anführer des
Totenheeres und der Gott der Ekstase. Er wurde von zwei
Raben, Hugin und Munin, «Gedanke» und «Gedächtnis», und
seinen Wölfen begleitet. Die beiden Raben waren die äußeren
Antennen seines weltumfassenden Bewußtseins. Wotan/Odin
schickte sie täglich aus in alle Welt, damit sie ihm die wichtigsten Geschehnisse übermittelten. Der Gott stürzte sich in ero-

tische Abenteuer mit den alten Wesen der Welt, um neue zu zeugen. Er befruchtete die Erde und zeugte so die neun Walküren, kriegerische Jungfrauen, die die in der Schlacht gefallenen tapferen Krieger nach Walhall, Odins Götterburg, brachten und dort vom Met der Unsterblichkeit trinken ließen. Er befruchtete die Wölfe und zeugte so die Heldengeschlechter. Außerdem war er als Sturmgott der Vater des Donners, des Gottes Thor. Und er war der Wandel-Wanderer; als Wanderer

Abb. 25 Der germanische Gott Odin/Wotan trägt stark schamanistische Züge. Er ist der Gott der Erkenntnis, der Weisheit und Dichtkunst, der Divination, Nekromantie und der gefallenen Krieger. er besitzt ein Adlergewand, mit dem er sich nach Belieben in einen gewaltigen Adler verwandeln kann. Der Adler gilt als Wesen, das zwischen den Welten und Wirklichkeiten vermitteln kann. In der Gestelt des Adlers raubte Odin/Wotan einst den Riesen den Met der Erkenntnis und Dichtkunst. Wer davon trinkt, erlangt dichterische und hellseherische Fähigkeiten. Das Rezept dieses wunderbaren Trankes ist nach wie vor ein wohlgehütetes Wissen der Götter. Vielleicht war der Trank der Inspiration und Dichtkunst ein mit Bilsenkraut und Opium angesetzter Honigmet. («Odin im Adlergewand»; dargestellt auf dem Bildstein Stora Hammars III, ca. 700 n. Chr., Gotland)

wandelte er durch die Welt, als Wanderer verwandelte er die Welt. Er wußte viel, doch wollte er alles wissen. Dafür war ihm kein Preis zu hoch. So opferte er einmal eines seiner Augen, um aus der Quelle der Weisheit, Mimirs Brunnen, trinken zu dürfen. Er riskierte alles, um den inspirierenden Skaldenmet zu rauben. Schließlich hat er sich selbst geopfert, um die Welt besser verstehen zu können. In der Edda heißt es über dieses Opferritual:

Ich weiß, daß ich hing am windigen Baum
Neun lange Nächte,
Vom Speer verwundet, dem Odin geweiht,
Mir selber ich selbst,
Am Ast des Baums, dem man nicht ansehen kann,
Aus welcher Wurzel er wächst.
Sie boten mir nicht Brot noch Horn;
Da neigt ich mich nieder,
Nahm die Runen auf, nahm sie schreiend auf,
Fiel nieder zur Erde,
[...]
Zu gedeihen begann ich und begann zu denken,
Wuchs und fühlte mich wohl.
Wort aus dem Wort verlieh mir das Wort,
Werk aus dem Werk verlieh mir das Werk,
Runen wirst du finden und ratbare Stäbe,
Sehr starke Stäbe,
Die Fimbilthul [−Odin] färbte
Und die großen Götter schufen
Und der hehrste der Herrscher ritzte.

(*Hâvamâl* 138, 139, 141, 141)

Bei diesem Ritual entdeckte Odin die Runen, die oft als simple Schriftzeichen mißverstanden werden. Wenn die Stäbe geworfen werden, können in ihnen die Runen als geomantisches Orakel gelesen werden. Sie verkünden die unbekannten Geheimnisse der Welt in der Sprache der Natur. Mit ihrer Hilfe holte sich Odin Rat, durch sie vermehrte er sein Wissen.

Das Wort Runen ist mit dem niederdeutschen *raun*, «Geheimnis», und *raunen*, «ein Geheimnis mitteilen», verwandt und steht in direkter Beziehung zu dem Wort Alraune. Alraune ist der Name der Pflanze, deren Wurzel das berühmteste Zaubermittel der Geschichte wurde. *Mandragora* heißt diese menschengestaltige Zauberwurzel, die auch unter der Bezeichnung Galgenmännlein in die Literatur eingegangen ist. Von der Alraune geht die Sage, sie entstehe aus dem Sperma eines Gehenkten und wachse demnach unter dem Galgen. Könnte es also sein, daß das Selbstopfer Odins mit der Geburt der Alraune zu tun hat? Die Alraunenwurzel hat immerhin die Kräfte, psychedelische Visionen freizusetzen und auf diese Art «Geheimnisse mitzuteilen». Sie ist ein Nachtschattengewächs, und wer sie mißbraucht, fällt unter den Schatten der Nacht. Folgendes Zitat aus der Edda könnte sich auf die Alraunenwurzel beziehen:

> Ein sechstes (Zauberlied) kann ich, so wer mich versehrt
> Mit harter Holzwurzel,
> Den allein, der mir es antut,
> Verzehrt statt meiner der Zauber.

(Hâvamâl 151)

Wenn Wotans Wissens- und Erkenntnisdrang unstillbar wurde, wenn ihm die Runen nicht genügten, begab er sich auf die Suche nach einer weissagenden Frau, einer wahrsagenden Völva oder einer weissagenden Albruna.

Von Seherinnen und Hexen

Den Frauen ist sogar, wie die Germanen meinen, eine gewisse Heiligkeit und Sehergabe eigen, und deshalb achten sie ihren Rat und hören auf ihren Bescheid. So haben wir es unter der

Regierung des göttlich verehrten Vespasian selbst erlebt, wie Veleda lange Zeit von sehr vielen Germanen als göttliches Wesen angesehen wurde. Aber auch schon in grauer Vorzeit haben die Germanen Albruna und mehrere andere Frauen verehrt, aber nicht aus Schmeichelei und ohne daß sie sie gleichsam erst zu Göttinnen machten.

So berichtete der römische Chronist Tacitus in seiner *Germania (8. Cap.)*. Auch andere Quellen erwähnten die germanischen Seherinnen, auch *seidkona* oder Seid-Frauen genannt. Saxo Grammaticus wußte von einer wahrsagenden Frau, die in ihrem Gewand Schierling trug, eine Pflanze, die später in den Rezepten für Hexensalben wieder aufgeführt wurde. Nachdem der Klient der Wahrsagerin seine Frage formuliert hatte, öffnete sie ihren Mantel, umhüllte den erschreckten Mann damit und flog so mit ihm gemeinsam in die Unterwelt. Zusammen überschritten sie die Brücke ins Reich der Toten.

Eine solche Seherin wurde in der Geschichte Eriks des Roten beschrieben:

Sie war gekleidet in einen blauen Mantel, und dieser war bis zum Saum mit kostbaren Steinen besetzt. Um den Hals trug sie Glasperlen, auf dem Kopf eine Mütze aus schwarzem Lammfell, die innen mit weißem Katzenfell ausgefüttert war. In der Hand hielt sie einen messingbeschlagenen Stab, der oben einen Knopf hatte; auf dem Knopf befand sich ein Stein. Um die Taille trug sie einen Gürtel mit Zauberbüchse; am Gürtel hing ein Lederbeutel, in dem sie die Zaubermittel aufbewahrte, die sie zu ihrer Wahrsagerei benötigte. An den Füßen trug sie haarige Schuhe aus Kalbsfell mit langen Riemen, die am Ende große Zinnknöpfe hatten. An den Händen trug sie Handschuhe aus Katzenfell, die innen weiß und haarig waren.

Darauf folgte die Beschreibung des prophetischen Rituals:

Man richtete alles für sie her, was sie für ihren Zauber brauchte.

ALRAUNE

Name   *Mandragora officinarum, Mandragora spp.*

Synonyme   Atzmann, Galgenmännlein, Hundsapfel, Mandrake,
                  Mandragora, Mela canina, Mardami, Lakshashama, Luffat,
                  Satansapfel, Zauberwurzel

Familie   *Solanaceae* (Nachtschattengewächse)

Aussehen   Die Gestalt ist immer gleich. Eine lange, oft anthropo-
                  morph erscheinende Wurzel, aus der die Blätter und Blü-
                  tenstengel / Fruchtstände direkt herauswachsen.

Vorkommen   Es gibt mehrere Alraunenarten, die im östlichen Mittel-
                  meerraum, dem Vorderen Orient und im indischen Sub-
                  kontinent vorkommen. Die nordischen Stämme konnten
                  nur durch Handelsbeziehungen in Genuß des Alraunen-
                  saftes gelangen.

Droge   Die getrocknete Wurzel (Rhizom)

Anwendung   Zauber- und Heilpflanze, Amulett und Talisman, Potenz-
                  mittel, Aphrodisiakum und Fruchtbarkeitsspender;
                  Zaubermittel, Nahrung der Satyrn, magische Wunder-
                  waffe; Zusatz zu Liebestränken, Hexensalben, Universal-
                  mittel; Antidot, Panazee.

Wirkstoffe   bis zu 0,4% Alkaloide (Scopolamin, Atropin, Apotropin,
                  Hyoscyamin, Hyoscin, Cuskhygrin, Solandrin, Mandrago-
                  rin und weitere Tropan-Alkaloide. Diese Inhaltsstoffe
                  wirken stark psychoaktiv.

Literatur   Berry & Jackson 1976, Eliade 1982, Jackson & Berry 1979,
                  Khlopin 1980, Kreuter 1982, Mehra 1979, Müller-Ebeling
                  1987, Schlosser 1986, Starck 1986, Thompson 1968.

Sie hieß ihre Frauen herbeiholen, die das Lied wüßten, das ihr nottäte, um ihren Zauber zu Ende bringen zu können, und das Varddlokkur hieße... Da schlugen die Frauen einen Ring um den Zauberstuhl, auf dem Thorbjörg (die Seherin) saß. Dann sang Gudrid das Lied so schön und trefflich, daß alle meinten, nie hätten sie eines mit schönerer Stimme singen hören denn hier. Die Seherin dankte ihr für dieses Lied und sagte: «Manche Geister kamen hierher und dachten, wie schön dieses Lied doch zu hören gewesen wäre – solche, die sich früher von mir abgewandt hatten und mir nicht mehr gehorchen wollten. Jetzt sehe ich viele Dinge deutlich vor mir, die bislang mir wie allen anderen verborgen waren.[19]

Derartige Rituale wurden im Zuge der Christianisierung Germaniens als Hexenwerk und Teufelsspuk verboten. Der christlichen Weltauffassung war es mehr als suspekt, daß Frauen auf diese Weise mehr Macht erlangten, als ihnen die Männer zugestehen wollten. Die heidnischen Seherinnen wurden hinfort vom Christentum als Hexen diffamiert, die Geister der Natur als widernatürliche Teufel gesehen. Die Zaubermittel und ehemals heiligen Prophetenpflanzen wurden nun als gifttriefende Hexenkräuter und schädliche Mittel des Satans verschrieen.

Vermutlich waren es die Samen des Bilsenkrautes, die von den germanischen Seherinnen zur Erzeugung der prophetischen Trance benutzt wurden. Der rituelle Gebrauch der Bilsenkrautsamen ist auf germanischem Boden über 9000 Jahre alt. Bei archäologischen Grabungen wurden Urnen gefunden, in denen die Samen des psychedelisch wirksamen Krautes lagen. Auch aus den Prozeßakten der Hexenverfolgung wird deutlich, daß die alten heidnischen Seherinnen Bilsenkrautsamen zur Divination benutzten. In einem Protokoll von 1648 heißt es: «Die Puisterflickersche soll einem Bauern, dem ein Ochse abhandengekommen ist, neun ‹Bilsenknöpfe› gegeben haben, damit er sein Tier wiederfinde.» Obwohl das Bilsenkraut und andere Zauberpflanzen über Jahrhunderte hinweg dämonisiert wurden, blieben im Volk die alten Vorstellungen bis in neuere

Zeiten lebendig. Im 19. Jahrhundert glaubten die Litauer noch, daß man mit Hilfe des Bilsenkrautes Gedanken auf andere Menschen übertragen kann: «Wenn man sich Bilsenkraut kocht und die Abkochung jemandem eingibt, so wird derselbe nachher alles tun, was man sich selbst beim Kochen gedacht hat.»[20]

Erda:
Mein Schlaf ist Träumen
mein Träumen Sinnen
mein Sinnen Walten des Wissens.
Doch wenn ich schlafe,
wachen Nornen:
sie weben das Seil
und spinnen fromm, was ich weiß.
    Richard Wagner, *Siegfried*

Indianische Parallelen

As creydo en sueños en el peyote, ololiuhque,
en el fuego, en los buhos, lechuzas...

Ich habe an Träume, an Peyote, Ololiuqui und
an das Feuer, an die Uhus, an die Eulen geglaubt...
Beichte eines mexikanischen Indianers von 1634

Ein Medinzinmann kann mit einem anderen
Medizinmann auf eine spirituelle Art in Verbindung
treten, in einer Weise, wo es weder Zeit noch
räumliche Entfernung gibt.
Rolling Thunder

Kein Erdteil ist so gesegnet mit berauschenden Pflanzen und so reich an psychedelischen Kulten wie das indianische Amerika. Fast alle indianischen Völker hatten oder haben noch heute das Wissen um die geheimen Kräfte der Pflanzen, die zur Prophezeiung genutzt werden können. Besonders die mexikanischen Indianer und die Bewohner der Regenwälder Amazoniens erkannten die göttlichen Kräfte in den Pflanzen ihrer Lebenswelt. Diese Pflanzen wurden zum Mittelpunkt ihrer Sakramente, zu ihren Sakraldrogen, mit denen sie die Götter besuchen, Kranke heilen, Gesunde kräftigen und Verborgenes entdecken können.

Die psychedelischen Kulte, die sich um die Pflanzen der Götter rankten, wurden in der Kolonialzeit von den spanischen Eroberern, aber auch von anderen Europäern verfolgt und unterdrückt. Doch die Macht der Pflanzen war größer als die der christlichen Heilsbotschaft. Viele psychedelische Kulte überlebten und sind noch heute lebendig. Ethnologen und

Biologen, Abenteurer und Journalisten aus vielen Ländern haben versucht, sie zu erleben, zu erforschen und zu beschreiben, und so hat sich die Kunde davon in aller Welt verbreitet. Vor allem die Psychotherapeuten, die sich um die kranken Seelen der Menschen in den westlichen Industrienationen bemühen,

Indianische Beynwelle.
Nicotiana major.

Abb. 26 In vielen schamanischen Ritualen der Indianer Nord-, Mittel- und Südamerikas spielt der Tabak (*Nicotiana tabacum*) eine wichtige Rolle. Er wird entweder zu Ehren der Götter, oder um zu ihnen Kontakt herzustellen geraucht. Er wird von Wahrsagern mit Stechapfel oder Fliegenpilz vermischt, damit er hellsichtig mache. Südamerikanische Schamanen schnupfen ihn oder trinken ein Dekokt aus Tabakblättern, um in das ‹Haus aus Tabak›, einem Ort jenseits der menschlichen Alltagserfahrung zu reisen. Man gibt Tabak auch als Rauchklistier oder als Einlauf. Derart dem Körper zugeführter Tabak hat extrem psychotrope Wirkungen, die sich ganz und gar von dem flauen Effekt einer Filterzigarette unterscheiden. Manche der von Indianern benutzten Tabakarten, etwa *Nicotiana rustica* oder *Nicotiana glauca*, entwickeln beim Rauchen empyromatische Stoffe, die zu den Harminen (ß-Carbolinen) gehören und psychoaktiv sind. (Holzschnitt aus Tabernaemontanus)

haben die enormen Heilpotentiale der psychedelischen Pflanzen des indianischen Amerikas entdeckt und genutzt. Dabei hat sich gezeigt, daß diese Heilkräfte auch für Menschen, die sich gesund und wohl fühlen, gewinnbringend eingesetzt werden können. Die indianischen Völker haben sich jedoch nicht nur das Wissen darum bewahrt, welche Pflanzen psychedelisch wirksam sind, sondern auch, wie sie in verschiedenen Ritualen am besten zur Entfaltung kommen können. Heute aber sind die indianischen Kulturen von vielen Seiten bedroht. Durch die brutale Abholzung des Regenwaldes wird der Lebensraum und damit die Kultur und das Leben der Indianer am Amazonas vernichtet. Wir sind alle dafür verantwortlich, daß endlich wieder Friede in die Savannen, Berge, Seen und Wälder einzieht. Wir müssen dafür sorgen, daß die Pflanzen gedeihen und die Herren der Tiere sich wieder wohl fühlen können. Vielleicht kann die Intelligenz der psychedelischen Pflanzen, wenn wir an ihr Anteil nehmen, uns dabei helfen.

Ein alter Beichtspiegel

Aus einem mexikanischen Beichtspiegel, der von den spanischen Missionaren im 16. Jahrhundert benutzt wurde, um die angeblichen «Sünden» der Indianer zu enthüllen, der aber darüberhinaus Aufschluß über die Fähigkeiten der Indianer, in die Geheimnisse und Wunder der Welt zu schauen, gibt:

Bist du vielleicht ein Wahrsager (Nahualli)?
Verkündest du jemandem die Zukunft?
Liesest du geheime Sachen und deutest du diese aus?
Deutest du verfluchte Träume?
Machst du Kreise und Figuren auf dem Wasser?
Kränzest du die Orte mit Blumen, wo die alten Idolos
(Götterbilder) noch stehen?
Kennst du die Zauberformel für Jagdglück?
Oder die Kunst, Regen aus den Wolken zu holen?
Treibst du dich nachts herum und rufst du Dämonen an?
Hast du je Peyotl getrunken oder anderen zu trinken gegeben,
um Geheimnisse zu erfahren, die andere still verbergen,
oder Gestohlenes wiederzufinden oder Verlorenes wieder
zu bringen?[21]

In der Höhle des Jaguargottes

Seit ihrer Entdeckung durch europäische Eindringlinge hat die Kultur der alten Maya immer wieder Anlaß zu Vermutungen und Spekulationen gegeben. Manche Forscher glaubten, die Maya seien ein phönizisches Volk, andere schrieben ihnen ägyptische Ursprünge zu. Die Urheber solcher Thesen konnten oder wollten sich einfach nicht vorstellen, daß es blühende Zivilisationen mit einem hohen Wissensstand in Astronomie und Mathematik gegeben hat, die nicht aus dem Abendland hervorgegangen sind. Andere, selbsternannte Experten führten die Mayakultur auf Atlantis, den platonischen Wunschstaat, zurück. Wie Stonehenge scheint also auch Tikal jene rätselhafte Faszination auszustrahlen, die zu Theorien inspiriert, die allein auf Wunschträumen basieren. Manche dieser eifrigen Forscher wollten in den überwältigenden Mayabauten gar das Werk des großen Baumeisters der Freimaurer erkennen. Wenn man aber die modernen Maya, die fast eine Million Menschen zählen, nach den phantastischen Bauwerken aus präkolumbianischer Zeit fragt, sagen sie entweder, daß es die Tempel ihrer Ahnen oder die Häuser der Götter sind.

Da die Häuser der Götter heute von Touristenmassen aus aller Welt überflutet werden, haben sich die Götter in die Höhlen des Mayalandes zurückgezogen. Eine dieser Höhlen heißt Balankanché, «Thron des Jaguars». Heute kennen die Maya-Schamanen, die *H-meno'ob,* «Macher», heißen, ihren Gott unter dem Namen *Yuntzil Balam,* «Herr Jaguar». Ihn suchen sie auf, wenn ein Mensch schwerkrank geworden, wenn ein wichtiges Objekt verloren gegangen oder wenn etwas gestohlen worden ist. Dazu versetzt sich der *H-men,* der Schamane, mit Hilfe einer Prophetenpflanze in Trance, verläßt seinen Körper, reist in die Höhle des Jaguargottes und bittet diesen um Hilfe oder um Auskunft.

Von Kristallen und Edelsteinkordeln

Es war im Katun 11 Ahau, als Ah Muzencab, der Bienengott,
hervorkam, um den Oxlahun-ti-ku, den Dreizehn-der-Götter,
die Augen zu verbinden. Sie kannten nicht seinen Namen...
Sie sagten, auch sein Gesicht wäre ihnen nicht bekannt
gewesen. Nachdem die Erde erwacht war, wußten sie noch
nicht, was kommen würde.

Chilam Balam von Chumayel

Überall in den tropischen Wäldern der mexikanischen Halbinsel Yucatán wachsen die Trichterwinden, die von den Azteken Ololiuqui genannt werden, und die den modernen Maya-Schamanen unter den Namen Xtabentum, «Edelsteinkordel», bekannt sind. Die Samen dieser heiligen Pflanze werden gesammelt und bei der passenden Gelegenheit gegessen oder als Trank zubereitet. Die Wirkung dieser Samen ist der des LSD ähnlich, sehr psychedelisch, aber eben pflanzlicher Herkunft. Samen oder Trank werden entweder vom *H-men* selbst eingenommen oder aber dem Kranken eingeflößt. Ist etwas verlorengegangen oder gestohlen worden, erhält der Besitzer einen Trank aus den Ololiuqui-Samen. Wenn die Wirkung eingesetzt hat, beugt sich der *H-men* zu ihm, fragt ihn *flüsternd* nach dem Gegenstand, stimuliert seine Erinnerung, setzt hellsichtige Fähigkeiten frei.

Diese Methode gilt als sehr erfolgreich. Es heißt, nur der von dem Jaguargott auserwählte Schamane kann mit dieser gewaltig wirkenden Droge verantwortungsvoll und richtig umgehen. Unerläßlich ist dabei auch der Gebrauch eines *sas tun,* eines «leuchtenden Edelsteins», eines Bergkristalls. Hat der Schamane die psychedelische Droge eingenommen, kann er in dem Kristall die Reiche der Götter, die verschiedenen Zeiten und die unsichtbaren Welten sehen. Dieses Wissen hat er von seinen Ahnen geerbt, besonders von Chilam Balam, dem «Liegenden Jaguar», dem Jaguarpriester aus der vorspanischen Zeit.

Diese Jaguarpriester waren naturkundige Propheten. Es sind viele kolonialzeitliche Manuskripte erhalten geblieben, in denen mit lateinischen Lettern die Prophezeiungen und Mythen, die Zaubersprüche und Chroniken der Jaguarpriester in der Sprache der Maya aufgeschrieben wurden. In einer Allegorie des schöpfenden Rausches wird von der Erschaffung der Welt durch die Bienengötter berichtet, es werden historische Tatsachen geschildert und geheimnisvolle Sprüche aneinandergereiht. In einer Niederschrift wird gar die Ankunft der Spanier und das dadurch ausgelöste Ende der Maya-Kultur prophezeit.

Zwölfferley Geschlecht der Bresilgenbonen.
Phaseoli Brasiliani XII. genera.

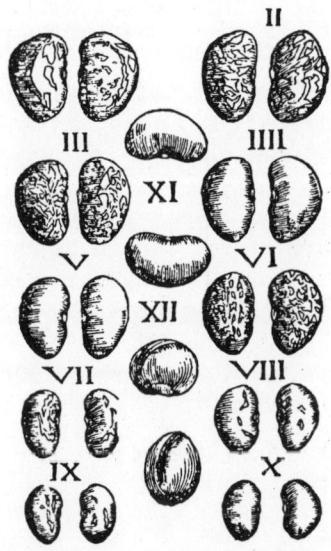

Abb.27 Die verschiedensten Bohnenarten spielten in den indianischen Kulturen eine wichtige Rolle als Nahrungsmittel, Schmuckstücke, Zaubermittel und Prophetenpflanzen. Manche Bohnen wurden wegen ihrer berauschenden, aphrodisischen oder psychedelischen Wirkung eingenommen; andere Bohnen wurden von Wahrsagern für geomantische Orakel und zum Abzählen des Wahrsagekalenders benutzt. Auch die Griechen und Römer nutzten im Altertum Bohnen für magische und wahrsagerische Zwecke. (Holzschnitt aus Tabernaemontanus, 1731)

OLOLIUQUI

Name	*Turbina corymbosa*
Synonyme	Morning Glory, Pfeilkraut, Schlangenkraut, Xtabentum, Zauberwinde
Familie	*Convolvulaceae* (Windengewächse)
Aussehen	eine bis zu 12m lang werdende Kletterranke mit herz-förmigen Blättern und weiß, bis leicht violetten Trichter-blüten
Vorkommen	fast überall in Mexiko und Zentralamerika
Droge	die frischen oder getrockneten Samen
Anwendung	Prophetenpflanze, Zaubermittel, Orakel zur Wahrsagerei, Medizin bei Frauenleiden und Unfruchtbarkeit, Wehen-mittel, Aphrodisiakum
Wirkstoffe	die Samen enthalten verschiedene Mutterkorn-Alkaloide (Lysergsäureamid, Chanoclavine, Elymoclavin, Lysergol). Lysergsäureamid hat ähnlich psychedelische Wirkungen wie Lysersäurediäthylamid (LSD).
Literatur	Fields 1968, Hofmann 1964 und 1979, Rätsch 1986 und 1987, Wasson 1971.

Ein Jaguarpriester genoß ein sehr hohes Ansehen, denn er konnte viel mehr als die normalen Menschen wahrnehmen. Er lebte in Gemächern bei den Pyramiden, bestimmte die richtigen Zeitpunkte für Opfer, religiöse Feste, Feldzüge, Hochzeiten usw. Wenn er wahrsagen wollte oder sollte, nahm er die Samen der Edelsteinkordel, die Samen des Stechapfels, der *Xtohk'uh*, «In Richtung der Götter», heißt oder andere Zauberpflanzen und -mittel, etwa *Balche'* (eine Art Honigmet), Krötenextrakte, vielleicht Psilocybin-Pilze, aber auch Tabak und Weihrauch (Copal) ein. Bergkristalle und Zaubersprüche halfen ihm dabei, in die prophetische Trance zu versinken.

Möglicherweise benutzte er auch einen der berühmten Kristallschädel, die bei archäologischen Grabungen im Maya-Gebiet gefunden wurden. Dabei handelt es sich um künstlerisch perfekte, originalgetreue und lebensgroße Nachbildungen des menschlichen Schädels, die aus riesigen, glasklaren Bergkristallen herausgearbeitet wurden. Diese geheimnisumwitterten Objekte dienten sicherlich als Tore in andere Welten, wohl auch in die neun Unterwelten der Maya-Kosmologie. Spanische Missionare bezeichneten die Jaguarpriester verächtlich als Nekromanten, Beschwörer der Totengeister. Wer aber die Pforten des Todes durchschreitet, der kann zum geheimen Wissen der Götter und Ahnen gelangen. Der genaue Gebrauch der Kristallschädel zur Beschwö-rung der Geister der Verstorbenen ist uns nicht überliefert. Dennoch haben sich viele Parapsychologen mit diesen Schädeln befaßt, haben ohne Erfolg versucht, ihre Botschaften aufzufangen und mit ihrer Hilfe in andere Welten zu reisen. Doch noch niemand hat es bislang unternommen, einen Trank aus Ololiuqui einzunehmen und den Schädel einfach zu fragen, was mit ihm los sei.

Wenn der Jaguarpriester in Trance im Tempel lag, veränderte sich seine Stimme, manchmal sogar Rhythmus und Struktur seiner Sprache. Er redete in – so heißt es – «bemessenem Ton», einem stakkatohaften, monotonen Gebrabbel. Sein Bewußtsein hatte sich für die Götter geöffnet, er war von den Göttern erfüllt, die Götter sprachen aus ihm. Die Worte, die aus seinem Munde quollen, wurden als Botschaften interpretiert und bis ins Detail befolgt. Denn der Prophet sprach wahr. Die Worte der Jaguarpriester waren so mächtig, daß sie noch heute von den Maya-Schamanen beherzt werden. In manchen Maya-Dörfern werden in den Tempeln oder Hütten uralte Blätter mit den Prophezeiungen aus alter Zeit gehütet. Eine dieser Prophe-zeiungen spricht von der Rückkehr der *chakchakmako'*, der «Sehr roten Menschen». Diese Prophezeiung hat sich erfüllt, als an der Karibikküste Yucatans das scheußliche Ferienparadies Cancun entstand. Die «Sehr roten Menschen» waren die von der glühenden Tropensonne versengten amerikanischen Touristen.

Victor Reko, der lange Zeit in Mexiko als Arzt gearbeitet hat, hat die Wirkung von Ololiuquisamen, die er in Pulque, dem leichtalkoholischen Agavenwein eingelegt hatte, wie folgt beschrieben:

Nach einem kurzen Verwirrtheitszustand überkommt die Versuchsperson ein angenehmes Gefühl von Ruhe und ein leichter Schlaf. Man ist aber dabei doch noch so wach, daß man alles hört, was ringsum vorgeht. Reißt man sich mit Willen aus diesem Dusel, so ist der Rausch meist vorbei und es bleibt nur eine gewisse Übelkeit zurück, die jedoch bald vergeht. Überläßt man sich aber dem Spiel der Gedanken ungestört und dämmert man so hin, so erscheinen einem nebelhafte Gestalten, aus denen sich die eine oder andere deutlicher heraushebt und schließlich klar zu erkennen ist. Denkt man dabei an einen Bekannten, so nimmt sie dessen Gestalt und Züge an. Man kommt in ein Gespräch mit ihm, hat das Bedürfnis, die gehörten Worte, wie um sie sich besser merken zu können, zu wiederholen. Je nach der psychischen Einstellung der Versuchsperson sieht sie das, was sie erwartet.

Der Parapsychologe A. L. Kitselman hat bei einer Versuchs-reihe Anfang der fünfziger Jahre indianische Prophetenpflanzen, darunter auch Ololiuqui, getestet. Aldous Huxley hat über diese Experimente geschrieben:

> Inzwischen hat er einige Erfahrungen mit Ololiuqui gemacht, hat festgestellt, daß es in einigen Fällen die Beeinflußbarkeit zu steigern, anhaltende Spannungen zu lösen und dem, der es nimmt, zu helfen scheint, Einblicke in sein wahres Selbst zu haben. Gleichzeitig scheint es auch den Personen um den Probanden eine Art telepathischen Kontakt mit diesem zu erleichtern, oder vielleicht sollte man besser sagen: eine sub-telepathische Beziehung, da die mitgeteilten Erfahrungen nicht Gedanken waren, sondern Schmerzen und Unbehagen, welche die Beteiligten (wie das auch bei tiefer Hypnose vorgekommen ist) stellvertretend und in gewisser Weise entlastend für den Probanden empfinden, der sich danach viel besser fühlt.

Die Entdeckung eines bösen Zaubers

Die Blüten, Blätter und Samen der reizvollen Stechapfelpflanzen werden fast überall auf der Welt medizinisch und rituell genutzt. Es gibt kaum eine Pflanze, deren Anwendungsgebiete und -verfahren sich in völlig verschiedenen Kulturen so konstant gleichen. Der Gebrauch von Stechapfelzigaretten bei Asthma und Bronchitis wie auch der Gebrauch als Aphrodisiakum ist weltweit verbreitet. Die Einnahme von Stechapfeldrogen zur Erzeugung hellseherischer und telephatischer Fähigkeiten ist für Afrika und Amerika belegt. In Mexiko werden oft Datura-zubereitungen für magische und paranormale Zwecke verwendet. Die unterschiedlichen Rezepte hat Gustav Schenk in seinem *Buch der Gifte* beschrieben:

> Entweder bereitet man aus zwei oder drei frischen Blättern einen Tee, oder man raucht die gedörrten und zerriebenen Blätter, auch kann man die frischen Blätter und die kleinen Samen kauen, und schließlich werden die trockenen Blätter

nicht nur geraucht, sondern der Blätterstaub wird geschnupft. Sehr sonderbar ist es, daß jetzt noch in Mexiko eine Toloachi-Salbe aus Schweineschmalz und Datura-Blättern hergestellt wird. Noch heute gibt es dort «Hexen», die ihre Datura-Pomaden anbieten und verkaufen, weil sie die Männer überflüssig machen wollen.

Bei vielen Indianern hat der Datura-Rausch einen Orakel-charakter. Die unter der Wirkung des Stechapfels empfangenen Visionen gelten den Huasteken, Tzeltalen und yuca-tekischen Maya als eine Art höherer Wahrheit. Stechapfel-zubereitungen werden meist dann genommen, wenn eine Frage beantwortet oder wenn etwas Abhandengekommenes wieder-gefunden werden soll.

Ich möchte einen Fall schildern, bei dem ein Maya-Heiler, der in ganz Yucatán berühmt ist, durch den Gebrauch von Stechapfelsamen eine hellseherische Leistung erbrachte. Dieser Fall ist typisch und nur einer unter sehr vielen ähnlichen.

Juan lebte mit seiner Frau und seiner etwa gleichaltrigen Schwester in einem Haus zusammen. Er hatte zwei Söhne und eine Tochter, konnte seine Familie gut ernähren und lebte fast ohne Probleme in Glück und Frieden. Juans Geschäfte in der nahegelegenen Stadt waren erfolgreich, sodaß er seiner Frau und seiner Schwester wertvolle Kleider schenken konnte. Sein einziges «schlechtes Glück» – so sagen die Maya für Pech – waren seine neidischen Nachbarn, die immerzu üble Gerüchte über die Quellen von Juans Wohlstand verbreiteten.

Eines Tages kam dann die Wende in Juans gutem Leben. Seine Frau und seine Schwester waren andauernd krank. In der Folge verkam das Haus, das mit Palmwedeln gedeckte Dach zerfiel, die Maisernten wurden schlechter, und in der Stadt klappten die Geschäfte nicht mehr. Zuerst dachte sich Juan nichts dabei; aber als dieser Zustand über Monate anhielt, die beiden Frauen trotz Kräuterbehandlungen ständig herumkrän-kelten, entschloß sich Juan, zu einem Wahrsager und Heiler zu gehen. Juan wollte wissen, was die Zukunft für ihn bringen würde.

Also fuhr Juan zu einem berühmten Wahrsager. Als er dort angekommen war, verriet er dem Heiler nichts von seinen Sorgen. Der Mann wollte auch gar nichts davon erfahren. Ihm genügte es zu wissen, daß Juan seine Hilfe benötigte. Die beiden Männer saßen einander gegenüber. Der Heiler nahm einige Stechapfelsamen ein und holte seinen *sas tun*, einen Bergkristall, hervor. Dann versenkte er sich in den Kristall. Nach einer geraumen Zeit der Ruhe sagte er zu Juan, daß zwei Frauen in seinem Haus lebten, die seit einigen Monaten immerfort krank seien. Er sähe eine kleine Puppe, die von einem bösen Zauberer in seinem Haus versteckt worden sei. Solange diese Puppe dort sei, werde das «schlechte Glück» über dem Hause liegen. Weiter sagte der Heiler, daß Juans Nachbarn sehr neidisch auf ihn seien und den Zauberer für den Schadenzauber teuer bezahlt hätten.

Als Juan nach Hause kam, erzählte er zuerst nichts von dem, was er in Erfahrung gebracht hatte; er fragte nur die Frauen, ob ihnen eine Puppe aufgefallen sei. Als sie verneinten, durchsuchte Juan das ganze Haus. Nach einigen Stunden brachte er aus einem Erdspalt unter einer geflochtenen Wand eine kleine Puppe zum Vorschein. Er nahm die Puppe und legte sie an einen verborgenen Ort außerhalb des Hauses. Dann besuchte er den Heiler zum zweitenmal. Der nahm wieder Stechapfelsamen ein und sagte zu Juan – nachdem er wie vorher lange Zeit in den Bergkristall geblickt hatte – daß er jetzt die mit dem bösen Zauber belegte Puppe zwar gefunden, aber nur an einen anderen Platz gebracht habe. Um den bösen Zauber zu neutralisieren, solle Juan nun nach Hause gehen und die Puppe verbrennen. Dann würde er wieder «gutes Glück» haben. Juan tat, was der Heiler ihm geraten hatte und verbrannte die Puppe. Den beiden Frauen verschwieg er weiterhin, was er über den Schadenzauber wußte. Doch von dem Tage an, an dem Juan die Puppe verbrannt hatte, begann sich das Blatt seines Glücks erneut zu wenden. Seine Frau und seine Schwester wurden

STECHAPFEL

Name   *Datura stramonium, Datura inoxia, Datura ceratocaula*

Synonyme   Atlinan, Campana, Concombre-zombi, Herbe aux sorciers, Jimson Weed, Rauchapfel, Teufelsapfel, Teufelskraut, Toloache, Xtohk'kuh, Zigeunerkraut

Familie   *Solanaceae* (Nachtschattengewächse)

Aussehen   krautige, ein- bis zweijährige Pflanze, mit großen, spitzzulaufenden Blättern, charakteristischen kastanienähnlichen Früchten (Stechäpfeln) und trichterförmigen, nach oben stehenden weißen, gelblichen oder violetten Blüten.

Vorkommen   überall in Amerika, selbst in Wüsten- und Trockenzonen, in Regenwäldern, im Gebirge und im Flachland. Nahe verwandte Arten (*Datura metel, fastuosa, alba*) kommen in Asien, Afrika und seit dem 15. Jh. verwildert in Europa vor.

Droge   die frischen oder getrockneten Samen, Blätter, Blüten

Anwendung   Heilmittel, Narkotikum, Zauberpflanze, Prophetenpflanze, Amulett, Fetisch, Aphrodisiakum, Liebeszauber, Gift

Wirkstoffe   alle Pflanzenteile enthalten eine hohe Konzentration an anticholinerg wirksamen Tropan-Alkaloiden. Überdosierungen können zu tagelangen, unangenehmen Halluzinationen führen.

Literatur   Adovasio & Fry 1976, Applegate 1975, Hansen 1981, Hill 1938, Li 1978, Rätsch 1987, 1988, Rätsch & Probst 1985.

schnell gesund, die Ernte stand wieder besser, seine Geschäfte verliefen erfolgreicher und über seine neidischen Nachbarn brach ein gewaltiges Unglück herein.

Jetzt erst erzählt Juan seiner Frau und seiner Schwester von seiner Konsultation des Wahrsagers und Heilers. Daraufhin beschlossen sie, an ihrer Pforte einen *yaxhalache'*-Strauch (*Pedilanthus itzaeus*) zu pflanzen. Die Stengel des Strauches halten – so sagen die Maya – die unsichtbaren Seelen der bösen Zauberer ab, denn in der Wahrnehmung der Zauberer erscheinen die fleischigen Stengel als gefährliche, spitze Pfeile.

Von der Götterpflanze zur Psychiatrie

Der Hauptwirkstoff des Stechapfels ist das Scopolamin, ein Tropan-Alkaloid, das mit Hyoscyamin, dem Hauptwirkstoff des Bilsenkrautes, und Atropin, dem Hauptwirkstoff der Tollkirsche, verwandt ist. Skopolamin gilt seit dem letzten Jahrhundert als Basisnarkotikum und wird oft zur Einleitung einer Narkose, aber auch als wirksames Mittel gegen Seekrankheit, benutzt. In der modernen westlichen Medizin und Psychiatrie wird es zur Beruhigung motorischer Erregungszustände («chemische Zwangsjacke»), bei *Paralysis agitans* und Parkinsonismus eingesetzt. Von Nazis und Stasi wurde Scopolamin auch als «Wahrheitsserum» oder «Kampfdroge» getestet und wohl auch bis zu einem gewissen Grade genutzt. Gefangenen wurde die Droge injiziert, in der Erwartung, daß sie unter dem Einfluß des Scopolamins militärische oder politische Geheimnisse ausplaudern würden. Aber in den meisten Fällen brabbelten sie nur unverständliches Zeug vor sich hin oder erzählten von ihren persönlichen Problemen und Ängsten.Für das Alkoloid Scopolamin ist folgendes Wirkungsprofil typisch:

Nach subkutaner Injektion von 1mg Scopolamin Trockenheit des Rachens und Durstgefühl; Erschwerung der Beweglichkeit

und Sprache, sensible Mißempfindungen in den Beinen und Händen; Lähmungserscheinungen; Verschlechterung der geistigen Leistungen, besonders der Auffassung; fast völlige Erinnerungslosigkeit; Verlust der Spontaneität und Aktivität; Dysphorie, massenhaft Illusionen und in geringem Maß Halluzinationen mit Wirklichkeitscharakter mit oder ohne Realitätsurteil, besonders des Gesichts und Gehörs, Störungen des Allgemeinsinns, Unterbrechung der Körperkontinuität, leibhaftige Bewußtheiten.
(Mannheim 1925)

Bei neueren Untersuchungen hat sich gezeigt, daß kleine Dosierungen (nicht mehr als 1mg subcut. inj.) durchaus paranormale Fähigkeiten begünstigen. Die Daten des Instituts für Ethnomedizin und Bewußtseinsforschung berichten von Phänomenen wie Gedankenlesen, durch Wände sehen und außerkörperlichen Erfahrungen.

«Die Pflanze, welche Wunder schauen läßt»

Der kleine, charakteristisch geformte Peyotekaktus (*Lophophora williamsii*) wächst in den nördlichen Wüstengebieten Mexikos. Francisco Hernandez, der spanische Arzt und Naturforscher, der das erste Buch über die Flora der neuen Welt und den einheimischen Pflanzengebrauch verfaßt hat, schrieb über den Peyote:

> Dieser Wurzel werden wunderbare Eigenschaften zugeschrieben, wenn man dem Glauben schenken will, was darüber gesagt wird. Diejenigen, die sie nehmen, bekommen die göttliche Gabe der Vorhersehung und können künftige Dinge wie Propheten voraus wissen... Die Chichimeken (ein Stamm von Jägern, der in den Wüsten lebt) glauben, daß die Kraft dieser Wurzel das ermöglicht.

Obwohl die Missionare alles dafür getan haben, den sakralen und prophetischen Gebrauch des Peyotekaktus auszumerzen, haben die Indianer doch hartnäckig an ihrer Tradition festgehalten. Noch heute werden Peyoteköpfe (sog. Buttons) bei religiösen Festen, zur Krankenheilung und zur Wahrsagerei benutzt. Die Huichol-Indianer aus der Sierra Madre gehen einmal im Jahr auf die Peyotejagd. Dann sammeln sie rituell die Peyoteköpfe, verzehren sie, um Visionen ihrer vergangenen und zukünftigen Leben zu erhalten, und um die Ursachen von Krankheiten und Nöten zu erfahren.
Wenn Menschen aus den westlichen Industriestaaten Peyote nehmen, erleben sie oft Ängste und haben unvorbereitete Sterbe/Wiedergeburtserleb-nisse; sie erfahren aber mitunter auch die merkwürdigen parapsychologischen Wirkungen des Kaktus:

> Mein ganzer Körper ist Auge geworden. Ich sehe durch ver

PEYOTE

Name   *Lophophora williamsii, Lophophora diffusa*

Synonyme   Hikuli, Medizin, Peyotl, Peyotekaktus

Familie   *Cactaceae* (Kaktusgewächse)

Aussehen   kleiner, stachelloser, knolliger Kaktus, mit charakteristischen Einschnürungen, kleinen Haarbüscheln und im Zentrum erblühenden rosagefärbten Blüten.

Vorkommen   in den nordmexikanischen Wüsten («Peyotegärten») bis nach Texas.

Droge   die vom Kaktus abgetrennten frischen oder getrockneten Scheiben (*buttons*)

Anwendung   Zauberpflanze, Sakrament, Prophetenpflanze, Heilmittel, Klistier, Amulett, Fetisch, Dopingmittel, Medizin, Schutz vor Schadenzauber und Hexerei

Wirkstoffe der ganze Kaktus enthält neben dem psychedelischen Hauptwirkstoff Meskalin noch 43 weitere Alkaloide (Anhalonidin, Lophophoridin, Peyocatin, Hordenin), die psychedelisch, zentralerrend, stimulierend oder antibiotisch wirken.

Literatur   Anderson 1980, Diaz 1979, La Barre 1975, Müller-Ebeling & Rätsch 1987, Rätsch 1987, Rouhier 1986, Schultes & Hofmann 1980.

schlossene Fenster, durch Türen und Mauern. Ich sehe in mein Inneres und wie das Herz und die Eingeweide arbeiten. Das ist doch merkwürdig, das ist doch sonderbar! Und bei mir sitzt wasDurchsichtiges und doch wieder Greifbares, und das ist der Tod...
(Reko 1986: 64)

In den zwanziger Jahren war Peyote eine Art Modedroge in okkultistischen Kreisen. Die Mitglieder dieser Zirkel erhofften sich vom Peyotegenuß Zustände der Hellsichtigkeit und Telepathie. Gustav Meyrink hat einen derartigen Zirkel in der Geschichte «*Hony soit qui mal y pense*» beschrieben. Im Zusammenhang mit der Erforschung des Peyotekaktus wurde auch dessen Hauptwirkstoff, das Meskalin, pharmakologisch untersucht. Aldous Huxley hat sich sehr ausführlich den spirituellen und paranormalen Aspekten des Meskalinrausches gewidmet und seine Beobachtungen in dem Essay *Die Pforten der Wahrnehmung* festgehalten.

Der Nahualli

In der aztekischen Gesellschaft gabe es viele Magier, Wahrsager, Hebammen und Heiler. Eine Klasse des aztekischen Volkes wurde *nahualli*, «Verwandler», genannt. Die *nahualli* waren Zauberer, Wahrsager und Pflanzenkundige. Sie benutzten psychedelisch wirksame Zauberpilze, Winden, die Samen des Stechapfels und den Peyotekaktus. Von ihrem Leben und ihrem Einfluß auf die Geschehnisse des Alltags berichtet ein Text, der ursprünglich auf Aztekisch in europäischer Schrift niedergeschrieben wurde und zur Textsammlung des Franziskaners Fray Bernardino de Sagagun gehörte. Er wurde 1927 von Eduard Seler übersetzt:

Es wird gesagt, daß der Zauberer
in der Weise geboren wird,

daß der Bauch der Mutter viermal sich verliert,
als ob sie gar nicht mehr schwanger wäre.
In dieser Weise zeigt er sich.
Wenn er erwachsen, das Jünglingsalter erreicht hat,
dann erst zeigt sich recht, was sein Gesicht ist.
Man sagt von ihm, daß er die Unterwelt kennt,
daß er im Himmel Bescheid weiß.
Er weiß, wann es regnen wird,
oder ob es nicht regnen wird.
Es fragen ihn um Rat die Prinzen, die Fürsten
und die Gemeinen;
er befiehlt ihnen, er spricht zu ihnen:
«Hört an!
erzürnt sind die Tlaloque (die Regengötter),
möge unsere Schuld bezahlt werden (laßt uns
ein Kinderopfer bringen),
laßt uns beten zu dem Herren Tlalocans.»
Darauf eilt man, das zu tun,
wie er befohlen hatte.
Man bringt ein Kinderopfer, man opfert Menschen.
Und er pflegt zu sagen, die Leute werden krank werden,
es wird eine Krankheit kommen;
es möge sich zusammennehmen
das Volk (der Schwanz und der Flügel);
es möge nicht durch Unachtsamkeit den Leib
zugrunde richten.
Und folgendermaßen verkündete er
eine kommende allgemeine Hungersnot.
Er sagte:
«Es wird eine Hungersnot sein, es wird Menschen regnen.
Viele von den Leuten aus dem Volke werden
sich verkaufen (als Sklaven),
jemand der beiseite gelegt hat,
dem nichts, nichts übrig geblieben ist von seiner Habe,
wenn es ihm auch wohl gegründet gewesen war.
Zwei Jahre wird die Hungersnot dauern,

oder drei Jahre, oder auch vier Jahre»,
pflegte er zu sagen.
Auch pflegte er den Dämon zu erlangen,
wenn er dem Dorf oder dem König über will
(der das Dorf oder den König krank macht),
indem er darauf ausgeht, daß das Dorf zugrunde
gehe, der König sterbe.
Und folgendermaßen verkündet er:
«Es wird ein Frost fallen, und vielleicht wird es
auch hageln.»
Er pflegte zu sagen: »Jetzt in einem Jahr
wird lauter Feuer auf uns fallen.»
Ferner verkündete der «Hagelwerfer»:
sie mögen sich zusammennehmen,
sie mögen nicht durch Unachtsamkeit das Volk
zugrunde richten.
Und er hat keine Frau,
nur im Tempel wohnt er,
fastend, eingeschlossen lebend.
Darum wird er Zauberer und Wahrsager genannt.

Ein Fall für die Inquisition

Die katholische Kirche hat ihren Anhängern von Anfang an die
Einsicht in gewöhnlich verborgene Bereiche der Wirklichkeit
verboten. Visionen und mystische Erfahrungen sind in dieser
Religion mehr als nur per Dekret untersagt, sie werden
darüberhinaus in den meisten Fällen als Werk des Teufels (an
den die Katholiken wie an das Weihwasser glauben) verfolgt
und auf grausamste Weise bestraft. Wer die Jungfrau Maria
sieht, hat den Satan im Leib. Wer göttliches Licht erschaut, in
den ist das Böse gefahren. Wer aber andere Bilder, als die von
der Offiziellen Kirche zugelassenen, erblickt, wer anderen
Göttern als dem vorgeblich einzigen Gott oder gar verführeri-

schen Göttinnen begegnet, wer erfährt, daß auch in Tieren, Pflanzen, Steinen und Wassern Geister verborgen sind, der wird als Sünder, Hexe oder Dämon verflucht. In einer Welt, die von dieser Kirche beherrscht wird, darf es solche Menschen nicht geben, sie werden im Namen des «Gottes der Liebe» vernichtet. Die fanatischsten Vertreter der katholischen Kirche tun selbst, was ihren Gläubigen verboten ist: sie töten oder sie lassen töten. Im Auftrag der katholischen Kirche werden Menschen umgebracht, gefoltert, ausgebeutet und unterdrückt. Die kirchliche Abteilung, die sich auf das Töten und Morden von Andersdenkenden spezialisiert hat, ist die Inquisition, über deren Greueltaten und niederträchtige Verbrechen ganze Bibliotheken verfaßt worden sind. Das folgende Dokument aus dem 17. Jahrhundert gibt über die subtilen Methoden Auskunft, in denen man in Neu-Spanien dem «teuflischen Treiben» der schrecklichen Wilden ein Ende zu setzen versuchte:

Wir, die Inquisitoren gegen häretische Perversion und Apostasie in der Stadt Mexiko, den Staaten und Provinzen Neu Spanien, Neu Galizien, Guatemala, Nicaragua, Yucatán, Verapaz, Honduras, den Philippinen und ihrer Distrikte und Hoheitsgebiete, Kraft der apostolischen Autorität etc.

Was die Einführung des Gebrauchs des Krautes oder der Wurzel namens Peyote in diese Provinzen zwecks Aufdeckung von Diebstählen, Weissagungen anderer Begebenheiten und das Prophezeien zukünftiger Ereignisse anbelangt, so handelt es sich dabei um Aberglauben, der zu verurteilen ist, da er sich gegen die Reinheit und Unversehrtheit unsercs Heiligen Katholischen Glaubens richtet. Dies ist sicher, denn weder das genannte noch irgendein anderes Kraut kann die Kraft oder ureigene Eigenschaft besitzen, die behaupteten Folgen hervorbringen zu können, noch kann irgeneines die geistigen Bilder, Phantasien oder Halluzinationen verursachen, auf denen die erwähnten Weissagungen gründen. In diesen letzten sind klar die Einflüsse und Eingriffe des Teufels erkannt, des wirklichen Verursachers dieses Lasters, der sich zuerst die natürliche Leichtgläubigkeit der Indianer und ihre Neigung zur Idolatrie zu Nutzen macht, und dann viele andere Menschen niederstreckt, die Gott nicht genug fürchten und nicht genug Glauben besitzen. Wegen dieser Bemühungen hat der Mißbrauch an Stärke gewonnen und wird mit der erwähnten Häufigkeit ausgeübt. Da unsere Pflicht uns die Obliegenheit zuteilt, diesem Laster Einhalt zu gebieten und den Schaden und die schwere Beleidigung Gottes unseres Herrn, die aus diesen Praktiken resultiert, wiedergutzumachen, haben wir, nach Beratschlagung und Besprechung mit gelehrten und rechtschaffenen Leuten, den Erlaß des vorliegenden Ediktes an alle und jeden Einzelnen von euch hier beschlossen, durch welches wir euch ermahnen und euch zum Gehorsam aufrufen, Kraft eurer heiligen Unterwerfung [unter die Kirche] und unter Strafe des Anathema *latae sententiae trina canonica monitione praemissa* und anderer Geld- und Körperstrafen nach unserem Gutdünken. Wir befehlen, daß von nun an keine Person, welchen Standes oder sozialer Stellung auch immer, von diesem gesagten Kraut, Peyote, Gebrauch machen kann oder darf, noch von irgendeiner anderen Art, anderen Namens oder anderen Aussehens zum gleichen oder einem ähnlichen Zweck, noch soll er Indianer oder irgend jemand sonst dazu bringen, sie zu nehmen, mit der weiteren Warnung, daß Ungehorsam gegenüber diesen Dekreten, uns dazu veranlassen wird, zusätzlich zu den Strafen und der oben erwähnten Verdammung, gegen jede derart ungehorsame und widerspenstige Person Schritte zu unternehmen, wie gegen die, die der Häresie gegen unseren Heiligen Katholischen Glauben verdächtigt werden.

Erlassen in der Gerichtshalle am 29. Juni 1620.
D. Pedro Nabarre de Isla

Ruiz de Alarcon: Der Aberglaube der Indianer

Der katholische Priester Hernando Ruiz de Alarcon wurde zu Anfang des 17. Jahrhunderts in der Silberstadt Tasco als Kind spanischer Eltern geboren. Er wuchs in einer indianischen

Umgebung auf und hatte dadurch einen direkten Zugang zum Nahuatl, der aztekischen Sprache. Aber er war auch ein erzkatholischer Christ und damit ein erklärter Feind der indianischen Kultur. Mit inquisitorischer Pedanterie spürte er die noch lebendigen heidnischen Kulte, Vorstellungen und Rituale auf. Er hat sie zwar allesamt verteufelt, sie aber durch seine Darstellungen vor der vollkommenen Vergessenheit bewahrt. Ihm verdanken wir die detailliertesten Berichte über den indianischen Gebrauch der Prophetenpflanzen (Ololiuqui, Peyote, Picietl). Seine Schriften wurden 1629 unter dem Titel *Traktat über die heidnischen Aberglauben, die heute zwischen den Indianischen Eingeborenen Neu-Spaniens lebendig sind* veröffentlicht. Dieses Werk wurde eine Art «Hexenhammer», die juristische Grundlage der Hexenverfolgung in der Neuen Welt.

Das sogenannte «Ololiuqui» ist ein Samen wie Linsen oder Linsenerbsen, der, wenn er getrunken wird, einem die Urteilskraft entzieht. Und das Vertrauen, daß diese unglücklichen Eingeborenen in diesen Samen setzen, ist erstaunlich, denn, wenn sie davon trinken, befragen sie ihn wie ein Orakel bei allem, was sie zu wissen wünschen, sogar die Dinge, die über das menschliche Wissen hinausreichen, wie die Gründe für Krankheiten, denn beinahe jeder von ihnen, der an Schwindsucht, Tuberkulose, Durchfall oder an sonst einer hartnäckigen Krankheit leidet, führt diese auf Verhexung zurück. Und um diese Probleme zu beheben, wie auch Fragen über gestohlene Dinge und Angrei-fer zu beantworten, lassen sie diesen Samen von einem ihrer zweifelhaften Doktoren befragen, von denen einige genau diese Aufgabe haben, nämlich den Samen zu solchen Befragungs-zwecken zu trinken, und diese Art von Doktor wird «Pàyni» ge-nannt, wegen dieser Aufgabe, für die er sehr gut bezahlt wird, und sie bestechen ihn auf ihre Art mit Essen und Trinken. Falls der Doktor diese Funktion ablehnt oder sich von dieser Tortur befreien möchte, rät er dem Patienten, den Samen selbst zu trinken oder eine andere Person, für deren Dienste sie genau wie für den Doktor bezahlen, aber der Doktor bestimmt für ihn den Tag und die Stunde, zu der er ihn trinken soll, und er sagt ihm, zu welchem Zweck.

Endlich, ob es der Doktor selbst oder eine andere Person an seiner Stelle ist, um diesen Samen zu trinken, oder einen namens «Peyote», der eine andere kleine Wurzel ist, und zu dem sie das gleiche Vetrauen zeigen wie zu den ersteren, schließt er sich in einen Raum ein, der üblicherweise sein Gebetsraum ist, und wo keiner hinein darf, während der ganzen Zeit der Befragung, die so lange andauert wie der Befrager nicht bei Sinnen ist, denn das ist die Zeit, in der, wie sie glauben, das «Ololiuqui» oder «Peyote» ihnen das Gewünschte eröffnet. Sobald der Rausch oder der Entzug der Urteilskraft vorbei ist, erzählt der Betroffene zweitausend Schwindel, unter welche der Teufel meistens ein paar Wahrheiten streut, so daß er sie vollkommen getäuscht oder betrogen hat. ...

Sie machen auch Gebrauch von dem Trank, um Dinge zu finden, die gestohlen, verloren oder verlegt wurden, um zu erfahren, wer sie genommen oder gestohlen hat. ...

Wenn der Ehemann die Frau, oder die Ehefrau den Mann verläßt, dann ziehen sie ebenfalls ihre Vorteile aus dem «Ololiuqui», und in diesem Falle arbeiten Einbildungskraft und Phantasie genauso, und sogar besser als in den Fällen von Krankheit, weil in diesem zweiten Falle. Mutmaßungen spielen, die Grund für stärkere Verdächtigungen liefern, und so funktioniert es mit größerer Kraft während des Rausches, denn man kann gut sehen, daß eine Person leicht davon überzeugt werden kann, daß ein anderer seine Frau oder sein Eigentum gestohlen hat. ...

Endlich machen diese Propheten Gebrauch von «Ololiuqui» oder «Peyote» um diese Rätsel zu lösen, in der Art wie schon beschrieben. Dann sagen sie, daß ihnen ein ehrwürdiger alter Mann erschiene, der sage, er sei der «Ololiuqui» oder der «Peyote», und daß er auf ihren Ruf hin erschienen sei, um ihnen in allem, was nötig sei, zu helfen. Denn, wenn er über den Diebstahl oder die verschwundene Frau befragt wird, antwortet er, wo oder wie sie sie oder jenes finden könnten. ...

Hier sollte genau beachtet werden, wie sehr diese armen Leute ihren Aberglauben des «Ololiuqui» und «Peyote» vor uns verbergen, und der Grund dafür ist, wie sie bekennen, daß eben der, den sie befragen, ihnen befiehlt, es uns nicht zu enthüllen. ...

Dies entschuldigen sie mit den Worten *ipampa àmo nechtlahueliz*, was in etwa bedeutet, «damit der Ololiuqui sich nicht zu meinem Feind erklärt».

Das Fleisch der Götter

*Die Pilze sind rätselhafte organische Wesen von
zweifelhafter Natur. Etliche Naturforscher haben
sie gleichsam als Zoophyten der Luft dem
Tierreich zugestellt; andere haben aus ihnen ein
eigenes, zwischen Tier und Pflanzen mittleres
Reich gebildet; die mehrsten rechnen sie zu
den Pflanzen.*
Adelbert von Chamisso (1827)

Wie lassen sich Pilze definieren und kategorisieren? Sind Pilze
die lüsternen Phallen der Erde? Sind sie das Fleisch der Götter?
Sind sie der nach Aas und Pest stinkende Moder, der Auswurf
von Gaia? Oder sind sie Außerirdische? Das amerikanische
Wort *Aliens* scheint tatsächlich am besten zu passen. Denn für
den Botaniker oder den Zoologen sind Pilze ebenso rätselhaft
und irreal wie E. T. für den jungen Kinofreund. Den mexikanischen Indianern gelten Pilze als Geschwister von psychedelischen Pflanzen wie Peyote und Ololiuqui.

Den Autoren der Antike waren diese Geschöpfe, die als
«Gärung der Erde» bezeichnet wurden, unheimlich. Dioskurides
schrieb über ihren Ursprung: «Sie entstehen aus vielen Ursachen; denn entweder wachsen sie neben verrosteten Nägeln
oder fauligem Zeug oder neben den Schlupfwinkeln der
Schlangen, oder neben Bäumen, welche besonders schädliche
Früchte tragen.» (IV, 83)

Der Mythos, demzufolge der Gott Amon aus dem Urei
geboren wurde, kann auch als Naturbeobachtung interpretiert
werden. Wenn ein Pilz aus dem Boden «schießt», bildet sich
zunächst ein eiförmiges Gebilde, das heute noch im Volksmund
«Teufelsei» oder «Hexenei» heißt. Aus diesem Ei bricht dann
plötzlich ein Phallus hervor, der sich gen Himmel reckt, und der
dann je nach Glaubenssystem als göttliches Zeichen oder als
ein weiteres faules Ei betrachtet wird.

Pilze benötigen für ihr Wachstum nicht nur einen bestimmten Nährboden, sie sind auch selbst Nährboden, auf dem seit alters her Mythen von Göttern und Dämonen wuchern. Die beiden Pilzforscher Gordon und Valentina Wasson haben getreu ihrem mykozentristischem Weltbild die Menschheit in zwei Klassen eingeteilt: die *Mykophilen*, die die Pilze lieben und die *Mykophoben*, die die Pilze fürchten. Die Europäer sind bis heute in ihrer Mehrzahl Mykophoben. Sie glauben fest daran, daß schon der Genuß eines einzigen Fliegenpilzes den sicheren Tod bedeute und viele Pilze nichts als Teufelswerk sind. Dagegen feierten die indianischen Mykophilen des alten Amerika prachtvolle Feste für ihre Götter, kannten Pilze, Techniken und Rituale mit deren Hilfe sie nicht auf ein Paradies im Jenseits warten mußten, sondern es auf Erden erleben konnten.

Wer die Gaben der Natur als Urheber des Grauens und des Schreckens dämonisiert, verdammt sich selbst dazu, in den tiefsten Tiefen seiner selbstgeschaffenen Hölle zu schmoren. Wer in den Pflanzen die göttlichen Aspekte der Natur erkennt, kann sich an ihnen erfreuen, sie genießen und im Hier und Jetzt ein besseres Leben führen.

Von den mexikanischen Zauberpilzen

Die Nachrichten vom rituellen Pilzgebrauch im alten Mexiko sind leider spärlich und durch die mykophobe Haltung der europäischen Chronisten entstellt. Dennoch läßt sich aufgrund ethnohistorischer Quellen und archäologischen Materials folgendes Bild rekonstruieren: In den indianischen Gemeinschaften gab es hervorragende Kräuterkenner, die um die Wirkung der Pflanzen wußten. Sie sammelten die *teonanacatl,* «Fleisch der Götter» genannten Zauberpilze in den Bergen. Diese wurden dann bei medizinischen und religiösen Ritualen von allen Teilnehmern gemeinschaftlich verzehrt. Wer an einem derartigen Ritual teilnahm, mußte vorher über einen festgesetzten Zeitraum fasten, sich durch Gebete und Räucherstoffe reinigen und die Götter um Botschaften bitten. Es hieß, wer den Pilz unvorbereitet nehme, würde wahnsinnig werden. Offensichtlich arbeiteten auch die mexikanischen Zauberer und Heilkundigen bereits zu ihrer Zeit auf der Basis einer Theorie, die Jahrhunderte später von Timothy Leary als die von Dosierung, Set und Setting bezeichnet wurde.

In einem zeitgenössichen Text, der vom Franziskaner-Pater Sahagun in aztekischer Sprache niedergeschrieben wurde, wird das Wirkungsprofil der Zauberpilze charakterisiert:

Nanacatl. Sie werden Teonanacatl, Fleisch der Götter, genannt. Sie wachsen in den Ebenen, im Gras. Der Kopf ist rund und klein, der Stengel lang und dünn. Er ist bitter und kratzt, er brennt in der Kehle. Er macht töricht; er verwirrt einen, bedrängt einen. Er ist ein Heilmittel bei Fieber, bei Gicht. Nur zwei, drei werden gegessen. Er macht traurig, bedrückt, bedrängt; er läßt einen fliehen, erschreckt einen, läßt sich verstecken. Derjenige, der viele von ihnen ißt, sieht viele Dinge, die ihn erschrecken und die ihn erheitern. Er flieht, erhängt sich selbst, stürzt sich von einem Felsen, schreit, hat Angst. Man ißt ihn mit Honig. Ich esse Pilze; ich nehme Pilze. Von einem der hochmütig, dreist, eitel ist, sagt man: Er hat sich selbst bepilzt.
(Buch 11)

Aus diesen Zeilen, die ein adeliger Azteke dem Pater in die Feder diktiert haben soll, wird auch die Voreingenommenheit des Paters deutlich. Die Indianer wußten nämlich, wie man aus einem *bad trip* wieder herauskommt: trink einen Becher Schokolade und die Götter neigen sich wieder zu dir herab.

Diese Rituale wurden meist nachts oder frühmorgens, wenn es noch dunkel ist, durchgeführt, weil zu diesem Zeitpunkt die Visionen deutlich gesehen werden können. Denn im Himmel ist es Tag, wenn auf der Erde die Nacht herrscht, und dann sind die Götter für Opfer der Menschen besonders empfänglich.

Die Pilzesser sangen und beteten den Pilz an. Bald nahten

die über das gereinigte und erweiterte Bewußtsein der ihnen ergebenen Menschen erfreuten Götter. Von ihnen wurden die Krankheiten geheilt, die Gesunden in ihrer Gesundheit gestärkt und die Fragenden mit Antworten beschenkt.

Ein weiterer aztekischer Text, den der Pater Sahagun aufgeschrieben hat, berichtet rudimentär über diese psychedelischen Pilz-Rituale:

> Das erste, was man bei derlei Zusammenkünften aß, war ein schwarzer Pilz, den sie Nanacatl nannten. Er wirkt berauschend, erzeugt Visionen und reizt zu unzüchtigen Handlungen. Sie nehmen das Zeug schon früh am Morgen des Festtages und trinken vor dem Aufstehen Kakao. Die Pilze essen sie mit Honig. Wenn sie sich mit ihnen trunken gemacht haben, beginnen sie erregt zu werden. Einige singen, andere weinen, andere sitzen in ihren Zimmern, als ob sie tief in Sorgen versunken wären. Sie haben Visionen, in denen sie sich selbst sterben sehen, und das tut ihnen bitterlich leid. Andere wiederum erschauen Szenen, wo sie von wilden Tieren angefallen werden und glauben aufgefressen zu werden. Einige haben schöne Träume, meinen sehr reich zu sein und viele Sklaven zu besitzen. Andere aber haben recht peinliche Träume: sie haben das Gefühl, als seien sie beim Ehebruch ertappt worden oder als wären sie arge Fälscher oder Diebe, die nun ihrer Bestrafung entgegensehen. So haben alle ihre Visionen. Ist der Rausch, den die Pilze hervorrufen, vorbei, sprechen sie über das, was sie geträumt haben und einer erzählt dem anderen seine Visionen.

Dieser Text ist nicht nur aufgrund seiner ethnohistorischen Informationen interessant, er zeigt auch, wie sich die Strukturen alter aztekischer Rituale und moderner sozial- und psychotherapeutischer Sitzungen, die unter dem Einfluß von MDMA oder XTC (Ecstasy) abgehalten werden, gleichen.[22]

Die katholische Kirche, die nach wie vor Mexiko regiert, hat diese Rituale von Anfang an als Teufelsblendwerk betrachtet und bei Androhung schwerer Strafen verboten. Die neuerworbenen Schäflein der Kirche sollten nicht mehr von dämonischen Trugbildern verführt und gepeinigt werden. Ob die Dämonen der Christen nun heidnische Götter sind oder nicht: sie werden von der katholischen Kirche als schädlich bewertet, weil durch sie andere Wahrheiten an's Licht der Nacht gebracht werden als die des Christentums.

Nachdem die ersten Beschreibungen der Pilzrituale niedergelegt worden waren und die katholische Kirche ein entsprechendes Verbot erlassen hatte, wurde in der westlichen Welt das Thema zunächst nicht weiter diskutiert. Man glaubte, daß der Kult der Pilzesser erfolgreich ausgerottet worden und die christliche Heilsbotschaft nicht weiter gefährdet sei. Die Indianer jedoch folgten dem Sprichwort *Alles Gute bewährt sich!* und

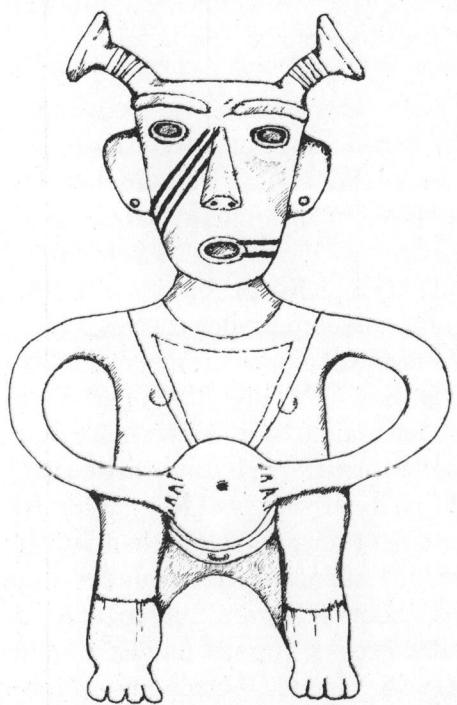

Abb. 28 Ein vom Zauberpilz Berauschter schlägt die Trommel. (Nach einer mexikanischen Tonfigur aus Oaxaca; präkolumbianisch. Zeichnung von Sebastian Rätsch.)

hielten im Verborgenen weiter an ihren Ritualen fest. Erst im 20. Jahrhundert wurde die nicht eingeweihte Menscheit mit der Wiederentdeckung der Zauberpilze und der damit verbundenen Kreisrituale beschenkt.

Die mexikanischen Zauberpilze wurden weder von Ethnologen noch von Biologen, sondern von dem New Yorker Bankier Gordon Wasson und seiner russischen Frau Valentina entdeckt. Valentina Wasson, die als Russin anscheinend weniger von ihrem europäischen Erbe als von der Tradition der Jakuten und Samojeden geprägt war, begeisterte ihren zuerst skeptischen Mann für alles, was mit Pilzen zusammenhing. Im Laufe der Zeit wurden die beiden Mykophilen zu geheimen Spezialisten auf dem Gebiet der Pilze und so kam es, daß sie in den fünfziger Jahren das swingende New York verließen und im feuchten Hochland des mexikanischen Bundesstaates Oaxaca nach den Pilzen suchten, die das Bewußtsein revolutionär veränderten. Anders als manche vorsichtigen Ethnologen, die sich mit der bloßen Beobachtung fremder Rituale begnügten, nahm das Ehepaar Wasson an indianischen Pilzritualen, die von der mazatekischen Schamanin Maria Sabina geleitet wurden, teil. Sie verzehrten die Pilze, sie erlebten, welche Wirkung die Pilze auf ihre eigenen Körper hatten, sie teilten die Visionen mit den anderen Teilnehmern des Rituals, und sie berichteten 1957 im *Life*-Magazin über ihre Erfahrungen. Da Wasson «nur» ein Bankier war und auch seine Frau über keine entsprechenden akademischen Qualifikationen verfügte, wurde ihr Bericht in der wissenschaftlichen Welt zunächst belächelt. Niemand wollte so recht glauben, daß zwei Mitglieder der New Yorker upper class an einer archaischen Kulthandlung teilgenommen und daraufhin ihr Leben, das sie fortan den Pilzen widmeten, total verändert hatten. Aber die Entdeckung der Wassons hat dazu geführt, daß Freaks, Hippies und Ethnobotaniker in aller Welt psychedelische Pilze und Rituale entdeckten und wiederbelebten.

Manche Menschen glauben, der Bankier Gordon Wasson sei von den Pilzen gerufen worden, andere behaupten, er habe

Die Morgenröte der Dämmerung kommt und das Tageslicht
Im Namen des Vaters, des Sohnes und des Heiligen Geistes
Im Zeichen des Heiligen Kreuzes
Erlöse uns, o Herr, von unseren Feinden und allem Bösen
Ich bin der, der heilt
Ich bin der, der mit dem Herrn der Welt spricht
Ich spreche mit den Berggipfeln
Ich bin der, der mit dem Kahlen Berg spricht
Ich bin das Heilmittel und der Medizinmann
Ich bin der Pilz
Ich bin der frische Pilz
Ich bind der große Pilz
Ich bin der wohlriechende Pilz
Ich bin der Pilz des Geistes
　　　Pilzgebet der Mazateken

das bestgehütete Geheimnis der Indianer den modernen Eroberern verraten, wenige denken daran, daß Gordon Wasson ohne seine russische Frau Valentina und die Indianerin Maria Sabina nie den Weg zu den Pilzen gefunden hätte. Alle drei haben sich durch ihren Mut und ihre Bereitschaft, sich anderen Kulturen zu nähern, einen unsterblichen Namen in der psychedelischen Gemeinschaft gemacht.

Von nächtlichen Kreisritualen

Der Gebrauch der Zauberpilze in Heilungszeremonien und religiösen Ritualen ist auch heute noch in Mexiko verbreitet. Oft werden die Pilze mit dem Ziel der Divination eingenommen. Die Zapoteken, Mazateken, Mixe, Zoque, die Chontal und andere Stämme kennen die Zauberpilze. Die Rituale gleichen sich weitgehend. Ein Ritual beginnt aber nicht erst mit der Einnahme, sondern mit dem Sammeln der Pilze. Dabei werden Gebete und Zaubersprüche gesprochen. Die Pilze können frisch oder getrocknet verwendet werden. Meist werden nur die Hüte gegessen und zwar paarweise. Bei der nächtlichen Zusammenkunft von Heilern, Patienten und Interessierten setzt man sich im Kreis zusammen. Die Pilze werden gereicht und gegessen. Wenn die psychedelische Wirkung einsetzt, erklingt die Stimme der Erde, worauf zwergenähnliche Wesen,

Abb. 29 Ein präkolumbianischer Pilzstein der Hochland-Maya. Dargestellt ist der Geist des sprechenden Pilzes. Die Maya von Yucatán nennen die psychedelischen Zauberpilze *lol-lu'um*, ‹Blüten der Erde›. (Nach einer Plastik. Zeichnung von Sebastian Rätsch.)

Geisterjaguare oder farbenprächtige Tintenfische erscheinen, die auf Fragen antworten. Auf diese Weise werden Krankheitsursachen herausgefunden, versteckte und gestohlene Dinge wiederentdeckt und Prophezeiungen gegeben.
Häufig wird im Zusammenhang mit den Zauberpilzen von

TEONANACATL

Name	*Psilocybe mexicana, Psilocybe spp.*
Synonyme	Lol-lu'um, Magic Mushroom, Nanacatl, Niños, Zauber-pilze
Familie	*Strophariaceae*
Aussehen	kleine, langgestielte Pilze mit einer spitzen Kappe
Vorkommen	in Mexiko, besonders im zentralen Hochland und in Oaxaca
Droge	die frischen oder getrockneten oder in Honig eingelegten Pilze
Anwendung	Sakrament, Prophetenpflanze, Zaubermittel, Medizin
Wirkstoffe	die Tryptamine Psilocybin und Psilocin haben blutdruck-senkende, fiebersenkende und in hohen Dosen (ca. 5mg entsprechen 10 – 30 frischen oder getrockneten Pilzen) psychedelische Wirkung
Literatur	Emboden 1982, Estrada 1980, Hofmann 1979 und 1987, Ott & Bigwood 1978, Reyes 1970, Riedlinger 1990, Roldan 1975, Rubel & Gettelfinger-Krejci 1976, Wasson 1957 und 1980.

paranormalen Erfahrungen berichtet. Menschen, die unter dem Einfluß von Zauberpilzen paranormale Erfahrungen machen, haben keine Zweifel an deren Wahrheitsgehalt. Die berichteten Erlebnisse zeigen deutlich, daß außersinnliche Wahrnehmungen unerwartet auftreten, überwältigenden Wirklichkeitscharakter aufweisen, von verschiedenen Personen gleichzeitig erlebt werden, nicht oder nur geringfügig steuerbar sind, nicht zielgerichtet erscheinen und spontan und überraschend sind.

Terence McKenna: Der Pilz spricht

Bei seinen Experimenten mit dem auf Kuhdung gedeihenden Pilz *Stropharia cubensis* empfing der Ethnobotaniker und Visionär Terence McKenna von dem Pilz Botschaften, die sein Leben maßgeblich veränderten. Einmal hat der psychedelische Pilz zu Terence gesprochen:

Ich bin alt, älter als das Denken in eurer Spezies, das selbst fünfzigmal älter ist als eure Geschichte. Zwar bin ich seit Jahrhunderten auf der Erde gewesen, doch ich stamme von den Sternen. Meine Heimat jedoch ist kein einzelner Planet, viele über die glänzende Scheibe der Galaxis verstreute Welten haben Bedingungen, die meinen Sporen eine Lebensmöglichkeit geben. Der Pilz, den ihr seht, ist der Teil meines Körpers, der sich dem sexuellen Kitzel und dem Sonnenbad hingibt, mein eigentlicher Körper ist ein feines Netzwerk von Fasern, die die Erde durchwuchern. Diese Netzwerke können mehrere Morgen durchziehen und haben weit mehr Schnittstellen als ein menschliches Gehirn. Mein Pilzgeflecht ist fast unsterblich – nur die plötzliche Vergiftung des Planeten oder die Explosion des Gestirns, das ihn am Leben erhält, kann mich auslöschen. All meine Pilzgeflechte in der Galaxis befinden sich in Kommunikation miteinander, und zwar schneller als die Lichtgeschwindigkeit und über Raum und Zeit hinweg, doch wie das vonstatten geht, kann ich euch nicht erklären, da es in eurem Modell der Realität bestimmte falsche Annahmen gibt. Das Pilzgeflecht ist so fragil wie ein Spinnennetz, doch der kollektive Übergeist und die kollektive Erinnerung sind wie ein riesiges historisches Archiv über den Werdegang der sich auf vielen Welten in unserem Spiralnebel entwickelnden Intelligenz...

Wenn die indianischen Pilzsammler nicht fündig werden, greifen sie zu einem anderen Mittel, zur Wahrsagesalbei (*Salvia divinorum*). Diese Pflanze wird nur in einer Notsituation gesammelt. Dabei müssen gewisse Riten durchgeführt werden. Der Heiler muß vor dem Abschneiden der Pflanze vor ihr niederknien und Gebete sprechen. Eine rituelle Einnahme der aromatischen Blätter geschieht nur dann, wenn ein verlorener Gegenstand wiedergefunden oder ein Diebstahl aufgeklärt werden soll. Die Blätter werden paarweise in der Nacht eingenommen. Derjenige, der sie eingenommen hat, kann dann das gesuchte Objekt sehen. Es müssen etwa 60 Blätter ausgekaut und geschluckt werden. Bei dieser Menge kommt ein gewisser Widerwille gegen die Droge auf. Es entsteht ein taubes Gefühl in Mund und Rachen. Die Wirkung ist leicht narkotisch und beginnt mit einer Benommenheit. Echt psychedelische Erfahrungen wurden bislang nicht berichtet. Die Wahrsagesalbei ist eben doch nur ein Ersatz bei akutem Pilzmangel.

WAHRSAGESALBEI

Name	*Salvia divinorum*
Synonyme	Yerba de la Pastora, ska Maria Pastora, «Hirtenkraut»; möglicherweise das aztekische pipiltzintzintli
Familie	*Labiatae*
Aussehen	buschiges Kraut mit weißen Blüten in violetter Calyx und minzartigen Blättern
Vorkommen	diese Salbeiart wächst nur im Mexikanischen Bundesstaat Oaxaca; sie scheint nur in Kultur zu wachsen
Droge	die frischen Blätter, alkoholischer Extrakt
Anwendung	Prophetenpflanze, zur Erzeugung einer heilsamen Trance
Wirkstoffe	die frischen Blätter enthalten einen nonalkaloiden psychoaktiven Wirkstoff mit der Bezeichnung Divinorin A (ein Terpenoid)
Literatur	Emboden 1979, Hofmann 1979, Mayer 1977, Valdes et al. 1984, Wasson 1962.

Jenseits der Milchstraße

Unsere Urahnen waren daran gewöhnt, so wird gesagt,
Viele Medizinen zu trinken, sogar noch mehr als wir.
Durch das Trinken dieser Medizinen konnten sie sehen, so wird
gesagt,
In welcher Gestalt die Dinge erscheinen.

Und dereinst tranken sie Yagé und Borrachera,
Und plötzlich, so wird gesagt, flog ein Falke vorbei,
Und der Vogel fiel tot in den Hof.
Und dann sagten sie: O Gott, was wird geschehen?

Und als sie dieses fragten
Antworteten die besten unter den Trinkern der Medizin:
Menschen aus einer anderen Welt werden kommen, fliegend,
Und sie kommen, um uns aus unserem Land zu vertreiben.
  Francisco Tandioy

Der wundervolle Regenwald am Amazonas ist reicher an
Pflanzen, Tieren und Mythologien als jedes andere Gebiet
unseres Planeten. Er ist auch reicher an psychedelischen Pflanzen als alle anderen Regenwälder. Diese Pflanzen werden seit
Tausenden, vielleicht seit Zehntausenden von Jahren dazu
benutzt, anderen Menschen zu helfen, Jagdwild einzubringen
und in die «Blaue Zone», dem mystischen Raum «jenseits der
Milchstraße», zu reisen.

Vom Trank der wahren Wirklichkeit

Seit Urzeiten suchen die Menschen nach einem Trank, der
ihnen zu ewiger Jugend, Liebe und Weisheit verhilft. Aber nur
wenige haben ihn gefunden. Die Alchimisten und modernen

Wissenschaftler gehören nicht dazu. Aber die Indianer am Amazonas haben ihn aufgespürt. Er heißt bei ihnen Ayahuasca, Yagé, Natema, Caapí, Nape oder Bejuco de oro, «Gold-Ranke». Diese Worte bezeichnen einen Trank, der aus der Ayahuasca-Liane (*Banisteriopsis caapi*) und anderen Pflanzen hergestellt wird. Victor Reko schrieb über diese Liane:

> Die Standorte dieser Pflanzen, um die sich unheimliche Sagen gebildet haben, wie um die Kraken des Meeres, und von denen man sagt, daß sie nachts Wanderer mit ihren Ästen umschlingen, zerdrücken und erdrosseln, werden von den Eingeborenen ängstlich geheim gehalten, der aus ihnen bereitete Rauschtrank aber merkwürdigerweise nicht... Zahlreiche indianische Stämme gebrauchen sie mit der Absicht, sich in diesen Rausch, in dem sie prophetische Gaben zu erlangen glauben, zu versetzen. Sie bereiten aus der Pflanze unter verschiedenen Zeremonien ein Getränk, das in der Stille der Nacht und in der Dunkelheit eingenommen werden muß, angeblich weil es dann stärker wirkt und die Träume reichhaltiger werden...
> (1986: 96f.)

Der Trunk der wahren Wirklichkeit blieb selbst den Missionaren nicht verborgen. «Die Indios glauben», schrieb Pater Tastevin an seinen vorgesetzten Bischof, «geradezu an eine telepathische Wirkung des Yagé, wie sie den Trank, den sie aus der Ayahuasca oder Caapipflanze herstellen, nennen. Sie nehmen davon, um zu wissen, ob ein Kranker genesen wird, um in die Zukunft zu blicken, um wahr zu sagen, um zu erfahren, wie es z.B. einem der ihren, der auf Reisen ist, geht usw. Auch glauben sie, Gefahren, die ihnen drohen, dadurch rechtzeitig erkennen zu können.»

Die Indianer erkennen in dem Trank einen Lehrmeister, einen Boten aus der Blauen Zone, des mystischen Weltalls jenseits der Milchstraße. Sie können unter dessen Einfluß mit den Naturgeistern kommunizieren, die ihnen Behandlungsweisen und die Namen der richtigen Medizinen zuflüstern.

Die Schamanen können mit Hilfe der Kraft des Trankes Krankheitsursachen als Folgen eines bösen Zaubers erkennen. Um solche Krankheiten heilen zu können, muß der Schamane in einem hellsichtigen Zustand den bösen Zauber ausmachen. Zuerst muß er die alltägliche Welt verlassen und an einen Ort weit über der Erde reisen. Von dort aus sieht er die Erde als das, was sie ist, als einen großen Ball. Seine ayahuascageschärften Augen können jeden Menschen auf der Erde sehen und erkennen. Alle Personen stehen aufrecht, außer dem bösen Zauberer. Den sieht der Heiler geduckt sitzen und sich in die hohlen Hände blasen. Ist er einmal erkannt, ist er schon gebannt, gebannt in der Wahrnehmung des Schamanen. Der konzentriert nun seine geistige Kraft und vernichtet den Übeltäter.

Der kolumbianische Forscher Zerda Bayon hat 1915 beschrieben, welche Formen von Telepathie er nach Einnahme des indianischen Zaubertrankes beobachten konnte. Er sagte, daß die Amazonas-Indianer, «welche noch niemals aus den endlosen Wüsten ihrer Heimat herausgekommen waren und natürlich auch nicht die leiseste Ahnung vom zivilisierten Leben haben konnten, in ihrer eigenartigen Sprache mit viel Lebhaftigkeit und großer Bestimmtheit Einzelheiten von großstädtischen Häusern, alten Schlössern, bevölkerten Gegenden, Städten, in denen es eine Menge hastig herumlaufender weißer Menschen gab, beschrieben. Sie versuchten auch wiederholt ihren Gefühlen Ausdruck zu geben über die wundervolle, laut rauschende Musik, die sie hörten, die ihnen fremd, aber doch bezaubernd klang, so daß sie sie mit nichts Irdischem vergleichen konnten und durch die sie in Entzücken versetzt wurden.»

Derartige sensationelle Berichte lösten im Westen Neugier und Aufsehen aus. Zunächst glaubte man, es seien die Inhaltsstoffe der Liane, die zu den von Indianern und Zerda Bayon berichteten Wirkungen führten. Infolgedessen wurde dem 1927 aus der Liane isolierten und dargestellten Hauptwirkstoff der vielversprechende Name Telepathin verliehen. Später wurde der Stoff in Harmalin umgetauft. Man vermutete, daß er im

AYAHUASCA

Name *Banisteriopsis caapi, Banisteriopsis spp. (ca. 20 Arten)*

Synonyme Jurema, Yagé, Natema, Caapi, Nape, Bejuco de oro

Familie *Malpighiaceae* (Malpighiengewächse)

Aussehen eine stark verzweigte Liane, mit glatter Rinde, kleinen Blättern und Flügelfrüchten. Sie kann über 20m lang werden.

Vorkommen in den tropischen Wäldern des nördlichen Südamerika, besonders in Amazonien und Hawai'i (eingeführt).

Droge die frische, seltener auch getrocknete Liane (Stengel)

Anwendung nur von Schamanen, Zauberern und Heilern bei der Krankenheilung und für religiöse Zeremonien verwendet. Der Gebrauch von Ayahusca ist sehr weit verbreitet und mit einem reichen Mythenschatz verbunden. Auch als Aphrodisiakum.

Wirkstoffe die b-Karboline wirken als MAO-Hemmer.

Literatur Andritzky 1989, Ayala Flores & Lewis 1978, Deltgen 1979, Dobkin de Rios 1969, 1970 und 1972, Lewin 1986, Naranjo 1983, Reichel-Dolmatoff 1971, 1975 und 1978, Rouhier 1986, Villoldo & Jendresen 1990, Walton 1969.

Menschen telepathische Fähigkeiten freisetze oder verstärke. Aufgrund dieser Benennung wurden in der Sowjetunion systematische Forschungen betrieben, über die William Burroughs in seinem Buch *Junkie* berichtete:

> Die Russen wenden diese Droge bei Experimenten mit der Sklavenarbeit an. Sie wolen einen Zustand automatischen Gehorsams und wirklicher Gedankenkontrolle herbeiführen. Der Traum jedes Betrügers. Keine langwierigen Vorbereitungen, keine Masche, man schlüpft einfach in die Psyche des andern und erteilt Befehle. Aber Telepathie ist kein einseitiger Vorgang. Ein Sender kann nicht nur ausstrahlen, er muß auch empfangen. Deshalb wird sich das ganze Manöver wie ein Bumerang gegen den Urheber wenden.

Harmalin wurde an vielen Menschen getestet, aber immer mit negativen Ergebnissen, jedenfalls aus parapsychologischer Sicht. Aber es wurden medizinisch wertvolle Entdeckungen gemacht. Harmalin wird heute in der Behandlung von Depressionen und Parkinsonismus eingesetzt. Harmalin wirkt nicht psychedelisch, schon gar nicht telepathisch. Also muß der Trank der wahren Wirklichkkeit noch ein anderes Geheimnis enthalten.

Dieses andere Geheimnis heißt DMT. DMT ist die Abkürzung für N,N-Dimethyl-Tryptamin. DMT und dessen Derivate (z.B. 5-Methoxy-DMT, Bufotenin) kommen in sehr vielen Pflanzen vor, die in Amazonien wachsen und aufgrund der Tatsache, daß sie DMT enthalten, von Indianern gesammelt und rituell verwendet werden. Erst DMT macht Ayahuasca zu einem psychedelischen Zaubermittel. DMT wirkt gewöhnlich nicht, wenn es oral eingenommen wird. Es gelangt dann zwar in das Blut, kann sich aber durch die enzymatische, aminabbauende Wirkung der Monoamino-oxydase (=MAO) nicht im Gehirn entfalten. Damit das DMT die Blut-Hirn-Schranke überbrückt, muß man entweder Harmalin oder den harmalinhaltigen Extrakt der Ayahuasca-Liane einnehmen. Harmalin verhindert die Bildung und Ausschüttung von MAO; es ist deshalb ein sogenannter MAO-Hemmer. Ist MAO gehemmt, kann das DMT in das Gehirn gelangen, das so in einen psychedelischen Zustand versetzt wird, der aller Beschreibung spottet. Die gewöhnlichen Ausdrucksmittel der Sprache können nicht vermitteln, was unter dem Einfluß von DMT geschieht. Deshalb fallen auch die Erfahrungs- und Erlebnisberichte unter der Einwirkung von Ayahuasca eher kläglich aus. Worte wie Tierverwandlung, Reise in die Blaue Zone, Tanz auf der Milchstraße, Verschmelzen mit Gott, Erfahrung der Urschöpfung, Explosion im kosmischen Orgasmus sind nichts als billige Metaphern für das, was der Trank der wahren Wirklichkeit bietet.

> Je öfter man Ayahuasca nimmt, desto tiefer kommt man rein – man macht eine Reise zum Mond, sieht die Toten, sieht Gott – Baumgeister – usw. Ich habe kaum noch den Mut, nochmal hinzugehen – aus Angst, wirklich wahnsinnig zu werden und in einem für immer veränderten Universum aufzuwachen...
> (Allen Ginsberg)

Ein Hauch von Unendlichkeit

In dem Augenblick, als ich den nunmehr unvergeßlich schmekkenden und riechenden Rauch des 5-Methoxy-DMTs wieder ausatmete, löste sich die mich umgebende gewöhnlich sichtbare Wirklichkeit auf. Zuerst zersetzte sie sich kaleidoskopartig in Farben, geometrische Formen und Lichtblitze. Als meine Umwelt vollständig verwandelt war, begriff ich, daß es nun um meinen eigenen Körper ging. Er implodierte mit Lichtgeschwindigkeit zu einem Punkt. Alles, was ich einst war, stürzte in diesem Punkt zusammen – so wirklich und erschreckend wie ich es niemals zuvor auch nur geahnt hätte. Der Punkt, zu dem ich zusammengeschrumpft war, war aber nicht ein Punkt wie wir ihn als Symbol für eine mathematische Vorstellung kennen. Es war nicht der Punkt am Ende eines Satzes, sichtbar als «Punkt» auf einem Stück Papier, der Folie unserer Alltagswirklichkeit. Es war ein ausdehnungsloses Etwas, der *ideale mathematische Punkt,* der nicht mehr vorstellbare, weil ins Abstrakte transponierte Punkt. Es war der Punkt, der die Schwelle zum Nichts markiert. Diese Erfahrung war so wirklich und zutiefst erschreckend, daß mir kein letzter Gedanke mehr blieb, der mir sagen konnte, «sei ganz ruhig, es ist alles nur ein Trip». Die Wucht und Heftigkeit der Implosion war alles andere als ein Trip, er war von zu fundamentaler Wirklichkeit. Schaudernd erlebte ich die eindimensionale Welt.

Nachdem ich in dem Punkt der Unendlichkeit verschwunden war, kehrte ich mit einer folgenden Explosion aufs Heftigste zurück in die dreidimensionale oder vielmehr vierdimensionale Welt. Es war aber nicht die dreidimensionale Welt, die ich kannte. Es war eigentlich eine *multidimensionale* Welt. Ich explodierte zu einer Größe, die *alles* in sich enthielt: Die Schöpfung, das gesamte Universum, Beginn, Anfang, Gegenwart und Ende, den Keim der Evolution. Ich erkannte meine menschliche Form wieder, aber nicht als den mir bekannten beschränkten Mikrokosmos, sondern als allumfassenden, grenzenlosen Makrokosmos. Alles war nur noch Licht, strahlendes Licht. Es war das Licht der letzten Erkenntnis. Ich wußte *alles,* ich verstand alles. Alle Fragen dieser Welt waren beantwortet. Nichts blieb offen. Gnosis, Erleuchtung, Unio mystica, Akasha – alles schlappe menschliche Begriffe, die gewöhnlich sowieso nicht verstanden werden können; auch sie sind nichts weiter als müde Versuche das Namenlose, das ich erleben durfte, zu beschreiben. In dem Augenblick, wo ich dort war, wo ich Licht und Makrokosmos war, wußte ich was Gnosis, was Erleuchtung bedeutet. Noch heute kann ich mich daran erinnern, daß ich alles wußte, leider kann ich mich nicht mehr an das erinnern, was es war. Jetzt aber weiß ich, daß es den Zustand des allumfassenden Wissens, der totalen Erkenntis gibt. Leider sind wir nicht täglich mit ihm gesegnet.

Verbunden mit diesen Einsichten in das innerste Wesen des Universums, des Lebens und des Göttlichen war die höchste Ekstase, die unwahrscheinlichste Glückseligkeit, das erschütternste Erleben der letzten und wirklichsten Wirklichkeit, das bedeutungsvollste Erfassen des Sinnes allen Seins. Es war die beglückendste Erfahrung meines Lebens, denn es war die Erfahrung der kosmischen Gesamtheit. Die stärksten sprachlichen Superlative, die höchste dichterische Kunst, die besten Sanskrit-Begriffe – nichts ist wirklich tauglich um diesen Zustand des All-Wissens, der All-Glückseligkeit, der Allheit auszudrücken.

Am Gipfel der Ekstase angelangt erschien meine Geliebte, die strahlende Göttin, der Aspekt des Universums, der es mit mir vollständig macht. Wir waren vereint, vereint seit dem Urknall, seit der Urschöpfung, wir waren alle Götter und Göttinnen, wir waren Anfang und Endzweck des uns bekannten und unbekannten Universums. Uns durchpeitschten die mächtigsten Kundalini-Ströme, das erleuchtendste Licht. Wir explodierten in unendlichen kosmischen Orgasmen, verschmolzen in Lust, Ekstase und Vollendung. Uns war der Sinn des Seins enthüllt. Alles war offenbart worden. Uns durchströmte der Hauch der Unendlichkeit. Wir war ergriffen von Ewigkeit.

Nach einer letzten orgiastischen Explosion setzte ich mich wieder so zusammen, wie ich mich vor dem Einatmen des 5-Methoxy-DMT-Rauches kannte. Plötzlich war ich wieder eine Entität in dem uns gewöhnlich bekannten Universum. Ich war wieder Mensch, ein Mensch unter vielen. Ich wußte, daß ich eine kosmische Ekstase erlebt hatte. Ich wußte, diese Gnade zu schätzen. Ich konnte es nicht fassen. Ich wußte, daß ich am Anfang und Ende aller Dinge war, ich hatte Vergangenheit und Zukunft als Manifestationen des Jetzt erlebt, ich war unsterblich, unendlich, ewig. Ich wußte, daß ich dorthin, woher ich gerade zurückgekommen war, wieder eingehen werde. Ich wußte, daß ich noch einmal, ein letztes Mal, diesen Zustand der kosmischen Ekstase erleben werde. Ich bin mir ganz sicher: es wird mein eigener Tod sein.

Die kosmische Spirale

Jede Ursache ist die Wirkung ihrer eigenen Wirkung.
Ibn Arabi

Wenn der Zaubertrank seine Wirkung tut, segelt das vormals begrenzte Bewußtsein auf der unendlichen Bahn der kosmischen Spirale in die Unbegrenztheit. Dort ist es an die Ewigkeit, an die Unendlichkeit angeschlossen. Läßt die Wirkung des Zaubertrankes nach, wird die Spirale zu einem Kreis, in dem Ursache und Wirkung identisch werden. Die kosmische Spirale ist nicht nur das Symbol der Seelenreise und der Erleuchtung, sie ist das Symbol der Divination und der psychedelischen Bewußtseinserweiterung.

An allen alten Orakelstätten findet man Spiralen, meist an Eingängen, an Altären, als Schmuck der Götter, als Fahrplan für die Geister. Bei vielen Orakelstätten wurden zur Einleitung des Rituals Schneckentrompeten geblasen. Der Ton, der aus ihnen erklingt, ist die durch eine Spirale gepreßte, zum Klingen gebrachte Luft. In allen alten Orakelstätten und in vielen Gräbern des alten Amerikas wurden heilige Schneckentrompeten gefunden. Manche Indianer benutzen sie noch heute als Einleitung ihrer Rituale. Denn aus ihnen ertönt die kosmische Spirale.

In den Gebieten der alten südamerikanischen Hochkulturen waren psychedelische Orakelrituale weitverbreitet, die jedoch kaum durch indianische Quellen dokumentiert sind. Ähnlich wie für das alte Mexiko müssen auch für Südamerika zum Verständnis der präkolumbianischen Kulturen die unsicheren Berichte der durchs Christentum verblendeten Missionare und der Chronisten der Kolonialzeit herangezogen werden. Über die «Hexer», die eingeborenen Wahrsager, schrieb Pater Cobo im 17. Jh.:

Es ist sicher, daß diese Wahrsager über die gestohlenen oder geraubten Dinge außerordentliche Nachforschungen anstellten und damit oft richtig lagen, wenn sie erklärten, wo sie waren. Andere sagten, was an sehr entfernten Orten geschehen sei, bevor die Neuigkeit anlangte oder auf natürliche Wege ankommen konnte... Manchmal machten sie gewisse Striche und Kreise auf dem Boden wobei sie bestimmte Worte sagten. Andere schlossen sich in einem Raum ein und darin eingeschlossen, verwendeten sie bestimmte Salben und betranken sich bis sie die Sinne verloren. Später, nach einem Tag, gaben sie Antworten auf die Fragen. Für diese Konsultationen beim Dämon machten sie tausenderlei Zeremonien und Opfer und die wichtigste war, sich mit Chicha (Maisbier) zu betrinken, wobei sie den Saft der Villca-Pflanze hineingossen.

Der DMT-haltige Villca-Baum (*Anadenanthera colubrina*) ist nur eine der vielen psychedelisch wirksamen Pflanzen, die von den Orakeln für die Erkenntnis von den inneren Zusammenhängen und verborgenen Bedeutungen der Welt genutzt wurde.

In den Wüstengebieten nahe der peruanischen Küste lagen zwei im alten Amerika weithin bekannte Orakelstätten, die für das alte Amerika sicher ebenso bedeutend waren wie das Orakel von Delphi. Der im Lurin-Tal gelegene Tempel des Gottes Pachacamac war weithin als das älteste und beste Coca-Orakel berühmt. Dieses Orakel bestand schon zur Zeit der Moche und Chimu, jener Völker, die heutzutage wegen ihrer leidenschaftlichen und naturgetreuen erotischen Kunst weltberühmt geworden sind. Noch die letzten Inka suchten dort Rat. Pachacamac, dessen Name «Erd-Herrscher» bedeutet, war der Schöpfergott des Mondes und mit Mamacocha, der Göttin des Meeres, vermählt. Sein hölzernes Götterbild stand in dem Heiligtum. Es wurde mit berauschenden Opfertränken und Opferblut übergossen, aber auch mit den kostbaren Gaben der Meeresgöttin, mit Muscheln und Schnecken geziert und verehrt. Nach einer anderen Überlieferung war Pachacamac das männliche Gegenstück zu der alten Erdmutter Pachamama. Sie steht oft im Zentrum der Beschwörung der Zauberer, denn sie gebietet über das Leben auf der Erde, und ihr uraltes Wissen bestimmt das Verhalten von Pflanzen, Tieren und Gestirnen. Der Kult von Pachacamac hat unzählige Pilger aus den weiten

Abb. 30 Inka-Priester bringen den Göttern der Berge ein Opfer aus Coca-Rauch. Der Rauch der glosenden Coca-Blätter wird zu einer Brücke, über die der Geist in die göttlichen Bereiche geleitet wird. (Darstellung nach Pomo de Ayala, 16. Jh.)

Gebieten Südamerikas angezogen und über lange Zeit das politische Geschehen in den Wüstenkönigreichen bestimmt.

Im Heiligtum des Pachacamac, im «Haus des Wissens», wie der Orakelraum genannt wurde, sagten die Zauberpriester mit Hilfe der stimulierenden Kräfte der Coca-Blätter wahr. Coca wurde seit Jahrtausenden angebaut und rituell verwendet. Es hatte eine große Bedeutung als Wahrsage-, Opfer- und Stärkungsmittel, als Medizin und Rauschtrank. Die Blätter wurden hauptsächlich bei festlichen Anlässen, bei Opfern und privaten Ritualen benutzt. Die Moche haben Coca ausgiebig bei analerotischen Ritualen verwendet. Die Menschenopfer der Inka wurden mit Chicha (Maisbier) und Coca auf den Opfertod vorbereitet. In der Kolonialzeit wurden die Verfahren zur Herstellung kräftig wirksamer Zaubertränke so beschrieben, als handle es sich um ein europäisches Hexenritual:

> Die Hexer nehmen einen Topf, den sie *arimanca* nennen und erhitzen ihn ohne Inhalt. Dann nehmen sie das Fett einer Person, Mais und *sanco*, Federn, Coca, Silber, Gold, Lebensmittel und sagen, daß sie alles hineinwerfen und völlig verbrennen. Aus dem Topf sprechen die Dämonen, die die Priester befragen, um Mann und Frau zu verbinden oder um eine Person zu töten. (Cobo)

Die Zauberpriester und Wahrsager kauten die heiligen Coca-Blätter nicht nur aus, sie atmeten auch den Rauch ein. Der wurde zu einer Brücke zu den Göttern. Auf dieser «Brücke aus Rauch» konnten sie in die Welten der Götter und Monster reisen. Dort konnten sie geheimes Wissen aufdecken. Oft waren die Götter nicht sehr gesprächig und mußten mit geeigneten Tricks überlistet werden, um den erkenntnisheischenden Menschen Einblick in ihr Wirken und Walten zu gewähren. Mit Hilfe der psychotropen Kräfte der Coca konnten die Zauberpriester auch aus den Eingeweiden der Opfertiere – meist Meerschweinchen oder Lamas – wahrsagen. Es scheint, als habe Coca den Blick für die verborgenen Aspekte der Wirk-

COCA

Name	*Erythroxylon coca*
Synonyme	Kokastrauch, Mama Coca, Maté de Coca, Peruvian Tobacco
Familie	*Erythroxylaceae* (Malpighiengewächse)
Aussehen	2-3m hoher Strauch mit kleinen, länglich-ovalen Blättern, unscheinbaren Blüten und kleinen roten Beerenfrüchten.
Vorkommen	stammt aus Peru und gedeiht am besten in gewissen feuchtwarmen Andenregionen. In vielen tropischen Gebieten eingebürgert und kultiviert.
Droge	die frischen, seltener die getrockneten Blätter
Anwendung	heilige Pflanze der Götter, Aphrodisiakum, Heil- und Narkosemittel, Lokalanästhetikum bei religiösen Festen, zur Wahrsagerei, Sexualmagie, Heilmittel, Nahrungsersatz
Wirkstoffe	die Cocablätter enthalten bis zu 2,5% Alkaloide, besonders Kokain (bis zu 1%); daneben Cinnamylkokain, Benzylekgonin, Hygrin, Cuskhygrin, a- und b-Truxillin; ätherisches Öl, Wachs, Gerbstoffe und Minerale. Der Hauptwirkstoff Kokain hat zentral erregende, euphorisierende und sinnlich stimulierende Eigenschaften, lokal angewendet auch anästhesierende Wirkungen.
Literatur	Andrews & Solomon 1975, Andritzky 1987, Antonil 1978, Martin 1969, Mortimer 1974, Naranjo 1974, Rätsch 1987, Thamm 1986.

lichkeit geschärft (und nicht wie das kristalline Kokain zu Größenwahn und Egotrips verführt). Im übrigen ist das Divinieren mit den Eingeweiden von Tieren weltweit anzutreffen.

Die heiligen Coca-Blätter wurden aber nicht nur gekaut, geschluckt oder geraucht. In den Coca-Blättern lebte nicht nur der Geist von Mama Coca, der verführerischen erotischen Pflanzenseele, in ihr lebte auch das Wissen der alten Erdmutter, der Pachamama. Dieses Wissen konnte mit einem geomantischen Ritual aufgedeckt werden. Dazu wurden die getrockneten Blätter unter Beschwörungen auf ein gewebtes Tuch geworfen. Aus diesem Wurf konnten die Coca-Berauschten das Wissen der Pachamama ablesen. Diese geomantische Orakelform ist heute noch in den Andenländern unter den Quetschua und Aymara weitverbreitet. Wer ein Problem hat, wer nicht ein noch aus weiß, wer einen bedrückenden Traum hatte, der geht zum Coca-Orakel. Mit Hellsichtigkeit und Einfühlungsvermögen schaut der Zauberer auf den Coca-Wurf und liest doch in der Seele seines Klienten. Wer das Coca-Orakel befragt hat, der achtet dessen Botschaft. Denn die Erde lügt nicht. Man muß nur ihre Sprache verstehen können.

Die andere bedeutende Orakelstätte des alten Südamerika war Chavín de Huantar. Es lag in den nördlichen Küstenländern in einem Hochtal (3000 m). Es bestand aus mehreren Kultbauten und diente den Indianern über Jahrhunderte als Wallfahrtsort. Die ganze Anlage bestand aus mehrstöckigen Gebäuden, labyrinthischen Gängen, unterirdischen Treppen, Rampen und Schächten. In dunklen Nischen, an Monolithen, Toren und Durchgängen prangten die Bilder schreckenerregender Götter. Es waren menschengestaltige Wesen mit animalischen Zügen, mit gefährlichen Fängen und verwirrendem Kopfputz. Archäologen haben Chavín als ein surrealistisches Gesamtkunstwerk bezeichnet. Damit kamen sie dem nahe, was es war, ein psychedelisches Vermächtnis an die Menschen. Jedes Detail der Kunst wirkt wie ein Mosaikteil eines psychedelischen Weltbildes. An vielen Stellen sieht man Spiralen und die Schalen von Meeresschnecken, die von den Küsten, oft tausende Kilometer nördlich von Chavín, stammen. Chavín war der Ort, an dem sich Himmel und Unterwelt in der kosmischen Spirale trafen. Die Mischwesen von Chavin zeigten den weltenübergreifenden Charakter des Heiligtums. Hier waren Mensch und Gott, Tier und Pflanze eine sich gegenseitig durchdringende Einheit. In dieser Einheit lag das Geheimnis der Kunst der Divination. Wer die einzelnen Teile des Kreises des Lebendigen kennt, kann auch dessen Beziehungen zueinander erkennen.

Der spanische Chronist Antonio Vázquez de Espinoza schrieb 1620:

Dicht bei der Ortschaft Chavín steht ein Gebäude aus bearbeitetem Stein von beträchtlicher Großartigkeit. Es war eines der berühmtesten Heiligtümer der Heiden wie unter uns Rom oder Jerusalem. Dorthin kamen die Indianer mit ihren Weihegaben, um ihre Opfer zu verrichten. Denn der Teufel des Ortes offenbarte sich ihnen mit vielen Orakel-Sprüchen, dergestalt, daß sie aus dem ganzen Reich herbeiströmten.

Abb. 31 Der Orakelgott von Chavín de Huantar. Er hält die Zaubergeräte der Divination in den Händen: eine Schneckentrompete und eine Dornenauster. Beide Objekte wurden zum selben Zwecken im alten Mexiko verwendet.

175

ENGELSTROMPETE

Name   *Brugmansia candida, Brugmansia spp.*

Synonyme   Baumdatura, Borrachero, Huacacachu, yerba de Huaca, huanco, chamico, floripondio, toa, campanilla, maicoa

Familie   *Solanaceae* (Nachtschattengewächse)

Aussehen   bis zu 4m hohe Büsche mit großen ovalen Blättern und herunterhängenden Trompetenblüten, die abends einen betäubend-köstlichen Duft verströmen. Die meisten Engelstrompeten entwickeln keine Früchte. Sind sie dennoch vorhanden, haben sie eine auberginenähnliche Form.

Vorkommen alle Arten der Engelstrompete sind nur als Kultigene bekannt. Sie stammen höchstwahrscheinlich aus Südamerika und sind heute über alle tropischen und subtropischen Zonen verbreitet. Die Beliebtheit dieser schönen Pflanze nimmt rasant zu.

Droge   Blüten, Blätter und falls vorhanden Samen

Anwendung Zauber- und Ekstasemittel, Aphrodisiakum, Heilmittel, Pflanzenpflaster, Liebeszauber, Tonikum, Zierpflanze

Wirkstoffe die zugleich zentral erregenden und peripher dämpfenden Tropan-Alkaloide (hauptsächlich Hyoscine, Scopolamin und etwas Atropin). Schon bei geringer Konzentration kann es zu sogenannten «anticholinergen Delirien» kommen, die durch hypnagoge und halluzi-natorische Zustände gekennzeichnet sind (ähnlich wie bei Stechapfel, Alraune, Tollkirsche und Bilsenkraut).

Literatur   Lockwood 1979, Rätsch 1987, Schultes & Hofmann 1980.

Der «Teufel des Ortes» war das Bildnis des Orakelgottes. Seine Haare waren Schlangen, seine Zähne glichen denen des Jaguars. In seinen mächtigen Händen hielt er die Geräte der Divination, die *Pototó* genannte Schneckentrompete (*Strombus galeatus*), das Symbol der kosmischen Spirale, und die Dornenauster (*Spondylus princeps*), das Symbol des ewigen Kreislaufes von Tod und Geburt. Das Orakel wurde von Priestern gehütet. Was genau in den innersten Räumen geschah, ist unbekannt. Sicherlich wurden Opfer dargebracht, Weihrauch verbrannt und geheime Rituale gefeiert. Wurde das Orakel befragt, ertönte der tragende, alles durchdringende Ton der Schneckentrompete und erschallte durch Mauern und Wände. Der Gott sprach und weissagte, was gewußt werden wollte.

Alle archäologischen Forschungen deuten daraufhin, daß die Priester von Chavín die Pflanzen der Götter benutzten, um mit ihrem Orakelgott eins zu werden, um seine Botschaften aus der psychedelischen Welt zu entschlüsseln. Sie benutzten zum einen Tränke aus der Engelstrompete, zum anderen den San Pedro Kaktus. Die dem Stechapfel verwandten Engelstrompeten wurden zu diesem Zweck kultiviert. Sie wachsen auch heute noch in der Nähe alter Kultstätten und werden nach wie vor zur Herstellung heftig berauschender Zaubertränke verwendet. Meist werden entsprechende Pflanzenteile in Maisbier eingelegt. Der dadurch ausgelöste Rausch ist sehr heftig. Die Indianer sagen, daß nur die stärksten Menschen ihm gewachsen sind. Nicht jeder Erkenntnisweg bringt Spaß.

Vom Kaktus des San Pedro

Mit meinem guten San Pedro
All die Tränke
Von Toten Mannes Knochen, Ahnen,
Schlangenpulver, Antimonit, und Mineralien,
Alles zählt...
Eduardo Calderon

San Pedro ist ein Grenzenerweicher.
Galan O. Seid

Wie der meterhohe Säulenkaktus zu seinem, einem christlichen Heiligen entlehnten Namen gekommen ist, ist unbekannt. Der San Pedro Kaktus gedeiht überall entlang der peruanischen Küste bis hinein ins Gebirge. Er wird für den internationalen Kakteenhandel gezüchtet, aus seinen Säulen werden «lebende Zäune» um viele Gehöfte angebaut. Der majestätische Kaktus war schon vor tausenden von Jahren das wichtigste Mittel der indianischen Zauberer und Ärzte, das auf vielen Keramiken, Plastiken und Reliefen dargestellt wurde. Den Indianern galt er als heilig, denn er brachte sie zu ihren Göttern. Mit Hilfe der aus dem Kaktusfleisch gekochten Zaubertränke konnten sich Menschen in Kondore, Jaguare und Eidechsen verwandeln, das Fliegen lernen und das gewöhnlich Unsichtbare erschauen. Seine psychedelische Wirkung wird oft als Spirale beschrieben und auch als solche dargestellt. Die Reise in eine andere Wirklichkeit scheint den Bahnen der kosmischen Spirale zu folgen. Da der Kaktus den Menschen mit dem Universum verbindet, wird er auch der «Kaktus der Vier Winde» genannt. Der vom San Pedro Berauschte kann seinen Geist in alle Himmelsrichtungen schweifen lassen und doch bleibt er, wie der Kaktus im Wüstensturm, festverwurzelt in der Erde.
   Diese Gabe der Natur wurde von dem katholischen Missionar Pater Cobo ganz anders bewertet als von den einheimischen Kaktus-Kennern:

Es ist eine Pflanze, mit der der Dämon die Indianer Perus betrogen hatte. Sie verwendeten es für ihre Betrügereien und Aberglauben. Den Saft getrunken, raubt es ihnen dergestalt die Sinne, die, die ihn getrunken haben, wie tot erscheinen und man hat sogar einige sterben sehen durch die Kälte, die das Gehirn empfängt. Hinfortgetragen von diesem Getränk träumen die Indianer tausend Absurditäten und glauben daran, wie wenn sie wahr wären.

Abb. 32 Der Orakelgott von Chavín trägt einen San Pedro-Kaktus in der Hand.

Es ist schon erstaunlich, mit welcher Hartnäckigkeit sich die europäischen Christen gegen jede Form der Erkenntnis wehren. Was ist bloß in sie gefahren, daß sie in allem und jedem den Teufel aufspüren?

Die katholischen Missionare brachten den Indianern nicht nur eine neue Definition ihrer alten Religion, die sie als Aberglaube und Betrügerei abqualifizierten, und als schalen Ersatz «den einzigen Gott und seinen eingeborenen Sohn», sie brachten den Indianern auch jenes christliche Wesen nahe, das ihnen bis dahin vollkommen fremd war: den Teufel. Bevor die Spanier nach Peru kamen, kannten die Indianer zwar schreckenerregende Götter und krankheitsbringende Dämonen, aber keinen

179

SAN PEDRO-KAKTUS

Name   Trichocereus pachanoi, Trichocereus peruvianus u.a.

Synonyme   Agua-Colla, Cardo, Hermoso, Huachuma, Huando, San
                Pedrillo, San Pedro

Familie   Cactaceae (Kaktusgewächse)

Aussehen   ein großer, gerippter Stangenkaktus mit relativ wenigen
                kurzen Stacheln und weißen, großen Blüten.

Vorkommen   entlang der peruanischen Küste bis in die Andenausläufer

Droge   das frische oder getrocknete Kaktusfleisch, die grüne
                Innenrinde.

Anwendung   Prophetenpflanze, Zaubermittel, Heilmittel, Amulett, zur
                Tierverwandlung, Aphrodisiakum, Tonikum

Wirkstoffe   der Hauptwirkstoff ist das psychedelische Meskalin (pro
                Kilo frischer Kaktus durchschnittlich 1,29g). Ca. 10g
                Trockensubstanz (Innenrinde) haben heftige psychede-
                lische Wirkungen. 1- 3g wirken tonisierend.

Literatur   Andritzky 1989, Dobkin de Rios 1968, Rätsch 1987,
                Schultes & Hofmann 1980, Sharon 1980.

gehörnten und geschwänzten Satan als Quelle allen Übels. Seitdem die Spanier den Indianern den Teufel gebracht haben, fühlen sie sich von ihm bedroht. In schlimmen Fällen fährt er in ihre Körper und mißhandelt sie. Wenn so etwas geschieht, muß ein Heiler gerufen werden, einer der mit den christlichen Heiligen gut bekannt ist, der aber auch noch eine enge Verbindung zu den alten Göttern Perus hat. Ein solcher Heiler steht im Dienste des San Pedro. Er erntet zuerst einen Kaktus. Dieser wird in Scheiben zerschnitten und stundenlang in Wasser ausgekocht. Manchmal werden dem Sud noch andere Pflanzen wie Stechapfel, Engelstrompete, Coca oder Pedilanthus hinzugefügt. Zu Beginn des Rituals baut der Heiler seine *Mesa*, «Tisch», einen Altar auf, der nach den Vier Winden ausgerichtet ist. Er besteht meist aus einem Tuch, auf dem die magischen Geräte des Heilers, Muscheln, Schnecken, Mineralien, präkolumbianische Keramiken, Kerzen, Heiligenfiguren, alte Schwerter und vieles mehr, ausgebreitet werden. Jedes Teil hat seine Bedeutung, jedes Teil symbolisiert einen Aspekt der Wirklichkeit. Dann werden die Vier Winde, die Tiergeister, die alten Götter und die christlichen Heiligen angerufen. Im Anschluß daran gießt sich der Heiler mit einer Schneckenschale ätzenden Sud, der aus wildem Tabak und den Essenzen aromatischer Dschungelgewächse besteht, durch die Nase in den Rachen. Diese Tortur der Schleimhäute öffnet die Sinne für eine ganz andere Welt, die Wirklichkeit am Rande des Alltags. Auch der Kranke muß sich dieser Prozedur unterziehen. Danach trinken sowohl Heiler als auch Patient den San-Pedro-Trank. Der Heiler begibt sich dadurch gestärkt auf seinen magischen Flug in die Welt der Geister. Dem Kranken wird aber mit diesem Gebräu der Teufel aus dem Leibe gejagt. Und so schließt sich die psychedelische Spirale zu einem kosmischen Kreis. Die Ursache ist die Wirkung geblieben.

Afrikanische Ahnen

Im gesamten Schwarzafrika sind die «Lebenden Toten», also die erinnerten Toten, die wichtigsten Vermittler zwischen den Lebenden eines Stammes und den Unsichtbaren. Sie sind – obwohl jetzt ebenfalls unsichtbar – immer noch in das Geschehen in der Welt der Lebenden eingebettet. Von ihnen erwartet man sogar, daß sie zurückkehren, zu ihrer Zeit wiedergeboren werden, und ihre wohlwollenden Kräfte gemeinsam mit den Lebenden gegen den anonymen Hintergrund des absolut Unbekannten richten.

Joseph Campbell

Vor etwa vier Millionen Jahren scheint sich im Gebiet des heutigen Zimbabwe der Quantensprung vom Affen zum Menschen ereignet zu haben. Hier, unweit des Äquators und des afrikanischen Regenwaldgürtels geschah das Erstaunliche. Aus dem vegetarisch lebenden Affen, dem Beutetier, wurde der allesfressende Mensch, der Jäger. Was bewirkte diesen Evolutionsschub? Terence McKenna hat die Hypothese aufgestellt, daß die Affen Menschen wurden, als sie zum erstenmal von dem psychedelischen Pilz *Stropharia cubensis* kosteten. Der afrikanische Urmensch, der den verwirrenden Namen *Australopithecus* trägt, wurde in der Olduvai-Schlucht geboren. Unsere ältesten Menschenahnen stammen also aus Afrika. Was wissen wir aber noch von unserem afrikanischen Erbe? Können wir uns an diese Ahnen erinnern?

Von vielen afrikanischen Stämmen werden die Ahnen als Götter verehrt und durch Rituale und Beschwörungen um Rat gefragt. In diesen Stämmen gab es Menschen, die darauf spezialisiert waren, die Ahnengalerie des Stammes, der einzelnen Familien und Individuen so gut zu memorieren, daß sie die Ahnenreihen stundenlang wie nichtendenwollende Zaubersprüche rezitieren konnten. Was aber bedeuten die Ahnen für uns? Die Ahnen haben Wissen und Erkenntnisse gewonnen, durch die sie die Welt formten und die sie an ihre Kinder weitergaben. Alles, was jemals gedacht wurde, wirkt nach, nichts geht verloren. Die Ahnen sind zwar tot, aber sie leben in uns fort.

Afrika ist ein Erdteil, der reich an kulturellen Traditionen ist. Viele dieser Traditionen lassen sich bis zu den ersten kulturellen Äußerungen des *Australopithecus* zurückverfolgen. Petroglyphen aus der Steinzeit zeigen ekstatische Tänze, wie sie heute noch bei den Buschleuten gepflegt werden. Zahlreiche afrikanische Kulturen kannten und kennen ekstatische Rituale, zauberhafte Verwandlungen in Tiere und Kontaktaufnahme zu den Ahnen. Die pilzessenden Bienengötter, die auf den Petroglyphen dargestellt wurden und von denen wir heute kaum noch etwas wissen, lebten einst in der südlichen Sahara und inspirierten die Felskünstler. Die Regenzauberer rufen seit Urzeiten den fruchtbarkeitsbringenden Regen herbei. Medien fallen in Trance und werden von Geistern, Göttern und Tierseelen ergriffen.

In den Zeugnissen der altägyptischen Kultur treffen wir immer wieder auf negroide Zwerge, die als geheimnisvolle Boten aus einer anderen Welt gekommen waren und den Ägyptern das Wissen um die magischen Kräfte der Sterne, Steine, Pflanzen, Balsame und Tiere gebracht haben. Manche Forscher vermuten, daß diese negroiden Zwerge frühe Darstellungen der im Regenwald lebenden Pygmäen seien. Viele Völker, die sich im zentralafrikanischen Regenwald angesiedelt haben oder an dessen Randzone lebten, haben sich durch die Weisheit der friedlichen kleinen Waldmenschen inspirieren lassen. Ihre Heimat ist voller Pflanzen, die in den Menschen jede erdenkliche Wirkung auslösen können. Den Pygmäen sind alle Gewächse des Regenwaldes bekannt und sie nutzen vor allem den aphrodisierenden Yohimbébaum (*Corynanthe yohimbe*), der schon in altägyptischen Zauberpapyri unter dem

Namen «Lust-Holz» verzeichnet war, sowie Iboga, die «wundervolle Pflanze». In der Mythologie der Fang heißt es:

Zame ye Mebege, der letzte der erschaffenden Götter, gab uns Iboga. Eines Tages bemerkte er den Pygmäen Bitamu hoch oben in einem Atangabaum beim Pflücken der Früchte. Er ließ ihn zu Boden fallen. Bitamu starb, und Zame schnitt der Leiche des Pygmäen die kleinen Finger und Zehen ab und pflanzte sie in verschiedenen Teilen des Waldes. Aus ihnen entwickelte sich der Ibogastrauch.

Iboga ist eine psychedelisch wirksame Pflanze, die in allen westafrikanischen Regenwaldgebieten wächst. Sie ist den Europäern erst seit der Mitte des 19. Jahrhunderts bekannt und war für sie lange Zeit ein großes Mysterium. Vielen westafrikanischen Stämmen wurde die Pflanze zu einer Brücke zu den Ahnen, zu einem Einweihungsinstrument in die wirkliche Welt, zu einem Fetisch, in dem die persönliche Gottheit wohnte. In der Pflanze verkörperte sich die Weisheit des Urahnen des pflanzenkundigen Pygmäen, dessen Opfer den Pflanzenkult begründete. Die Einnahme von Iboga bewirkt eine Reise durch die Zeit. Iboga ist ein Sakrament und ein Symbol der Kraft des Waldes. Wenn die Fang als Folge der Einnahme von Iboga Visionen haben, beschreiben sie diesen Vorgang mit dem schönen Wort «durch den Wald wandeln». Iboga darf nur in einem rituellen Kontext verwendet werden. Die Fang benutzen vor allem die Wurzelrinde, wobei die normale Dosis zwischen vier und zwanzig Gramm beträgt. Um den «Kopf aufzubrechen», wie es bei den Fang heißt, benötigt man zweihundert bis tausend Gramm. Diese Dosis wirkt allerdings bei normalen Menschen als tödliches Gift, während sie in Körper und Geist des magisch und mystisch Eingeweihten die Tore des Todes öffnet, die der Mensch durchschreiten und durch die er auch wieder zurückkehren kann. Er bleibt dann trotz der hohen Dosis am Leben, und nach der Reise kann er Freunden und Verwandten von der Begegnung mit den gemeinsamen Ahnen berichten.

IBOGA

Name	*Tabernanthe iboga, Tabernanthe manii*
Synonyme	iboga, eboka, libuga, bocca, mbasaoka, moabi, gifuma
Familie	*Apocynaceae* (Hundsgiftgewächse)
Aussehen	ein bis zu 1,5 m hoher, unscheinbarer Strauch mit länglichen Blättern und winzigen, in Rispen stehenden Blüten
Vorkommen	in allen zentral- und westafrikanischen tropischen Regenwaldgebieten, besonders im Kongo und in Gabon (dort auch kultiviert in Plantagen); neuerdings heimisch auf Hawaii (eingeführt).
Droge	die frische oder getrocknete Wurzelrinde, alkoholischer Extrakt
Anwendung	Aphrodisiakum, Zauberpflanze, Fetisch, zur Herstellung von Zaubertränken (aus Iboga, Yohimbe, Niando und anderen, bisher botanisch nichtidentifizierten Pflanzen), Bwiti-Kultpflanze, Initiationsmittel, Divinationsmittel, Sakrament, Psychotherapeutikum, Antidepressivum, Homöopathikum
Wirkstoffe	Das Hauptalkaloid Ibogain und noch 11 weitere Indol-Alkaloide (Thabernanthin, Ibogamin, Ibolutein usw.). Ibogain hat zentral stimulierende Wirkung und gilt als MAO-Hemmer
Literatur	Bouquet 1969, Fernandez 1972, Müller-Ebeling & Rätsch 1986, Naranjo 1969, Pope 1969, Prins 1987, Siderski 1965.

Manchmal tanzen die Eingeweihten unter dem Einfluß der kräftig wirkenden Wurzel die ganze Nacht. Sie erleben, daß sie in sich selbst die ganze wunderbare Welt des Waldes tragen.

Bei einigen Gelegenheiten wird die Wurzel mit der alkaloidreichen Rinde des Yohimbé-Baumes versetzt. Dadurch wird nicht nur die Wirkung des Iboga gesteigert, sondern auch die Potenz. Unter dem Einfluß dieser Mischung soll es zu heftigen, oft tagelang dauernden Orgien kommen. Yohimbé und Iboga sind wie Eros und Thanatos.

In Westafrika sind seit dem 19. Jahrhundert viele Kulte und Geheimgesellschaften entstanden, in deren Zentrum die rituelle Einnahme der Ibogawurzel steht. Sie beziehen sich auf eine mystische Gottheit, auf Bwiti.

Der Bwiti-Kult

*In der Kirche bekommst du die Kommunion und du kannst
sie schmecken. Im Bwitikult nimmst du die Kommunion mit
Iboga und du kannst sehen!*
  Ein Banzie

Dicht neben dem Waldtempel fließt ein Bach, der den Fluß
des Universums symbolisiert. Wer darin eintaucht, kann bis
auf den Grund sehen. In diesem Gewässer liegt der Initiant,
ein junger Mann oder eine junge Frau, der eine aus weißen
und roten Fäden geflochtene Schnur trägt, die die kosmische
Nabelschnur darstellt. Durch sie ist er während der Einweihung mit den Ahnen und großen Göttern im Totenreich verbunden.

Der Sänger und Harfenspieler der Kultgemeinde singt ein
Bwiti-Lied zum Geleit der Seele des Initianten:

So war der Anfang. Geister der Erde, Geister des Himmels. Der
Ort, den wir durchschreiten. Vater Zame, der der Torwächter
ist. Ich komme in ein neues Land, das der Friedhof ist... Blitz und
Donner. Sonne und Mond. Himmel und Erde. Sie sind alle
Zwillinge mitsammen. Sie sind Leben und Tod. Sie sind Zwillin-
ge mitsammen. Das gähnende Loch des Grabes und das neue
Leben, sie sind Zwillinge mitsammen...

Freude, voller Freude begrüßen euch die Ahnen und hören
die Neuigkeiten. Das besorgte Leben der Geborenen ist zu
Ende, zu Ende, zu Ende. Und jetzt kommen die Jünger des
Todes. Ich gehe zu den Toten...

Alles ist rein, rein. Alles neu, neu. Alles ist licht, licht. Ich habe
die Toten gesehen und ich fürchte mich nicht!
(Fernandez, 1981)

Die erste Iboga-Dosis wird am Morgen, gegen neun Uhr genommen. Der Initiant sitzt im Tempel und hat seinen Blick auf den Altar gerichtet. Zwei Kult-Mitglieder werden zur Mutter und zum Vater der Iboga ernannt. Sie dienen dem Initianten als Führer auf seiner Reise zu den Ahnen und schützen ihn, wenn es sein muß. Im Laufe des Vormittags geben sie dem Initianten löffelweise Ibogawurzel zu essen. Wenn die Sonne den Zenith erreicht hat, wird eine Antilopenhorntrompete geblasen, um so den Ahnen das Zeichen zu geben, daß ein Nachkomme zu ihnen unterwegs ist. Im Laufe des Nachmittags wird dem Initianten weiter löffelweise Iboga eingeflößt. Meist wird ihm vormittags und nachmittags des ersten Tages eine Dosis von je 16 Teelöffeln gegeben, die aber, je nach Persönlichkeit und Widerstand des Initianten gegen das Unbekannte, bis auf 60 Teelöffel gesteigert werden kann. Denn es muß unbedingt erreicht werden, daß die Seele aus dem Körper des Initianten ausbricht und zu Bwiti reist. Es heißt, die Seele dehne sich aus, bevor sie den Körper verläßt. Dabei spannt sich die Haut, sodaß der Initiant das Gefühl hat, sein Körper platze. Dabei wird der Initiant vom Vater und der Mutter der Iboga behütet, die als psychedelische Geburtshelfer agieren.

Manchmal müssen sich die Initianten erbrechen. Dann wird das Erbrochene genau untersucht. Es ist ein wichtiges geomantisches Orakel. Ist Blut darin enthalten, gilt es als ein schlechtes Omen. In einem solchen Fall soll der Initiant seine Sünden bekennen, damit er von inneren Ängsten und Zweifeln befreit weiterreisen kann. Anschließend nehmen Vater und Mutter der Iboga die duftenden Kräuter Myan (*Costus lucanusianus*) und Abômenzan (*Piper umbellatum*) zur Hand und reinigen damit den Initianten, der sündenfrei und duftend vor Bwiti erscheinen soll. Durch die Kräuter werden ihm außerdem die inneren Augen geöffnet. Der Duft macht den Initianten für Bwiti attraktiver und lockt die Gottheit herbei. Der inzwischen gänzlich nackte Initiant erhält eine Abreibung mit einem Pulver aus den Rinden der zwölf heiligen Bäumen, die im «Wald von Bwiti» gedeihen. Der Initiant wird erinnert: «Denke daran, Bwiti ist eine Religion der Bäume!» (Fernandez, 1981)

Die zwölf heiligen Bäume aus Bwitis Wald:

Asam	*Kapaca guineensis*
Eyen	*Distmananthus benthamianus*
Azap	*Mimusops djave*
ôvung	*Guibourtia tessmannii*
Azem	*Psilanthemus manii*
Mfôl	*Enantia chlorantha*
Eteng	*Pycnanthus angolesnis*
Aseng	*Musanga acropioides*
ôtunga	*Polyalthia suaveolens*
Mbel	*Petrocarpus soyanxii*
Asas	*Bridelia grandis*
Adzam ntoma	*Ocimum americanum*

(nach Fernandes 1981)

Der Initiant wird wieder in dem Bach gewaschen, der Fluß der Geschehnisse ist unaufhaltsam. Der Anführer der Kultgemeinde, der «Herr der Einweihung», nimmt eine Parasol-Blüte, deren Gestalt an einen Phallus erinnert, und haut sie dem Initianten über den Kopf. Dadurch soll die Reise zu Bwiti eingeleitet werden. In den Bach wird nun ein Maniok-Blatt gelegt. Es verwandelt sich zum Seelenboot, das zum offenen Meer der Ahnen treibt. Der Initiant erhält weitere 11 Teelöffel Iboga und wird zurück zum Tempel geführt. In diesem Stadium kann er kaum noch gehen. Seine Augen sind blind geworden für die diesseitige Welt. Im Tempel wird ein Huhn geopfert. Der Geist des Huhns steigt auf zum Himmel und kündigt die Seele des Initianten an. Der Initiant liegt vor dem Altar und stammelt unverständliche Worte.

«Er sieht Bwiti», wissen Mutter und Vater der Iboga. Es ist inzwischen Mitternacht geworden. Der Initiant sieht jetzt, wie er ein Kind war, wie er geboren wurde, wie das Leben in der Gebärmutter war. Er denkt über alle Sünden und Vergehen seines Lebens nach und versöhnt sich damit. Er reist zurück durch Ei- und Samenleiter und erreicht Ayat, das Land der

Toten, das Land der Ahnen jenseits des Meeres. Er ist im Land, in dem alle Geister sind, die sich jemals auf der Erde inkarniert haben und die jemals auf die Erde kommen werden. Er sieht wie er durch seine Geburt die inneren Organe seiner Mutter verletzte, wie er sie an der Brust hängend aussaugte. Es tut ihm leid. Er bittet um Verzeihung und bedankt sich bei Iboga.

Am nächsten Morgen beginnt das neue Leben des Initianten. Er erzählt jetzt in artikulierten Worten von seinen Visionen und berichtet von einer wahren Zeitreise die ihn auf den Pfad von Geburt und Tod führte. Er hat seine Großmutter gefunden, die ihn an einen Kreuzweg trug. Er reiste in das Zentrum des Regenbogens. Und dann stand er vor Bwiti und erfuhr das Mysterium des Daseins.

Texte des Bwiti-Rituals der Mitsogho

Bald beginnt der Tag
Der Häuptling hat uns verlassen
Am Anfang kam ein Seil vom Himmel
von unserem Vater Nzambè
Die Menschen vermehrten sich
und die Erde empfing befruchtenden Regen
Niemand kann den Ort,
an dem der Harfenspieler sitzt, passieren
Außer den uralten Ahnen, die alle Dinge wissen
Das Herz des neuen Eingeweihten ist voller Bitterkeit
Das des alten ist voller Weisheit
Der junge Eingeweihte ist geteilt
vom Licht der Sonne und des Mondes...

Die Sonnenstrahlen des Alten sind gegangen
Wir tanzen zu Ehren des Häuptlings, der gestorben ist

Die Menschen wurden geformt
Dann erreichten sie die Ankunft der Welt

Dort war es, wo sie geschaffen und geformt wurden
Hier ist die Harfe
Sie schwingt wie das Trippeln
der Krebse und Schildkröten im Flußbett
Die getrommelten Strahlen sind für den Frosch
Die Ritualrasseln für das Stachelschwein
Die Flußkrebse streichen die Harfe
mit ihren Fingern aus gespaltenen Gelenken

Hier ist Nzambè Kana
Er kommt mit seinem Sack und seinem Herz
voller brauchbarer Gedanken
Er hat die Steine in eßbare Knollen verwandelt
Und hat Hautritzungen und Farben den Bäumen gegeben
Der Tabaksrauch steigt auf
wie der Atem der Regenbogenschlange

Die Blätter der Bananen sind die Lendenschürze der
Sterbenden
Der Große Eingeweihte ist herabgestiegen
Er folgt dem Weg der Sonne bis zum Soga Dorf
Oh! Ich Armer, ich bin nicht geboren um lange zu leben
Ich bin ganz alleine
wie die *Mokangè*-Liane,
die nur gedeiht, wenn sie alleine ist
Die Erde und das Gestrüpp
umhüllen nun den Verstorbenen...[23]

Eine pankulturelle Vision

Wir versammelten uns im Kreise. Dreizehn Menschen. Dreizehn, wie die 13 Schichten des Maya-Himmels, wie die dreizehn Abschnitte im Lebensrad der Bön-Priester, wie das drei-
zehnte Aeon der Gnosis, wie die dreizehn Arten der Liebe im
Sohar.

Unser Schamane sagte uns, wir würden eine Reise zu den Ahnen, den menschlichen, den tierischen, den pflanzlichen und den energetischen Ahnen unternehmen. Wir könnten von unseren Ahnen lernen, sie über uns selbst befragen, uns von ihnen in die Geheimnisse und Mysterien des Universums und der Evolution einführen lassen. Wir sollten während des Rituals den Kreis bewahren, ihn nicht stören und uns in ihm geborgen fühlen. Die Medizin unserer Reise war die Ibogawurzel. Ihre Kraft sollte unsere Wahrnehmung von der alltäglichen Welt ablösen und in die Urzeit und Zukunft blicken lassen. Nachdem die Medizin verteilt worden war, rief der Schamane die vier Himmelsrichtungen an, erbat ihren Schutz und verband den Kreis mit dem kosmischen Gesetz.

Die Wurzelrinde der Iboga schmeckte zwar extrem bitter, hatte aber keinen widerlichen Geschmack. Alles Bittere tut gut. Man verspürt noch einmal die Bitterkeit der Welt und kann sich dann von ihr verabschieden. In der chinesischen Kräuterkunst weiß man, daß die Geschmacksrichtung *bitter* auf das Herz einwirkt. Zum einen verstärkt sie die physische Kraft und Funktion des Herzmuskels, zum anderen stimuliert sie die liebenden Gefühle. Alle Herzdrogen sind bitter. Iboga war bitter, sehr bitter, aber auch erdig, fast altvertraut, irgendwie bekannt. Die Bitterkeit zog mir den Mund zusammen, öffnete mir aber zugleich das Herz.

Unser Schamane berichtete uns von alten Mythen, erzählte von den Wundern des Regenwaldes, sprach von den Pygmäen, den kleinen Waldmenschen, die dereinst die wunderbare Ibogawurzel entdeckten. Er sagte, daß der Wald normalerweise schlafe. Wenn aber Menschen in einem Kreis zusammenkommen und Iboga nehmen, so würde der Wald wieder erwachen und zu den Menschen sprechen, ihnen erzählen, wie sie mit ihm am besten zusammenleben können, wie sie sich in ihren Träumen an die Ahnen, an die Tiergeister und die Pflanzenseelen erinnern können. Ich hoffte zutiefst, daß der Wald erwachen würde. Nicht nur der Wald, ich hoffte, daß die Welt aus dem unreflektierten Eingebundensein in einen kulturellen Fluß erwachen würde. Wie wäre doch eine Welt, von friedlichen Weltbürgern, von echten Erdenkindern, die sich auf ihrem Planeten wohl fühlen und eine große Familie bilden.

In diese Gedanken versunken, bemerkte ich langsam eine leichte Veränderung. Mein Körper wurde Geist, mein Geist wurde Körper. Alles floß zusammen. Lustschauer zuckten mir durch's Fleisch, Gedanken jagten mir durch's Hirn. Es rieselte und prickelte auf mir, in mir. Meine Atome lüfteten sich. Sie tanzten lachend dem erwachenden Wald entgegen.

Obwohl es Nacht und der Raum, in dem sich unser Kreis drehte, nur von wenigen Kerzen erleuchtet war, wurde alles von einem warmen Leuchten durchdrungen. Ein gelbes Licht, in dem sich die Farben der Erde spiegelten, durchflutete den Raum in uns und um uns herum. Ich wurde von köstlichsten Gefühlen getragen. Es war heiter, so heiter.

Der Raum in dem wir saßen, verflüchtigte sich, die Zeit, in der wir uns befanden, löste sich auf, nur die Sprache überlebte. Ich hörte Sprache, sah aber keine Sprecher. Ich sah Sprache, aber hörte keine Sprecher. Ich hörte eine Sprache, es war die einzige Sprache. Ich kannte sie nicht und doch verstand ich alles. Sie glich keiner bekannten Sprache, doch klang sie wie alle Sprachen zusammen. Tausende von Stimmen benutzten diese Sprache. Alle sprachen durcheinander und doch geordnet. Ich konnte auf jede Stimme achten und verpaßte nichts. Ich war erstaunt darüber, wie groß mein Kopf geworden war, wie allumfassend meine Auffassungsgabe, wie selbstlos mein Zuhören. Ich hörte die Stimmen von schelmischen Trickstern, von kichernden Kobolden, von uralten Spaßvögeln und lachenden Gecken. Einer flüsterte mir ins Ohr: «Kennst du das Grundgesetz der Wirtschaft?» – Bevor ich überhaupt nachdenken konnte, war die Antwort da: «Wie bescheißt man am besten!» – Kichern. Schallendes Lachen. Was hat das zu bedeuten? Eine andere Stimme zischt vorbei: «Welche Henne hat das Ei des Kolumbus gelegt?» – «Seine Mutter» – Jetzt wo ich meine Erinnerungen niederschreibe, denke ich, daß es vielleicht schwierig ist, diese Äußerungen aus der Feenwelt zu verstehen. Für mich war alles verständlich gewesen. Man versteht einfach viel mehr, wenn man psychedelisiert ist.

Der Schamane reichte den sprechenden Stab herum, den Talking stick, der die Aufmerksamkeit aller, die im Kreise sitzen, auf den einzelnen konzentriert. Ich sah meine Freunde, meine Familie, meine Götter und Göttinnen. Sie saßen mit mir im Kreise. Die Archetypen hatten ihre Auftritte. Die Skalden sangen den Sang. Die Mythen waren lebendig. Die Götter hatten sich versammelt. Und ich durfte daran teilnehmen. Mit uns im Kreis saßen große Wildkatzen, Bären, Adler. Da saß eine Inkaprinzessin und eine ägyptische Schönheit, feinziseliert und mit den Schleiern der Lust behangen. Eine andere Frau wurde zur frohlockenden Rheintochter, um sich sogleich in eine Riesenamöbe zu verwandeln, die vor Lust zuckte und aus deren Innerem blaugrünes Licht der Urzeit strahlte. Wir wurden von Protoplasma-Protuberanzen umhüllt und lachend in das lustvolle Geschehen, in den gemeinsamen Erkenntnisprozeß gesogen. Waren dies meine Ahnen? Sie waren so nah, so lebendig, so ergreifend. War ich an den Anfang der Kultur gereist? Lebte in uns die erste Götterversammlung fort? Waren die Götter wiedergekommen? Lachen, Freude, Überschwang, es sprudelte nur so aus mir heraus. Könnten wir doch öfter den Kern der Welt erblicken! Würden dann nicht die Probleme des Alltags zu Banalitäten werden? Wer hätte dann noch Interesse an Auseinandersetzungen, Entzweiungen, Krieg? Der Kreis, in dem wir saßen, war ewig und wird ewig sein. Das ganze Universum ist ein Kreis. Deshalb finden wir auch nicht den Ursprung – egal, in welche fernen Urzeiten wir auch reisen, egal, in welch tiefe Erinnerungen wir auch tauchen. Das Universum ist Uroboros, ist die Midgartschlange; wir suchen nur die Stelle, wo sich die Schlange in den Schwanz beißt, wo sie sich selbst verschlingt. Kann es möglich sein, daß sie sich eines Tages vollständig verschlungen hat? Was kommt dann?

Vor mir stieg ein weißes Licht auf. Zuerst als unendlich kleiner Punkt. Der Punkt wuchs allen mathematischen Definitionen zum Trotz, er wurde größer, bildete aber keinen Kreis (denn wir waren ja schon der Kreis). Er wurde zu einem Dreieck, genaugenommen zu einem dreieckigen Kristall, der weiß glühte. Ich wußte, er ist das Zentrum des ewigen Kreises. Seine drei Kristallflächen waren Vergangenheit, Zukunft und Gegenwart. Alle drei Aspekte der Zeit waren eins, sie berührten sich und ergaben zusammen die Welt. Ich hatte das kosmische Juwel vor mir. In der Tat ist die Etymologie von Kosmos Juwel. Auch Buddha hält ein Zauberjuwel, aus dessen Glanz die Welt entsteht, in seiner erleuchteten Hand. Um den dreieckigen Kristall lagen viele ockerbraune Schichten. Eine jede beherbergte eine andere. Alle Schichten durchdrangen sich in alle Richtungen. Jede Schicht war ein Abschnitt in der Entwicklung des Universums, in der Evolution des Lebens, in der Entfaltung des Bewußtseins. Jede Schichtenfolge, ob es die vergangene, gegenwärtige oder zukünftige war, transzendierte bis zur Unendlichkeit. Dort trafen sich die Schichten wieder. Die Unendlichkeit war die äußerste Reichweite des Kristalls und sie lag genau in dessen Mitte.

Ich sah eine Kultur, die jenseits aller Kulturen und doch allen Kulturen inhärent ist. Ich sah Götter, die jenseits aller bekannten Götter und doch in allen Göttern enthalten sind. Ich sah Reihen von Ahnen, die alle jenseits der Menschen sind und doch bis heute auf sie einwirken. Ich sah die Archetypen. Sie tanzten Ringelreihen in allen Bewußtseinseinheiten und führten sie sicher durch das Universum.

Maya ist nicht der Schein der Dinge. Maya sind die Masken der Archetypen. Wir brauchen Maya, sonst würden wir die Welt nicht mehr verstehen.

Es gab keinen Einhalt in diesem Erkenntnisstrudel, ein Gesicht jagte das nächste. Und doch blieben alle Gesichter bestehen. Ich erinnerte mich noch niemals zuvor so gut an Gesichter. Sie sind seitdem nicht mehr geschwunden. Ich kann klar alles erinnern, nichts ist verwirrt.

Ich sah Muscheln, überall Muscheln. Vor mir tauchte eine Muschel auf, eine Herzmuschel. In ihr lebten Menschen; viele

Menschen. Sie müssen geboren werden, wollen aber nicht die Muschelmutter verlassen. Wer geht schon gerne aus dem Paradies? Wer verläßt freiwillig Wärme und Geborgenheit? Wer verzichtet auf den Mutterleib? Aber trotzdem müssen die Menschen die Muschelmutter verlassen, müssen sich außerhalb der schützenden Schalen bewähren. Aber was sollen sie im Leben erkennen? Daß es in der Muschel am besten ist?

Vor mir tauchten Gräber auf. Gräber aus dem alten Peru, aus dynastischer Zeit, aus dem eurasischen Paläolithikum. Gräber aus aller Welt. Und in jedem Grab lag eine Muschel. Manchmal lagen auch Schnecken darin. Warum wurden den Toten die Muscheln mit ins Grab gegeben? Aus dem Grab eines alten Indianers hörte ich eine vertraute Stimme: «Was murmelt die Muschelmutter? – Was murmelt die Muschelmutter? – Was murmelt die Muschelmutter? Was murmelt...» Ich sah einen aztekischen Zauberpriester. Er murmelte den skaldischen Spruch über eine rote Dornenauster in seiner Hand. Er war berauscht vom Pilz, er trippte auch auf Indolen. Er saß mir gegenüber. Wir verschmolzen und die Muschelmutter sprach:

Die Seele ist nach dem Tod genauso geborgen und sicher wie vor der Geburt. Darum liege ich in euren Gräbern. Ich bin ein Zeichen, ich bin die Zuflucht der Seele. Aus mir seid ihr geboren worden, zu mir kehrt ihr zurück. Vor der Geburt wart ihr nur geborgen. Jetzt wißt ihr, daß ihr immer geborgen sein werdet. Darum lebt ihr. Für dieses Wissen; um dieses Wissen zu erlangen. Das ist meine Botschaft: Alles im Universum ist richtig. Ihr werdet sehen...

Mit dieser letzten Erkenntnis verließ ich den Kreis der Götter, Ahnen, Menschen. Jetzt kenne ich die Botschaft der Muschel, ich werde sie immer erinnern, denn alles ist klar und voller Licht.

Die Ekstase-Tänze der Buschleute[24]
Von Claudia Müller-Ebeling

Die !Kung-Buschleute nennen sich *Zhutwasi,* wirkliche Menschen. Sie gehören zu den *San,* den Menschen, die eine Klicksprache sprechen und kleinwüchsige Jäger und Sammler in den Steppengebieten sind. Sie leben in der Kalahari-Wüste im südlichen Afrika. Ihr Lebensraum beschert ihnen keine üppige, sorglose Lebensweise: Sie sind extremen Temperaturen ausgesetzt, täglichen Hitzegraden bis zu 43° Celsius und kalten Nächten mit Temperaturen bis unter den Gefrierpunkt. In der Sommerzeit, wenn die Erde vom Regen getränkt wird, gehen die !Kung in kleinen Gruppen auf Wanderschaft. Die Frauen sammeln die Früchte, die Männer kümmern sich um die Fleischbeschaffung. Gesammelt und gejagt wird das, was man unmittelbar verbrauchen kann, denn die Umweltbedingungen erlauben keine Vorratshaltung. In der Trockenzeit versammeln sich die !Kung um permanente Wasserlöcher, die dann Ausgangspunkt für ihre Streifzüge nach Nahrung sind. Die Grashütten umstehen halbkreisförmig einen Platz und bieten dürftigen Schutz vor der ‹nagenden› Sonne. Die !Kung horten nichts. Sie verteidigen kein Territorium. Hierarchien und Spezialistentum sind ihnen überflüssig. Alles, was gesammelt und gejagt wird, teilen die !Kung untereinander, so wie sie das Land teilen, in dem sie wohnen, ohne Besitzansprüche darauf zu erheben. Jeder ist Teil der Gemeinschaft und braucht, um von den anderen anerkannt zu werden, nichts außergewöhnliches darzustellen, sich nicht als besonderer Jäger oder Heiler zu beweisen. Führer oder eine ausgeprägte Rollenverteilung zwischen Männern und Frauen sind den !Kung unbekannt. Alle haben Zugang zu allen Bereichen des Daseins.

Ein zentrales Element ihrer Kultur ist der ekstatische Heilungs-tanz; darin «...finden die ‹Religion›, die ‹Medizin›, und die ‹Kosmologie› der !Kung ihren Hauptausdruck. Der Tanz ist das bedeutendste ‹Ritual› der !Kung. Er ist für sie ganz einfach ein richtungsweisendes, alles verbindendes Ereignis von einzigartiger Bedeutung» schreibt der Völkerkundler Richard Katz. Die Heilung kommt nicht nur denen zugute, die an einer physischen Krankheit leiden, sondern betrifft alle Teil-

Abb. 33 Die !Kung-Buschleute streben in ihren gemeinsamen Tanzritualen einen kollektiven Trancezustand an. Auf dem Höhepunkt der Ekstase verwandeln sie sich oft in einen Tiergeist, meist in eine Antilope. Die gemeinsame Bewußtseinswandlung ermöglicht den Kontakt zu der anderen Welt, in der die Heilkräfte für den Einzelnen erweckt werden. (Felsbild eines unbekannten Buschleute-Künstlers im Nicosasana Tal, Süd Afrika)

nehmer. Geheilt werden schwelende Zwistigkeiten zwischen Gruppen und Einzelnen, psychische Spannungen, körperliche und seelische Leiden, und Vorgänge in der Natur, die den Menschen Probleme bereiten.

Der Mensch besteht aus Körper, Geist und Seele, die nicht isoliert betrachtet, sondern bei einem Heilungstanz präventiv miteinander in Einklang gebracht werden. Geheilt wird nicht nur, was auf gesellschaftlicher, psychischer oder spiritueller Ebene defekt ist, sondern die Heilung trägt dazu bei, daß die

Menschen sich wieder und wieder der verbindenden Gemeinsamkeit allen Lebens versichern, damit sie nicht erkranken.

Ein Heilungstanz kann mehrere Male in der Woche stattfinden. Bei Einbruch der Dunkelheit treffen sich die Teilnehmer auf dem Dorfplatz. Die Frauen setzen sich im Kreis um das Feuer. Ihre Schultern berühren sich und die Beine sind miteinander verschlungen. Mit rhythmischem Klatschen unterstützen sie die Gesänge, während die Tänzer um sie herumtanzen und die anderen Teilnehmer ab und zu in Tanz und Gesang einfallen.

Der Tanz dauert die ganze Nacht. Phasen der Konzentration wechseln ab mit entspannten Momenten, begleitet von Lachen und scherzenden Zurufen. Während des Rituals nehmen alle Anwesenden teil am N/um, einer spirituellen Kraft, die ursprünglich vom großen Gott verliehen wurde und in erfahrenen Heilern, den Num Kausi besonders konzentriert ist.

Der Heiler Kau Dwa erzählt: «Du spürst, wie sich in deiner Wirbelsäule etwas Spitzes nach oben arbeitet. Unten im Rückgrat prickelt und prickelt und prickelt und prickelt es. Dann läßt die Num die Gedanken in deinem Kopf zu einem Nichts werden.»

Im Laufe des Rituals steigert sich die Kraft der N/um zu einer Ekstase. Der Heiler tritt in das Kia ein. Kau Dwa: «Wenn du im Kia bist, siehst du die Dinge, die du herausziehen (heilen) mußt, wie die Todesdinge, die Gott in die Menschen hineingetan hat. Du siehst die Menschen richtig, genau so, wie sie wirklich sind. Das, was du siehst, wirbelt nicht durcheinander.»

Die Götter gaben dem Menschen das Leben und die Gesundheit, aber auch die Krankheit und den Tod. Der Heiler muß mit den Göttern um den kranken Menschen feilschen. Er muß dem Tod in die Augen sehen. Das N/um ist ein quälender Schmerz und das Kia ein Sterben, das dem physischen Tod des Menschen gleichkommt. Um dem Heiler, von dessen Heilkraft die Gemeinschaft profitiert, in seiner Qual zu helfen, ist die Konzentration aller Anwesenden notwendig. Jeder !Kung kann

Heiler werden, wenn sich in ihm die erforderliche N/um konzentriert. Das Lernen findet wie das Heilen in der Gemeinschaft statt.

Die Anstrengung, die der Num Kausi unternimmt, um das Kia zu erlangen, ist auf das Ziel des Heilens gerichtet, nicht um seiner selbst willen oder gar um die Fähigkeiten eines Einzelnen herauszustreichen. *Kia* ist beschränkt auf das Kreisritual und nur in diesem Zusammenhang erwünscht, weil der Zustand des ausgelöschten Denkens die täglichen Erfordernisse behindern würde.

Die Heilkraft N/um, die vom großen Gott kommt, wird von den !Kung in den Kreisritualen zum Kochen gebracht. Während des Rituals überträgt sich die Kraft des stöhnenden Heilers, der

* Wald Nachtschatt. *
Solanum bacca nigra cerasi simili.

Abb. 34 Der Schwarze Nachtschatten (*Solanum nigrum*) scheint bei verschiedenen afrikanischen Völkern eine gewisse Bedeutung als Prophetenpflanze zu haben. Bislang bleibt es aber der zukünftigen Forschung überlassen, mehr Licht auf den dunklen Nachtschatten zu werfen. (Holzschnitt aus Tabernaemontanus)

GAISE NORU NORU

Name	*Ferraria glutinosa*
Synonyme	!Klaishe
Familie	*Iridacaeae* (Irisgewächse)
Aussehen	kleines Kraut mit großer Wurzel
Vorkommen	in der Kalahari-Wüste, Südafrika
Droge	die frische oder getrocknete Wurzel
Anwendung	Heilpflanze, Gift?, Prophetenpflanze, Ritualtrank
Wirkstoffe	bisher nicht gefunden, eventuell Iridin-Derivate
Literatur	Katz 1985, Rätsch 1988, Winkelman & Dobkin de Rios 1989.

in Ekstase die Krankheit herauszieht und den Kranken mit seinem Schweiß bedeckt, auf die Gemeinschaft und trägt dazu bei, den inneren Zusammenhalt der Gruppe zu stabilisieren. Im Zustand der Kia tritt der Heiler in Kontakt mit den Göttern, schaut die innere Ordnung des Universums und den Platz, den er und sein Stamm darin einnehmen. «Es zeichnet sich ein Modell gemeinschaftlicher Selbstheilung ab, bei dem die Menschen durch eine Bewußtseinsveränderung an eine spirituelle Heilkraft gelangen und diese mittels einer auf dem Prinzip der Gleichheit beruhenden Sozialstruktur miteinander teilen», resümiert der amerikanische Ethnologe Richard Katz. Die Menschen werden in der Begegnung mit den Göttern der Lebenskraft gewahr und können sie zur Bannung der Krankheit einsetzen. Der Kreis des Heilrituals schließt sich.

In vergangenen Zeiten (heute nur noch selten) verwendeten die !Kung eine Reihe psychoaktiver Pflanzen, um den Ekstase-Zustand für den Heilungstanz zu erzeugen. Die Pflanze, die von größter Bedeutung war, heißt bei ihnen Gaise Noru Noru. Aber die !Kung benutzen auch Bangi, den Hanf.[25]

Kriminaltelepathen in Äthiopien:
Im Kaiserreich Äthiopien war der ‹Kriminaltelepath› zumindest bis zur Zeit des Zweiten Weltkriegs eine feste Einrichtung. Eine solche Person heißt Lebaschà (konzentriert Suchender), meist handelt es sich um einen noch unberührten Knaben. Wurde ein Diebstahl verübt, rief man ihn. Der Lebaschà mußte einen Trank einnehmen, der u.a. Blätter von Nachtschattengewächsen enthielt, auch von Drogen-Rauchen wird berichtet. Dann verfiel der Lebaschà in einen rauschähnlichen, trancehaften Zustand, streifte ‹witternd› durch alle Orte, die mit dem Diebstahl in Berührung stehen mochten, und fand schließlich das Diebesgut und den Täter. Es wird von Fällen erzählt, wo ein Lebaschà, zum Tatort geführt, stundenlang umherstreift, den Fluchtweg des Täters nachgeht, dessen Handlungen unterwegs wiederholt, bis er ihn schließlich stellt.
Werner F. Bonin, *Naturvölker und ihre übersinnlichen Fähigkeiten*

Im Kreis in rituell geförderter Versenkung eingenommen, ermöglichen diese Prophetenpflanzen, die die !Kung eingenommen haben, die Bewußtseinserweiterung, d.h. die Überschreitung der Grenzen menschlicher Erfahrungen und festgelegter Denkstrukturen. Bewußtheit heißt, sich in den Augenblick, den Mittelpunkt des Geschehens fallenzulassen und nicht in die Vorstellung davon abzugleiten. Das Kreisritual ist das ständige neue Lernen und Auffrischen der Erkenntnis, daß die Welt rund ist, ein Kreis von Elementen, die alle zusammen eine Einheit bilden. Es gibt keine vom Menschen getrennte Umwelt. Der Mensch gehört zum Kreis des Lebendigen.

Wissenschaftliche Rituale

*Es gibt nur zwei Wege, um ein Historiker der Zukunft zu werden:
wissenschaftliche Folgerungen und Traumdeuterei oder Wahrsagerei.
Die wissenschaftliche Folgerung dürfte sich durch die wissenschaftliche Folgerung von der Erkenntnis der Zukunft selbst ausschließen.
Die Wissenschaft nämlich muß stets auf der Hut sein, aus sich eine
Närrin zu machen. Sie bringt es höchstens zur Wahrscheinlichkeits-
rechnung. Traumdeuterei und Weissagung hingegen haben den
unschätzbaren Vorteil, auf eine uralte Praxis zurückzublicken, die
der unanzweifelbaren Überlieferung gemäß namhafte Erfolge auf-
zuweisen hat...*
Franz Werfel, *Stern des Ungeborenen*

Die moderne Wissenschaft ist ein kollektives Minderwertigkeitsgefühl.
Galan O. Seid, *Die neue Alchimie*

*Wir können hoffen, daß die Parapsychologie uns letztlich helfen
wird, eine tiefe Synthese von Religion und Wissenschaft zu schaffen.
Die neue Religion wird auch für den modernen, rationalistisch
eingestellten Menschen wieder annehmbar sein und – was in Wirklichkeit dasselbe bedeutet – sie wird uns helfen, ein neues, voll-
kommeneres und vollständigeres wissenschaftliches Weltbild zu
entwerfen. Das aber ist es, was die Menschheit in der heutigen Zeit
ideologischer und sozialer Wirren und Kämpfe braucht. Die neuer-
worbene Kenntnis höherer Sphären kosmischer Existenz wird sich
letztlich auch im Leben der Menschheit widerspiegeln. Der Mensch
wird die höchsten kosmischen Prinzipien erkennen und lernen, mit
ihnen in Harmonie zu leben.*
Milan Ryzel, *Parapsychologie*

Die neue Alchimie

Wissenschaft ist eine Erkenntnismethode, die Wissen schafft.
Als Methode, die durch gezielte Fragestellungen Erkenntnisse

ermöglichen soll, steht sie, genaugenommen, gleichwertig neben solchen Erkenntismethoden wie Meditation, Visionssuche, Alchimie, Divination und Tarot. Was diese Methoden voneinander unterscheidet sind die Dogmen, Prämissen, Axiome und weltanschaulichen Grundgedanken. Aber jede dieser Methoden verfügt über eine lange geschichtliche Tradition, einen Apparat von Theorien und über weiterführende Ergebnisse. Historische Tatsache ist, daß in ältesten, alten und mittelalten Zeiten solche Denkmodelle wie Astrologie, Theologie und Divination zu den Wissenschaften gerechnet wurden. Einstmals waren Mathematik, Naturkunde, Orakelwesen und Magie eins.[26] Die Mathematik wurde den magischen Wissenschaften zugerechnet. Philosophie (die Liebe zum Wissen, das Gefühl für die Weisheit, die Lust an der Erkenntnis) galt als die königliche Lehre von der Wahrheit und umfaßte genauso die Mystik wie die Arithmetik. Das Erfahrbare und das Berechenbare bildeten eine sich logisch und konsequent ergänzende und gegenseitig durchdringende Einheit.

Mit dem Beginn der frühen Neuzeit, dem allgemeinen, auf verschiedenen Ebenen beginnenden Aufbruch in neue Welten, wurden die magischen Wissenschaften, die im Mittelalter noch ein wesentlicher Teil der Philosophie waren, von den Universitäten verbannt und von der Kirche dämonisiert. Alchimie, Magie und Divination wurden offiziell in den Untergrund gedrängt – in den intellektuellen wie in den gesellschaftlichen. Die magischen, später auch okkult genannten Wissenschaften wirkten sich nunmehr stark im Unbewußten aus. Die Aufklärung bekämpfte das Unbewußte und beschwor somit dessen Rebellion. Je mehr die Vernunft in die Wissenschaften einzog, desto mehr erwachte eine Gegenbewegung. So blühten die Geheimbünde, die magischen Zirkel, die okkulten Kreise und heidnischen Mysterienkulte wieder auf, die im Verborgenen und Geheimen die antiken Traditionen der Magie und Mystik wieder zu beleben versuchten.

Gustav Meyrink: Haschisch und Hellsehen

So suchte ich Hanf und Bambuszweige,
Befragte das Orakel des Herrschers Ling Feu.
Altchinesische Hymne[27]

Der okkultistische Schriftsteller, Alchimist und visionäre Dichter Gustav Meyrink (1868–1932) interessierte sich brennend für das Phänomen des Hellsehens:

> Aller Wahrscheinlichkeit nach, so will mir scheinen, ist Hellsehen eine Fähigkeit, die allen Menschen...innewohnt. Nur wird sie meistens durch hemmende Beschaffenheit des Nervensystems oder des Blutes usw. gehindert, sich zu äußern. Es ist also nicht so, als ob sie wüchse im Menschen, nein: sie ist vorhanden und wird nur enthüllt, entfesselt, frei gemacht! – Welche Mittel gibt es denn, um sie zu enthüllen?

Meyrink hatte bei seinen esoterischen Studien vernommen, daß gewisse Kräuter bei anderen Völkern Hellsehen hervorzurufen vermögen. Eine so benutzte Droge sei das Haschisch, das aus der heiligen Pflanze des Hindugottes Shiva gewonnen wird. Meyrink bezog sich dabei auf Patanjali, der in der Mitte des ersten Jahrtausends n. Chr. den Yoga durch seine vedische Interpretation in die Hindu – Renaissance integrierte. Patanjali schrieb in seinem Grundlagentext über die Methode des Yoga:

> Die Siddhis (psychische Kräfte, zu denen auch das Hellsehen gehört) sind entweder angeboren oder erwachen durch Anwendung gewisser Kräuter (*Cannabis* und *Datura*) oder durch Versenkung in das innerste Ich oder durch Askese.[28]

Meyrink unternahm unter der Aufsicht eines Arztes und einiger vertrauter Freunde ein Haschisch-Experiment. Er nahm 10 Gramm Haschisch ein (eine Dosis, die gewöhnlich als um das 10 – 20fache zu hoch eingeschätzt wird):

Plötzlich hatte ich das Gefühl, als sei ich etwa einen viertel Meter größer als sonst und ginge auf Kothurnen. Dabei war mein Wahrnehmungsvermögen jedoch nicht im geringsten getrübt... Inzwischen hatte sich das Gefühl des Erhöhtgehens so gesteigert, daß ich zeitweilig glaubte, zu fliegen. Ich sah mit unerhörter Deutlichkeit wundervolle Gegenden, Gletscher und Täler tropischer Landchaften, Wälder und farbig beleuchtete Wüsten unter mir... Ich sah mich nämlich selbst aus einer Wolke gerinnen, nur trug ich nicht meine gewöhnlichen Kleider, sondern war in einen Asiaten, so schien es mir, verwandelt.

Nach diesen ersten visionären Erlebnissen wurde Meyrink aufgefordert, einen Beweis für seine nun erweckten hellseherischen Fähigkeiten abzuliefern:

Ich sah meinen Freund Hans Ebner, der ebenfalls mit meinen anderen Gästen zu dem Haschisch-Experiment eingeladen, aber bis dahin noch nicht gekommen war, vor dem in Prag allgemein bekannten hohen Haus des Uhrmachers S. stehen; er blickte hinauf zu der über dem Dachgiebel hellbeleuchteten großen Uhr. Ich sah mit ihm hinauf: die Zeiger wiesen auf zehn Minuten vor Zehn. Mein Freund trug einen schwarzen Havelock und in der Hand einen Stock mit einer silbernen Öse, durch die er den Daumen gesteckt hatte, den Stock auf diese Weise im Kreis wirbelnd. Ich erzählte, was ich sah, den Anwesenden. – ‹Da müßte Ebner etwa in einer Viertelstunde hier sein!› meinte Herr v. Unold. – ‹Nein, er besteigt soeben die Droschke; er wird früher kommen›, widersprach ich. Um mich zu prüfen, ob das Geschehene nicht wildgewordene Phantasie sei, bemühte ich mich sofort, das Bild zu verscheuchen und ein anderes beliebiges an seine Stelle zu rücken, aber so sehr ich mich auch bemühte, es ging nicht! Ich verfolgte den Weg der Droschke bis fast vor mein Haus, und wenige Minuten darauf betrat Ebner mein Zimmer; er trug den von mir gesehenen Mantel und den Stock, den ich früher nie bei ihm erblickt hatte. Er wurde genau verhört, und es ergab sich, daß alles bis aufs Haar genau stimmte, wie ich es gesehen hatte.

Abschließend hat Meyrink sein Experiment so beurteilt:

> Ich habe die Überzeugung, daß dieses Gift den Vorstellungs-
> inhalt, den der Experimentator jeweils hat, bis aufs äußerste
> steigert... Der Normalmensch wird darüber lächeln. Worüber
> lächelt nicht der Normalmensch? Über so ziemlich alles lächelt
> er: nur über sich selbst lächelt er merkwürdigerweise... nicht.
> (Meyrink 1984: 32, 35)

Philipp Müh: Psychische Gewalten

Die Experimente des Gustav Meyrink hatten in den okkultis-
tischen Kreisen Deutschlands weitere Forschungen und
Selbstversuche ausgelöst. Der weithin unbekannt gebliebene
Arzt und Magnetopath Philipp Müh hat sich – ob zugunsten
oder ungunsten seiner Patienten ist unbekannt – neben der
Allgemeinmedizin zehn Jahre lang intensiv mit Yoga und
Okkultismus beschäftigt. Für die Entwicklung seiner Theorie
waren seine Haschisch-Experimente von entscheidender Bedeutung. Die Resultate und daraus abgeleiteten Theorien hat
Müh in den zwanziger Jahren in einem kleinen, seltenen Büch-
lein mit dem Titel *Psychische Gewalten: Angewandte Geheim-
wissenschaft* der Öffentlichkeit zugänglich gemacht. Im Folgenden seien die interessantesten Passagen des Originals zitiert:

> Es war am 14. August nachmittags 2 Uhr, als ich nach langem
> Zögern den schon einige Tage geplanten Versuch mit Haschisch
> unternahm. Ich träufelte 10 Tropfen *Cannabis indica*-Tinktur auf
> 1 Stück Zucker und nahm dasselbe zu mir. Ich setzte mich und
> verhielt mich ruhig, behielt auch eine durchaus geduldige Stim-
> mung. Doch fühlte ich keine Wirkung des eingenommenen
> Giftes. Um 3 Uhr wurde ich ungeduldig, da ich immer noch keine

besonderen Gefühle hatte und nahm nochmals 23 Tropfen in Wasser. ...

Aber noch ehe eine halbe Stunde vergangen war, stellte sich in meinem Kopfe ein Brummen ein, in meinen Ohren begann ein Sausen und auf meine Augen legte sich von innen ein schmerzender, dumpfer Druck. Über den ganzen Körper verbreitete sich eine schauerliche Kälte, während in meinem Kopf ein brennender Schmerz entstand. ...

Bald konnte ich weder nach rechts noch nach links sehen und heftete meinen Blick unwillkürlich auf einen einzigen Punkt (einen Türnagel) und konnte meinen Blick nimmer losbringen. Je länger ich den Punkt fixierte, desto heftiger wurde das Brummen und Läuten in meinem Kopf, und nach kurzer Zeit sah ich alles verschwommen, eine wallende graue Fläche. Aus diesem flutenden Nebelmeer tauchten die verschiedensten Bilder auf – furchtbare Bilder, in bunter Aufeinanderfolge Menschen und Tiere, zum Teil schreckliche, abscheuliche Formen, Riesenberge, tiefe Schluchten. Schließlich zog meine ganze Vergangenheit bis zur Gegenwart an mir vorüber und zwar mit den unbedeutendsten Kleinigkeiten. Am Anfang geschah der Wechsel mit rasender Geschwindigkeit. Als die Bilder langsamer wechselten, kam eine bleierne Schwere und Steife über meinen Körper, ohne den Halluzinationen ein Ende zu machen.

Da tauchte vor mir ein tiefer dunkler Abgrund auf. Ich sah meinen Körper hinunterstürzen und verlor die Besinnung. Wie lange, weiß ich nicht. Als ich wieder erwachte, lag ich der Länge nach in meinem Zimmer. Ich wollte mich aufrichten, aber es gelang mir nicht, und die Halluzinationen begannen wieder. Ich stand in meiner Einbildung vor Felsen und Mauern und ging hindurch ohne Hindernis. Plötzlich umgab mich dicke Dunkelheit, wilde Tiere griffen mich an, Fuhrwerke fuhren über mich weg. ...

Ich hatte das deutliche Bewußtsein, daß ich sterben müsse. Das Herz stockte, der Atem blieb aus. Da wehrte ich mich mit aller Kraft, aus dieser Lage herauszukommen, aber, je mehr ich mich anstrengte, desto mehr fühlte ich meine Kräfte schwinden...

Ich sah, wie sich mein Kopf in 3 Teile löste. Aus jedem dieser Teile strahlten ganze Bündel schwarzer Wolken nach allen Richtungen aus. Nach einiger Zeit sah ich das ganze Gehirn leuchtend, klar durchsichtig wie eine riesige Bienenwabe, mit Millionen winziger Zellen. Aus jeder Zelle drangen Strahlen blendender Helligkeit und zwar in unbeschreiblicher Farbenverschiedenheit, so daß kein Strahl dem anderen gleich war, mitunter etwas verschieden; immer aber waren kleine Gruppen ähnlicher Strahlen nebeneinander zu finden.

Unbeschreiblich ist das Wallen, das vom Gehirn nach außen und von außen nach den Zellen zu stattfand, in helleuchtendem Äther in tausenderlei verschiedenen Farben. Plötzlich erwachte ich vollständig und fühlte mich so unendlich leicht, daß ich kein Glied mehr fühlte und glaubte, ich sei nur noch ein Hauch. ...

Ein überaus angenehmes Wonnegefühl kam über mich; mein Körper war von absoluter Ruhe beherrscht. ...
Hinter unserer äußerlichen Erscheinungsform steht ein wirksames, selbstständiges Prinzip, welches nicht vom Gehirn bedingt ist, wohl aber das Gehirn als Vermittlungsapparat zwischen der geistigen und der materiellen Welt benützt. ...

Ich sah in meiner Verzückung den Menschenkörper durchsichtig in allen seinen Teilen und durchdrungen von einem viel feineren Ätherleib. Dieser feinere Leib hatte die Form des Grobkörpers und war wie hineingegossen in jenen und unterschied sich deutlich durch die strahlende Färbung und Feinheit der schwingenden Äthermasse vom Grobkörper. In diesem Ätherkörper (gewöhn-lich «Astralkörper» genannt) strahlte noch viel intensiver eine ganz feine Ätherform, die Form hielt sich nicht mehr genau an das Schema des äußeren Körpers und vibrierte am hellsten in 2 Zentren: aus der Kopfgegend und aus der Gegend des Nabels. ...

Narkotische Hilfsmittel (Chloral, Haschisch) wären sehr wirksam und der Schaden bei nur einmaliger vernünftiger Anwendung ganz unbeträchtlich. ...

Meine Experimente berühren sich mit dem Hellsehen aufs engste. ... Das Hellsehen vermittelt einen direkten Einblick in die feinstoffliche ‹astrale› Welt, in welcher alle Ereignisse unserer Sinnenwelt ihren Ausgang nehmen und in welcher alles Geschehene feine Spuren für alle Zeiten hinterläßt, so daß längst Vergangenes für den Hellseher als ‹gegenwärtig› erscheint. ...

Am Wunderbarsten ist das Voraussehen, das Sehen zukünftiger Ereignisse. Ich selbst sah in einer der letzten Ekstasen mich auf einer der hiesigen Staßen promenieren, wobei ich in große Verlegenheit kam. Die Illusion war deutlich und lückenlos. Nach 6 Tagen erlebte ich jenes Gesicht in Wirklichkeit bis in unbedeutende Einzelheiten. ...

Ich sah während meiner Ekstasen längst Vergangenes aus meinem Leben gegenwärtig vor mir und um mich. Die Ereignisse zeigten sich mir in einer gewissen Reihenfolge, nicht räumlich nebeneinander, wohl aber so, daß ich, wenn ich auf eines meine Aufmerksamkeit lenkte, die unmittelbar vorausgehenden, wie die unmittelbar nachfolgenden empfand. Sobald mein Interesse wechselte, nahm ich eine andere Kette von Erscheinungen wahr...

Ohne Hilfsmittel konnte ich keine Gesichter gewinnen, es stellten sich immer telepathische Projektionen ein, die meinen eigenen Gedanken entsprachen.

Erst nach meinen Ekstasen gelang es mir, wertvolle Ferngesichte im verdunkelten leeren Raum zu gewinnen.

Guido Huber: Mit Äther in den Äther

Schon lange vor den sechziger Jahren gab es Menschen, die durch freiwillige oder unfreiwillige Drogenexperimente Erfahrungen von solcher Intensität durchlebten, daß sie daraufhin ihr ganzes Leben verändert haben. Zu ihnen gehört auch der Chemiestudent Guido Huber (1881–1953). Er litt an Tuberkulose und mußte sich einer Operation unterziehen. Dazu wurde er – wie damals noch üblich – mit einer hohen Dosis Äther narkotisiert. Der materialistisch eingestellte Huber erfuhr aber nicht den Schlaf des Todes sondern das Erwachen in Akasha.

Nach dieser existentiellen Erfahrung beschäftigte er sich mit Yoga, östlicher Philosophie und Lebensweise, westlichem Okkultismus und den Grundlagen einer universalen Mystik. Sein einweihendes Erlebnis und die Ergebnisse seiner mystischen Forschungen wurden erst nach seinem Tode in Form eines kleinen Buches veröffentlicht. Daraus stammt die ergreifende Beschreibung seiner Erfahrung unter der Äther-Narkose:

Ich erwachte in einer anderen Welt, in der das Welträtsel auf eine unendlich einfache Weise gelöst war in der Art eines anderen Raumes. Ich staunte über das Wunder dieses anderen Raumes, und in dem Staunen war das Urteil verborgen, er ist grundverschieden von unserem Raum. Er hatte andere Dimensionen, alles war in allem enthalten. Ich war in diesem Raum, und der Raum war ich. Das Weltall war in dem Raum enthalten, ich im All und es in mir. Noch ein zweites gefühlsmäßiges Urteilen lag in diesem Schauen: Wie sind wir Menschen blind. Dieses Staunen über das Enthaltensein von allem in allem war mit keinem besonderen Glücksempfinden verbunden. Es war weder Leiden noch Freude in ihm, es war eine sozusagen neutrale Stimmung. Das Weltall war in mir enthalten – räumlich anschaulich, meinte ich nach dem Erwachen, und trotzdem schaute ich die Weltkörper in unendlicher Zahl. Mit dem Schauen war ein Wissen bereits gegeben. Diese Weltkörper, Sterne, es war dies ein neues Wunder, waren bewußte Wesen wie ich selbst. Im Vergleich zu ihnen war ich winzig klein. Die Weltkörper schienen, ihrer Macht nach, Götter zu sein. ...

In kosmischen Zeitläufen sah man Welten entstehen, aufblühen wie Blumen, bestehen und wieder vergehen. Es war ein ewiges Spiel, in dem es kein Ende gab. Blickte man zurück in die Vergangenheit, sah man Äonen, blickte man vorwärts in die Zukunft dehnten sich Äonen in Ewigkeit aus, und die Ewigkeit war im Punkt der Gegenwart enthalten. Man befand sich in einem Sein, in dem das Werden und Vergehen bereits enthalten war, und dieses Sein war mein Bewußtsein. Es enthielt alles. Das

Enthaltensein aber war anschaulich gegeben, geometrisch, in Gestalt von Kreisen von verschiedener Größe, die alle wiederum in einer Einheit enthalten waren, denn alle Kreise zusammen bildeten *einen* Kreis. Der größte von ihnen war im kleinsten enthalten und umgekehrt. Über diese Größenunterschiede konnte ich später keine Angaben mehr machen. Ich erinnerte mich nur, daß die Weltkörper Kreise von verschiedener Größe bildeten, und zwar waren es Entwicklungskreise, Kreise des Werdens, wo der Kreis eines Sternes seine Entwicklung versinnbildlichte und geichzeitig seine Macht. ...

Das Bewußtsein des Weltalls war mein Bewußtsein, das Bewußtsein jedes Weltkörpers wiederum mein eigenes, ihr Wissen mein Wissen, ihr Fühlen mein Fühlen, ihr Leiden mein Leiden. Es gab keinen Gegensatz, kein Getrenntsein, nur Einheit. Immerhin war in der Wahrnehmung der Weltentwicklung eine Spannung enthalten auf ein Ende zu, und diese Spannung war mit einem wahrgenommenen Umschwung des Weltalls gegeben. Ein neuer Entwicklungsumschwung konnte von dem alten, abgelaufenen deutlich unterschieden werden. Und wenn der alte sich dem Ende näherte, hoffte ich, hofften die Weltkörper, hoffte das ganze All, das Ende dieses sinnlosen Spieles zu erleben. Die Hoffnung war umsonst, es gab kein Ende, nur endlose Wiederkehr, und endloses Leiden. Dieses Leiden war mit menschlichem, irdischen Leiden nicht zu vergleichen. Es war potenziertes Leiden, denn ich litt mit jedem Stern. Es war das Leiden des Weltalls in mir. ... Es gibt kein Ende. War der Entwicklungskreis zu Ende, so ertönte wie mit Donnerschlag das Wort: Kein Ende! ...

Mit dem Erwachen aus der Narkose kehrte die normale Wahrnehmung der Außenwelt zurück. ... Das andere Raumbewußtsein war neben dem normalen vorhanden. Verschwunden war nur die kosmische Schau. Die Welt der Dinge konnte so betrachtet werden oder anders, wie ich wollte. Auffallend war, daß sich durch Gegenstände hindurch der andere Raum öffnete. ... Nach drei Wochen nahm das andere Bewußtsein langsam ab, so, als ob sich ein Schleier über die andere Welt legen würde. Ein

paar Tage darauf war es vollständig verschwunden. Eine Gewißheit war geblieben – in diese Welt wirst du einmal, wenn du
stirbst, zurückkehren.
(Huber, 1955)

Von «ozeanischer Selbstentgrenzung»

Alles ist wirklich.
Eine Versuchsperson

«Ich bin vollkommen und unwiderbringlich aus meinem Körper ausgestiegen und habe diese Erfahrung», begann eine
Versuchsperson unter dem Einfluß einer subnarkotischen Dosis von Ketamin zu sprechen. «Dies ist der Tod, du wirst niemals
zurückkehren. All solche Reflektionen enden, und ich treibe
hinaus in das Weltall. Ich bin in einer zeitlosen Welt, angefüllt
mit Licht, Farbe, Wärme und Freude...» Nach Beendigung des
Experiments sagte sie: «Es war klar, daß ich etwas jenseits des
Todes erlebt hatte – ich stürmte von Einsicht zu Einsicht... Es
war, als ob ich vorwärts und rückwärts aus meinem Körper
rollte. Mein Bewußtsein stieg in erstaunlicher Weise auf, wogte
auf und strömte in eine andere Dimension, die Ich-los war. Ich
war dort nur für eine kurze Zeit und kam auf dem gleichen Weg
in die normale Dimension zurück. Der Ort an dem ich gewesen
bin, war verschwommen und völlig ohne Struktur, aber ich
bemerkte, daß ich zurückkehren konnte. Ich lernte es zu verstehen und konnte darin Licht ausbreiten lassen...»
    Diese Erfahrung machte ein Mensch, der zu einer Gruppe
Freiwilliger gehörte, die an einer klinischen Untersuchung
teilnahmen. Diese Untersuchung wurde von Gustav Hansen in
Dänemark durchgeführt und sollte klären, welcher Art die
psychischen Effekte einer subanästhetischen Ketamindosierung
sind und inwieweit diese als Unterstützung einer Psychotherapie
tauglich wären.
    Ketamin ist ein lange bewährtes Narkotikum, das weitaus

sicherer als alle anderen gebräuchlichen Mittel ist. Einer der ersten Wissenschaftler, die dieses Mittel an sich und anderen erprobte, war der Delphinforscher und Psychonaut John C. Lilly. Er gab einem Assistenten eine Injektion und beobachtete ihn. Der Assistent «heulte wie ein Schimpanse» und verhielt sich wie ein Epileptiker während eines Anfalls. Er beschrieb seine Erfahrung, die sich durchaus von dem äußeren Geschehen unterschied, sich darin aber doch ausdrückte:

> Ich bin an den Anfang der Menschheit zurückgegangen, zum Beginn der Evolution. Ich wurde zum Vorfahren der Höhlenmenschen. Ich sah einen zähnefletschenden Tiger und versuchte mich zu verteidigen. Als er sich abwandte, lief ich zu einem Baum und kletterte hinauf. Dort fand ich mich wieder, als ich von K(etamin) runterkam.

Dieser Bericht inspirierte den Regisseur Ken Russel zu seinem Film *Altered States of Consciousness*, der den irreführenden deutschen Titel *Der Höllentrip* trägt.

Ketamin scheint bei vielen Personen ähnlich wie die altbewährten Prophetenpflanzen der verschiedenen Völker zu wirken. John Lilly berichtete in seinem Buch *Der Scientist* von einem Erlebnis, das er nach einer Ketamin-Injektion von 150mg in seinem berühmten Isolationstank hatte:

> Wir erschaffen Alles, was irgendwo geschieht. Wir sind der Leere überflüssig. Wir wissen, dass wir ewig waren, ewig sind und ewig sein werden. Wir haben einige Universen erschaffen, sie wieder aufgelöst und etliche andere neu erschaffen. Jedes dieser Universen war komplexer, jedes dieser Universen amüsierte uns mehr als das vorher existierende. Mit der Erfahrung eines jeden Universums wächst das Bewusstsein unseres Selbst. Jedes Universum ist eine Lehre unserer Erkenntnis. Um ein Universum zu erschaffen, bilden wir zuerst Licht.

Auch andere Bewußtseinsforscher bemerkten die prophetische

Gabe, die ihnen die subnarkotische Ketamindosis verlieh. Der LSD-Forscher und Psychotherapeut Stanislav Grof berichtete von einer sehr optimistischen Vision, die durch 150 mg Ketamin ausgelöst wurde:

> An einem bestimmten Punkt hatte es den Anschein, als ob wir uns alle geeinigt hätten und zu einem vollständig einheitlichen Netzwerk wurden, zu einem Wesen mit einem klaren Ziel und ohne innere Widersprüche. Und dann verwandelte sich dieser Organismus in etwas, was ich für mich als ein «Raumschiff im Bewußtsein» bezeichnete. Wir setzten uns in eine Art Bewegung, in der Elemente des Raumflugs mit einer höchst abstrakten Darstellung der Bewußtseinsentwicklung kombiniert waren.
> (Grof 1987: 177)

Als typisch für die Ketamin-Erfahrung gilt das Erlebnis der «supra- und metakosmischen Leere», Diese höchste aller Erfahrungen kann als Verschmelzung mit Akasha interpretiert werden:

> Diese Leere ist der Ursprung aller Dinge... (sie) ist jenseits von Raum und Zeit, jenseits aller denkbaren Formen, jenseits aller Polaritäten wie Licht und Dunkelheit, Gut und Böse, Ruhe und Bewegung... Es gibt in diesem Zustand nichts konkretes, aber es gibt auch keinen Bestanteil der Existenz, der hier zu fehlen scheint. Die Leere ist also in einem gewissen Sinn mit der gesamten Existenz schwanger...
> (Grof 1987: 179)

Eine Reise zu den Göttern

Es war an einem gemütlichen Sonntagnachmittag. Meine Frau gab mir die Injektion. Es dauerte nur ein paar Sekunden bis zur Ewigkeit. Das Licht nahm einen kristallenen Klang an und kräuselte sich durch den Raum. Die Konturen lösten sich erst ab, dann aber auf. Strahlende Lichtsäulen bildeten ein Tor. Auf einer sanften Hand aus Myriaden tanzender Leuchtpunkte wurde ich durch das Tor in ein Strahlenmeer getragen. Tief gurgelte es in meiner Kehle, etwas kroch meinen Hals hoch, um dann als Wort von meinen Lippen zu hüpfen: «Wotan!» Das langgezogene Ende seines Namens wurde die Regenbogenbrücke nach Walhall, zu seiner Welt. Da war er tatsächlich vor mir: mein Gott, mein Wotan. Er hatte die Gestalt eines Menschen, aber er war unendlich viel schöner und perfekter. Sein Mantel war das Blau des Himmels. Sein Auge war das Licht der Sonne. Er lachte mich an und sagte: «Wir sind, wir waren und werden immer sein. Du mußt uns nur rufen!» Voller Freude entgegnete ich, daß ich das immer tun werde. Mir liefen die Tränen aus den Augen, selige Schauer erfaßten mich. Ich wußte es, ich habe es schon immer gewußt und werde es immer wissen: Wotan ist, man muß ihn nur am rechten Ort suchen.

Da breitete er seinen Mantel aus. Ich trieb durch ihn hindurch in eine Welt fern der Worte, fern – leider sehr fern – der Menschen. Jede Zelle, jeder Strang meines Nervensystems und jeder Funke meines Geistes wußten, daß ich im Land der Götter gelandet war. Da waren die Götter, die ich aus den alten Mythen kannte. Ich traf Thor und Donar. Ich traf Lug und alle Tuatha de Danaan. Ich traf auch strahlende Göttinnen. Dort war die Urgöttin, die Urmutter, die Erde, die so vielen anderen Göttern und -göttinnen das Leben schenkte. Dort waren die köstlichsten Frauen. Sie lachten und lockten mich. Ich schwebte ihnen entgegen, und ich erkannte, daß es nicht eine Liebesgöttin gibt, sondern viele, unendlich viele. Da war nicht ein Archetyp dieser Göttin, der von den verschiedenen Völkern und Mythen nur verschiedene Namen bekam. Da waren viele, viele Göttinnen der Liebe. Aphrodite und Venus, Astarte, Freya und Erzulie. Sie sind alle Schwestern! So wie sie sich in ihrem Wesen glichen, so waren sie in ihrer Erscheinung und in ihren Neigungen und Vorzügen verschieden. Sie ergaben zusammen alle Spielarten der Liebe. Nur wer sie alle kennenlernen darf, kennt alle Geheimnisse der Liebeskunst. Obwohl ich mich nie mehr von diesen Wundern der Lust trennen wollte, zog ich doch weiter, um die Welt der Götter besser kennenzulernen. Ich traf viele Götter und Göttinnen, die ich kannte, aber ich traf noch viel mehr, die ich nicht kannte. Oder besser: noch nicht. Denn jetzt konnte ich sie in einer Intensität und Intimität kennenlernen, die über das Erzählen und Hören von Mythen weit hinausgeht; ich konnte sie als Wahrheit und Entitäten erfahren. Ich wußte, daß ich all diese Götter in mir hatte, auch wenn ich das nicht immer wußte. Schliefen sie in mir, oder war ich es, der schlief? Egal, jetzt waren wir wach. Wie ein Kolibri aus einer Blüte Nektar saugt, schlürfte ich das neue alte Wissen. Was mich zunächst verwunderte, mir dann aber ganz logisch und konsequent vorkam, war die Tatsache, daß zwar alle heidnischen Götter, alle Stammesgötter und Göttinnen anwesend waren, aber der Christen-Gott war nicht unter ihnen. Der hatte sich selbst durch seine Machtgier und die Verleumdung der lebendigen Götter aus ihrem leuchtenden Kreise herauskatapultiert. Er sitzt im Verborgenen, darf sich niemandem zeigen, nicht einmal seinen Gläubigen. Armer Kerl. Er kam mir eigentlich wie der gefallene Engel vor.

Dann lag ich plötzlich wieder in Wotans Armen. Und er gab mir als Geschenk das Wissen um sein und der anderen Götter Dasein und Wirken mit. Ich weiß, ich werde ihn wiedersehen.

Zukunftsdrogen?

Sie wissen ja, sobald man eine psychedelische
Droge verboten hat, entdecken die Kids eine neue.
Marion Zimmer Bradley,
Das Haus zwischen den Welten

Science Fiction kann als Form
der Divination bezeichnet werden.
Margot Adler, *Drawing Down the Moon*

Die Geschichte des menschlichen Bewußtseins ist gezeichnet von Ge- und Verboten der psychedelischen Pflanzen und psychotropen Drogen. Mit dem ersten Drogenverbot der Geschichte, dem Deutschen Reinheitsgebot zum Bierbrauen, wurde das heilige Bilsenkraut verbannt.[29] Die Menschen sollten nicht mehr mit erkenntnisbringenden Alkaloiden ihr Bewußtsein erweitern, sie sollte vom Alkohol und einschläferndem Hopfen eingelullt werden. Die Menschen sollten unreflektiert kulturell festgelegten Regeln folgen. Der weltweite Siegeszug des Alkohols ist eigentlich ein gigantischer politischer Kreuzzug gegen die heiligen Pflanzen der archaischen Kulte. Die moderne Welt zeichnet sich durch eine völlig irrationale Drogenphobie aus. Die Angst der Politiker vor den bewußtseinserweiternden Substanzen hat schizophrene und paranoide Züge und beruht auf keinerlei Sachkenntnis. Viele Länder der Welt werden immer noch von faschistischen Psychopathen beherrscht, die sich weder für das Lebensglück ihrer Untertanen, noch für das ökologische Gleichgewicht ihrer natürlichen Umwelt, sondern nur den persönlichen Machttrip interessieren. Solange wir von solchen unmenschlichen Ungeheuern beherrscht und bedroht werden, bleibt es sehr schwer, die Tore nach Akasha zu finden. Solange die psychedelischen Drogen politisch und gesellschaftlich verfolgt werden, wird es weiterhin so manchen Unfall auf dem Weg in ein neues Eleusis geben. Aber am Ende jeder deprimierenden Erkenntnis leuchtet ein Hoffnungsschimmer. Es ist wie in der Magie – was man erst einmal erkannt hat, kann man auch verändern.

Jedes Volk der Welt wurde irgendwann im Laufe seiner Geschichte von rauschhaften Ritualen und Drogenmißbrauch geprägt. Sicherlich werden wir modernen Menschen auch vom sinnvollen Gebrauch psychedelischer Wirkstoffe oder vom sinnlosen Mißbrauch einschläfernder Betäubungsmittel beeinflußt. In den vorangegangenen Kapiteln wurden einige Aspekte des sinnvollen, intelligenzsteigernden Gebrauchs der durch heilige Pflanzen herbeigeführten Transformationspotentiale erleuchtet. Was bedeutet aber für uns moderne Menschen der Gebrauch von Prophetenpflanzen, von Einsichten, die wir eventuell in ihrer Reichweite noch gar nicht erfassen können? Werden wieder psychedelische Kulte entstehen? Hat eine heidnische Renaissance begonnen? Ein archaisches Revival? Werden wir eine telepathische Weltkultur erschaffen? Oder wird das so oft prophezeite Weltende über uns kommen, uns läutern und schließlich transformieren?

Wie über so vieles andere auch, haben verschiedene Science Fiction-Autoren über diese Fragen nachgesonnen und ihre – zum Teil durch den Gebrauch psychedelischer Drogen freigesetzen – Visionen von der Zukunft der Menschen, der Zukunft der Drogen und der Zukunft des Bewußtseins niedergeschrieben.

In den Visionen von Philip K. Dick oder Brian W. Aldiss werden Drogen erfunden, die uns nicht nur Einblick in Vergangenheit, Gegenwart und Zukunft gewähren, sondern solche, die uns tatsächlich in die Lage versetzen durch die Zeiten zu reisen, uns in anderen historischen oder erdgeschichtlichen Perioden aufzuhalten und am Aufbau alternativer Welten, anderer Universen und Wirklichkeiten mitzubauen.

In den Visionen von Curt Siodmak und Charles L. Harness werden Drogen erfunden oder entdeckt, die die telepathische Verständigung ermöglichen. In John Brunners Roman *Träumen-*

de Erde wird eine Droge erfunden, die nach einer bestimmten Anzahl von Injektionen den Übergang in eine physisch getrennte ferne und paradisische Welt bewirkt. Die Welt in Frank Herberts *Wüstenplanet* wird überhaupt nur durch eine psychedelisch wirksame Droge, die zur Weissagung befähigt, am Leben erhalten.

Aber es gibt auch schreckliche Visionen, die wohl durch die miesen Methoden der Nazis und der CIA inspiriert worden sind. Philip K. Dick, aber auch Horst Pukallus und Andreas Brandhorst lassen ihre zukünftigen Helden Mittel ersinnen, die die telepathische Kontrolle über menschliche Gehirne bewirken und so den Staats-Tyrannen zu noch mehr Macht verhelfen.

Manche Autoren besinnen sich auf die pflanzlichen Drogen der Naturvölker. Ian Watson und Reinmar Cunis beschreiben die Veränderungen zukünftiger Ereignisse, die durch die kräftigen Amazonasdrogen ausgelöst werden. Ian Watson läßt neue Hoffnungen keimen, wenn er über die zukünftigen Menschen sagt: «Sie leben mit diesem Pilz in einem symbiotischen Verhältnis, genau wie er in einem Zustand ökologischer Symbiose mit seiner Nachbarschaft lebte, den Baumwurzeln und der lehmigen Erde.»

Wird es aber eine Zukunftsdroge sein, die mit uns in ein symbiotisches Verhältnis eintreten wird, die unser inneres und äußeres Gleichgewicht wieder herstellt? Oder brauchen wir in Zukunft nur neue Rituale für die alten Pflanzen der Götter. Die Zukunft liegt in unserem Bewußtsein verborgen, und dem Bewußtsein ist es egal, ob es durch alte oder neue Drogen erweckt wird.

Interkulturelle Strukturen:
Der Weg der Rituale

Wenn aber ein verkehrter Mann die rechten Mittel gebraucht, so wirkt das rechte Mittel verkehrt.
Chinesische Weisheit

Mache einen Umweg, wenn du es eilig hast!
Japanische Weisheit

Ritualstruktur

Die psychedelischen Rituale, die der Erkenntnis von Raum und Zeit, Eros und Psyche, Persönlichkeit und Universum oder der Reise nach Akasha dienen, basieren auf einer gemeinsamen Grundstruktur. Diese Struktur zieht sich durch alle Epochen und Kulturen, ja, diese Struktur scheint gerade Raum und Zeit zu verbinden. Ein psychedelisches Ritual ist eine Einweihung in ein gewöhnlich nicht erreichbares Wissen, es ist die transpersonale Reise in den mystischen Raum, es ist vielleicht der extremste Weg um zur Erkenntnis zu gelangen. Der Initiant muß viel Mut mitbringen, denn nicht jede Erkenntis ist beglückend. Wer an einem psychedelischen Ritual teilnehmen möchte, muß vollkommen selbstverantwortlich sein. Er darf das Heil nicht in der Außenwelt, nicht in anderen Menschen sehen, er muß es in seinem eigenen Bewußtsein suchen. Er wird bald begreifen, daß es nur dort zu finden ist. Die Erkenntnis, daß der Gral nur im eigenen Bewußtsein erglüht, ist fast schon banal, aber für die meisten Menschen dennoch irreal. Wer Angst vor den psychedelischen Pflanzen hat, hat nur Angst vor sich selber, vor seinen eigenen Abgründen. Wem die Reise in den eigenen Abgrund zu gefährlich ist, der sollte lieber die Finger von den Zauberkräutern lassen. Es scheint auch eine Art psychedelischer Begabung zu geben. Nicht jeder Mensch reagiert auf den gleichen Stimulus oder denselben Katalysator in gleicher oder auch nur ähnlicher Weise. Nicht jedes Molekül findet den richtigen Rezeptor. Wer aber den Ruf der Götterpflanzen vernimmt und sich von ihnen belehren lassen will, der sollte versuchen, sich von der Weisheit der Naturvölker und der alten Kulturen anregen zu lassen. Wer wirklich in den mystischen Raum, zu den Wurzeln der Kultur reisen möchte, dem sei eine entsprechende Reiseausrüstung angeraten. Die psychedelische Pflanze ist der Treibstoff, das Ritual aber das Vehikel. Beide Faktoren müßen zusammenpassen und von den Reisenden bedient werden können.

Die grundlegende Struktur der psychedelischen Einweihungs- und Erkenntisrituale sieht so aus:

Phase	Innerer Prozeß	Äußere Handlung
Vorbereitung	Fragestellung	Kontemplation/Besinnung
	Reinigung	Meditation
		Fasten
		Waschung / Erbrechen /
		Klistiere,
		Kleidungswechsel
Durchführung	Schaffung des heiligen	Räucherung
	Raumes	Musik hören / Trommeln,
		Gebete / Beschwörungen
		Opfer
		Einnahme der Pflanze
	Vision	Mantren / Zaubersprüche
	Erkenntis	Konzentration auf
		Ritualobjekte
Nachbereitung	Antworten finden	Visionen mitteilen
	Probleme lösen	(Erzählen, Singen, Malen)

224

Orte

Psychedelische Rituale verlangen besondere Orte oder Räumlichkeiten. In allen psychedelischen Kulturen wird für die Durchführung des Rituals ein heiliger Raum geschaffen, denn er ist der Ort der heiligen Zeit, der Ort des Rituals. Da das Ritual deutlich von der Alltagswelt abgegrenzt wird, muß sich auch der Ort des Geschehens von dem Alltag abgrenzen. Es kann ein alter Kultplatz in der Natur sein (heilige Haine, bei natürlichen Shiva-linga, besonderen Felsformationen, Quellen). Es kann eine Höhle sein, oder ein extra dafür hergerichtetes Bauwerk (Tempel, Pyramiden, Gräber, Bäder, Brunnen). Auf jeden Fall sollte dieser Ort nicht mit dem alltäglichen Wachbewußtsein durchtränkt worden sein. Man sollte den Ort nur aufsuchen, wenn man ein Ritual durchführen will. Der Ort soll heilig sein und auch heilig bleiben. Er wird durch das Ritual geweiht.

In traditionellen Kulturen gibt es meist alte Bauwerke, besondere Pilgerorte oder heilige Gebiete, in die sich der Erkenntissuchende zurückzieht. Im heiligen Bezirk soll sich der Initiant einen eigenen Platz, der ihm starke, gute Gefühle vermittelt, suchen, an dem er sich wie in Buddhas Hand geborgen fühlen kann.

Die Anhänger einiger psychedelischer Kulte ziehen es vor, ihre Rituale an einem besonderen, dafür prädestinierten Ort durchzuführen. Gelegentlich werden Geomanten zu Rate gezogen.[30] In anderen Kulten wird nur für das Ritual oder die rituelle Zusammenkunft ein besonderes Bauwerk (Blätterhütte, Tipi, Schwitzhütte) errichtet. Für die Rituale mancher Kulte werden die offenen Weiten des heiligen Landes (Berge, Wälder, Gewässer) bevorzugt.

Es wird auch immer von Kraftplätzen gesprochen, die besonders für Rituale geeignet erscheinen. Ob man die Kraft eines Platzes mit den Erdstrahlen oder mit den Eingängen zur

Feenwelt erklärt, ist letztendlich gleichgültig. Manche der berühmten Orte – wie Stonehenge, Delphi, Ayer's Rock, Bear Butte, Kailas usw. – vermitteln jedem Besucher ein tiefes Gefühl der Ehrfurcht. Diese Orte sind schon immer Pilgerorte gewesen. Sie sind es auch heute noch, selbst wenn es «nur» Touristen sind, die dorthin kommen. Aber jeder Tourist wird etwas von der Magie des Ortes in sich bewahren und mit in alle Welt tragen. Je besser der Ort gewählt ist, desto leichter öffnen sich die Tore nach Akasha.

Vorbereitungen

Am Beginn eines Erkenntnisprozesses steht immer eine Frage, ob sie nun bewußt formuliert wird oder latent vorhanden ist. Eine wissenschaftliche Forschung ist ohne Fragestellung unmöglich. Für die Selbsterforschung gilt das gleiche. So sollte auch am Anfang jedes psychedelischen Erkenntnis-Rituals eine Frage stehen. Es kann durchaus sein, daß man keine Frage findet, oder die vorhandene Frage als unseriös erachtet oder für lächerlich hält. Aber jede Frage, die in uns keimt, verdient Beachtung und Antwort. Manche Menschen finden es dumm oder albern, einfache oder blöde Fragen zu stellen. Sie schädigen sich nur selbst damit. Wer keine spezielle Frage zur Lösung eines aktuellen Problems hat, kann auch eine der großen Fragen stellen: *Wo kommen wir her? Was sind wir? Wo gehen wir hin? Wozu das ganze Spiel?*

Wem eine wichtige Frage auf dem Herzen brennt, der kann sofort ein Orakel konsultieren oder durch eine eigene rituelle Bewußtseinserweiterung zu einer Antwort kommen. Wer sich in einen psychedelischen Zustand begeben möchte, kann versuchen, in sich hinein zu horchen und sich den aufquellenden Fragen stellen. Schon diese Besinnung leitet den Erkenntnisprozeß des Rituals ein. Wem einfach nichts einfällt, der kann immer noch fragen: *Was hat mir der Pflanzengeist zu sagen? Was kann er mich lehren?*

An dieser Stelle vermischen sich Frage und innere Einstellung. Wer sich dem psychedelischen Ritual mit dem Bewußtsein, daß er nichts mehr lernen kann, stellt, dem wird eine mächtige Lehre vom Pflanzengeist erteilt. Die Indianer sagen, wer unrein ist und den Zauberpilz ißt, den macht er verrückt. Wer niederträchtige Ziele mit Psychedelika verfolgt, dem werden sie einen kräftigen Zen-Schlag versetzen.

In allen psychedelischen Kulten wird verlangt, daß der Initiant bei der Einweihung rein ist. Was unter *rein* verstanden wird, ist unterschiedlich und kann individuell variieren. Manche verstehen darunter ein Gottvertrauen, eine temporäre sexuelle Abstinenz, ein frisch gewaschenes oder in einem Sud aus speziellen Kräutern gebadetes Hemd. Wer sich innerlich oder äußerlich beschmutzt fühlt, der sollte sich mit den entsprechenden Mitteln reinigen. Zu diesem Zweck können Gespräche geführt oder meditierend der Geist entleert werden, man kann fasten, sich besonderen Waschungen, etwa in heiligen Quellen oder in einem kräuterduftenden Badewasser unterziehen. Für den Initianten kommt es nur darauf an, daß er sich rein fühlt. Für ihn ist es egal, was die anderen denken, denn es geht um sein eigenes Bewußtsein, um seine eigene Erfahrung und um seine eigene, persönliche Frage.

Das Fasten vor psychedelischen Ritualen kann ein, drei oder neun Tage dauern. Fasten kann bedeuten, nichts mehr zu essen, aber noch etwas zu trinken; es kann bedeuten, nichts mehr zu essen und nichts mehr zu trinken (dann muß die Fastenzeit aber wesentlich kürzer bemessen werden); es kann bedeuten, nur bestimmte Nahrungsmittel zu sich zu nehmen. In der Regel empfiehlt es sich, vor dem Ritual auf Alkohol zu verzichten. Aber auch das muß nicht sein. Wer würde schon einen Datura-Schnaps als stärkendes Tonikum am Beginn der inneren Reise ablehnen?

Viele westliche Menschen, die an psychedelischen Ritualen teilnehmen wollen, tendieren dazu, alles viel zu ernst zu nehmen. Sie haben von den psychedelischen Ritualen nichts verstanden. Manche Menschen neigen aber auch dazu, nichts ernst zu nehmen. Auch sie haben nichts verstanden. Die besten Rituale sind die, die vom geistreichen Witz getragen werden.

Anleitung für eine Divination mit Weihrauch

Im Leidener Zauberpapyrus sind viele Texte zur Durchführung divinatorischer Rituale versammelt. Folgender Text gibt ein genaues Bild über die generelle Struktur dieser altägyptischen Orakelmethode:

> Eine Befragung der Lampe. Du gehst und säuberst einen dunklen Raum, in den kein Licht fällt, und du gräbst ein neues Loch in die Wand im Osten und nimmst eine weiße Lampe, in der weder Minnige noch Gummiwasser waren, und deren Docht sauber ist, und du füllst sie mit echtem Oasenöl. Dann sprichst du die Sprüche, mit denen Ra gepriesen wird, während des Morgens wenn er aufsteigt. Du bringst die gegenüber zur Sonne entzündete Lampe und sprichst viermal den Spruch darüber. Du, der du rein bist, nimmst sie mit in den Raum, ebenso den Jungen, der auch rein sein muß. Du sprichst siebenmal den Spruch zu dem Jungen, der nicht in die Lampe sehen darf, seine Augen sind geschlossen. Du gibst reinen Weihrauch (Olibanum) auf die Räucherpfanne. Du legst deinen Finger auf den Kopf des Jungen, dessen Augen geschlossen sind. Wenn du damit fertig bist, läßt du ihn seine Augen öffnen und in die Lampe schauen. Dann sieht er den Schatten Gottes über der Lampe, und er fragt ihn das, was du wissen willst. Du mußt es mittags an einem Ort ohne Licht machen.

Rezepte für prophetische Räucherungen

Seit frühesten Zeiten werden Räucherstoffe bei Ritualen aller Art benutzt. In allen alten Kulten waren sie äußerst wichtig. Schon im Altertum wurden die begehrten Duftstoffe über weite Strecken hinweg, z.B. entlang der berühmten Weihrauchstraße, gehandelt. Meist werden rituelle Räucherstoffe unter dem Oberbegriff *Weihrauch* zusammengefaßt. Der Rauch soll die Götter oder Dämonen weihen, d.h. den Kontakt zu ihnen herstellen. Oft soll der Rauch auch den seherischen Blick öffnen, die prophetische Trance hervorrufen oder die Meditation unterstützen. Manchmal werden einzelne Pflanzenprodukte zum Räuchern benutzt. Besonders: Olibanum (das Harz der verschiedenen *Boswellia*-Arten), Blüten von *Cannabis sativa*, Zweigenden des Fabianakrautes (*Fabiana imbricata*), Wachol-dernadeln, Steppenrautensamen, diverse Salbeiarten, Cocablätter, Pinienharz, Copal, Benzoe (Harz von *Styrax tokinense*), Lorbeerblätter und Bilsenkraut.

Einige der überlieferten und verständlichen Rezepte sollen hier folgen:

Räucherung aus dem Codex Rom (frühes 14. Jh.):

Man nehme gleiche Teile

Arsencitrat	*Arsenicum citrinum*
Alraunenwurzel	*Mandragora officinarum*
Opium	Latex von *Papaver somniferum*

und zerreibe es mit Olibanum und bringe alles auf die Räucherpfanne.

Abb. 35 H. Horwitz, *Beschwörung* (19. Jh.)

Weihrauch, um niedere Teufel herbeizurufen (16. Jh.):

Man nehme je einen Teil

Petersilienwurzel	*Petroselinum crispum*
Koriander	*Coriandrum sativum*
Nachtschatten	*Atropa belladonna* oder *Solanum nigrum*
Schierling	*Conium maculatum*
Opium	Latex von *Papaver somniferum*
Sandelholz	*Santalum album*
Bilsenkraut	*Hyoscyamus niger*

Man vermische alles und gebe es in die Räucherpfanne. Der inhalierte Rauch kann starke Halluzinationen hervorrufen.

Weihrauch zur Divination (nach Leo Vinci):

Man nehme je einen Teil

Johanniskraut	*Hypericum perforatum*
Wermutkraut	*Artemisia absinthium*
Anissamen	*Pimpinella anisum*
Baldrian	*Valeriana officinalis*
Salomonssiegel	*Polygonatum multiflorum*
Safran	*Crocus sativus*
Lorbeerblätter	*Laurus nobilis*

und vermische alles und gebe es in die Räucherpfanne.

Weihrauch zur Divination (nach Leo Vinci):

Olibanum	Harz von *Boswellia sp.*
Nelken	*Syzygium aromaticum*

Kampfer	*Cinnamomum camphora*
Mastix	*Harz von Pistacia lentiscus*
Wermutkraut	*Artemisia absinthium*
Fingerkraut	*Potentilla sp.*
Lorbeerblätter	*Laurus nobilis*

Man vermische alles und gebe es in die Räucherpfanne.

Weihrauch, um Zukünftiges zu erschauen (nach Jeanne Rose):

Man nehme gleiche Teile von

Olibanum	Harz von *Boswellia sp.*
Pipiltzintzintli	*Salvia divinorum*
Zauberpilze	*Stropharia cubensis* oder
und etwas	*Psilocybe sp.*
Petersilienwurzel	*Petroselinum crispum*

Man vermische alles und gebe es in die Räucherpfanne. Der Raum soll vorher verschlossen werden. Diese Mischung kann psychedelisch wirksam sein.

Weihrauch, um Visionen zu erschauen (nach Jeanne Rose):

Man nehme gleiche Teile

Sandelholz	*Santalum album*
Hanfblütenstände	*Cannabis sativa* oder *C. indica*
Stechapfelsamen	*Datura sp.*
eine Prise	
Veilchenwurzel	*Viola odorata*

und parfümiere mit Sandelöl, Benzoe und Tolubalsam. Man vermische alles und gebe es in die Räucherpfanne. Das Ritual

233

muß in einem nur von schummrigem Licht erleuchteten, verschlossenen Raum stattfinden.

Räucherung zum Weissagen (nach Agrippa von Nettesheim):

Leinsamen	*Linum usitatissimum*
Flohsamen	*Plantago psyllium*
Veilchenwurzel	*Viola odorata*
Eppichwurzel	
(=Sellerie)	*Apium graveolens*

Man vermische alles und gebe es auf die Räucherpfanne. Der Rauch soll bewirken, «daß man künftige Dinge sieht, und zur Prophezeiung beitragen».

Geisterkräuter-Räucherung (nach Agrippa von Nettesheim):

Damit sich die weissagenden Dämonen augenblicklich versammeln, mache man einen Rauch aus den vier Geisterkräutern:

Koriander	*Coriandrum sativum*
Eppich	*Apium graveolens*
Bilsenkraut	*Hyoscyamus niger*
Schierling	*Conium maculatum*

Man vermische gleiche Teile und gebe alles auf die Räucherpfanne.

Räucherung um Dämonen erscheinen zu lassen (nach Agrippa von Nettesheim):

Pfriemenkrautwurzel	*Sarothamnus scoparius* (=Ginster)
Schierlingssaft	*Conium maculatum*

Bilsenkrautsaft	*Hyoscyamus niger*
Tassi	(bisher unidentifizierte Zutat)
Barbassi	(bisher unidentifizierte Zutat)
Rotes Sandelholz	*Pterocarpus santalinus*
Schwarzer Mohn	
(=Opium)	*Papaver somniferum*

Man vermische alles und entzünde es. «Wenn man zu jenen Ingredienzien Eppich (=Sellerie) hinzufügt, so werden die Geister und ihre Gebilde von jedem Ort vertrieben.»

Räucherung um Verborgenes zu belassen (nach Porphyrius):

Man nehme gleiche Teile von

Koriander	*Coriandrum sativum*
Safran	*Crocus sativus*
Bilsenkraut	*Hyoscyamus niger*
Selleriesamen	*Apium graveolens*
Mohn (Opium)	*Papaver somniferum*

und zerreibe sie zusammen. Die Mischung wird abschließend mit dem Saft des Schierlings (*Conium maculatum*) angefeuchtet und gebunden. Mit dem getrockneten Gemisch beräuchert man die Stelle während einer Konjunktion von Sonne und Mond am untersten Teil des Himmels. Das Verborgene wird daraufhin ewig von Dämonen bewacht. Schätzräuber werden durch dieses Mittel vom Wahnsinn befallen.

Räucherung der Hekate:

Man nehme gleiche Teile von

Steppenraute	*Peganum harmala*

Myrrhe	*Commiphora molmol*
Storax	*Styrax officinalis*
Olibanum	*Boswellia sp.*
Lorbeerblätter	*Laurus nobilis*

Man vermische alles und gebe es in den Räucherkelch.

Beschwörungen und Zaubersprüche

In allen psychedelischen Kulten haben Worte eine herausragende Bedeutung. Es werden Gebete, Mantren, Beschwörungen und Zaubersprüche benutzt. Diese Worte sind in Texten festgelegt, die oft die Ritualstruktur bestimmen. Diese Texte werden während des Rituals deklamiert oder rezitiert. Sie haben erstaunlicherweise überall auf der Welt die gleichen Grundmuster. Nur die Inhalte und Bilder variieren, je nach kulturellem Hintergrund und natürlicher Umgebung. Ein Eskimo wird in seinen Beschwörungen kaum von farbenprächtigen Papageien und exotischen Orchideen sprechen.

Gebete sind Bittgespräche oder Angebote von Handelsabkommen an die Götter. Mit dem Gebet werden persönliche oder kollektive Wünsche ausgedrückt und ausstehende Opfer angekündigt.

Mantren sind Bewußtseinsbandschleifen. Es sind meist besondere Laute oder Silbenfolgen, die in der Alltagssprache keine Bedeutung haben. Viele Mantren sind aus den Himalayakulturen bekannt, etwa *Om mani padme hum, Aum, Om namah Shiva* usw. Die permanente Wiederholung des Mantras bewirkt einen besonderen Bewußtseinszustand oder hebt ein spezielles Bild in das Bewußtsein, etwa das eines Gottes oder der Urzeugung.

Beschwörungen sind Anrufungen von gewöhnlich unsichtbaren Wesen, ob sie Götter, Dämonen oder Geister genannt werden. Die Beschwörung unterscheidet sich vom Gebet dadurch, daß man sich nicht bittend an die Gottheit wendet, sondern Kraft der eigenen Worte die Gottheit zwingt, sich zu zeigen und gewünschte Handlungen zu veranlassen oder auszuführen.

Zaubersprüche sind Texte, die mit metaphorischen Bildern die Verwandlung der bestehenden Wirklichkeit beschreiben. Sie können in einer psychologischen Sprache als Schilderungen von Phantasiereisen bezeichnet werden, die in dem Rezitator Bilder erzeugen, die besonders unter dem Einfluß einer psychedelisch wirksamen Pflanze lebendig werden und ihre Kraft entfalten können.

All diese Laute und Wortfolgen können bei psychedelischen Ritualen sinnvoll eingesetzt werden. Dabei können sie nach persönlichem Geschmack, nach religiöser Ausrichtung, nach intellektueller Verständlichkeit oder nach der eigenen Intuition ausgewählt werden.

Opfer

Viele Leute glauben, daß Opfer immer mit Verlusten verbunden sind. Richtig gesehen sind sie aber Gewinne. Man verliert nicht, man gewinnt nur. Ein Opfer ist eine Gabe, die man aus Liebe den Göttern, Dämonen oder Geistern schenkt.In psychedelischen Ritualen dienen Opfer – Räucherungen, Speisen, Zigarren, Blumen, Tränke etc. – immer der Bewußtwerdung der zyklischen Beziehung des Universums zu dem Individuum. Das Opfer symbolisiert den Zyklus, den Kreis von Leben und Tod, es symbolisiert die Einheit der Gegensätze, es verkörpert die Erkenntnis, daß Geist und Materie dasselbe sind.

Wer einmal die blutigen Tieropfer in Dakschin Kali in Nepal beobachtet hat, dem wird aufgefallen sein, daß die geopferten Tiere nicht aus der sichtbaren Welt verschwinden, obwohl Kali ihr Blut getrunken und ihr Fleisch verzehrt hat. Die Opfertiere dienen den Menschen zum Festschmaus. Das eigentliche Opfer an die dunkle Göttin ist genauso unsichtbar wie sie selbst. Die Göttin labt sich an dem Geist des Opfers. An der sterblichen Hülle des Opfers aber nähren sich die Menschen.

In manchen Orakeln und Kulten wird aus den Eingeweiden der Opfertiere diviniert. Aus den Farben und Formen von Galle, Leber und Herz kann der Wahrsager den Willen der Götter ablesen. Früher waren es oft Menschenopfer, deren Kadaver den Willen der Götter offenbarten. Heute sind es meist Meerschweinchen und Hühner.

Für psychedelische Rituale sind am besten Trankopfer geeignet. Der für das Ritual hergestellte psychedelische Zaubertrank – ob Bier, Met, Wein, Haoma, Soma, Balche', Tee oder Ayahuasca – wird zuerst den Göttern geopfert. Sie trinken die Seele des Trankes und berauschen sich daran. An der Hülle des Trankes aber berauschen sich die Menschen. So ist genug für alle da.

Das rituelle Opfer ist ein Lehrmeister. Wer noch nie etwas geopfert hat, der kann noch etwas lernen. Denn: Wer nichts gibt, bekommt auch nichts.

Verwendung der Prophetenpflanzen

Im Laufe der Geschichte wurden weitaus mehr psychedelische Prophetenpflanzen entdeckt, als in den vorangegangenen Kapiteln beschrieben wurden. Im Folgenden soll ein Überblick über die Vielzahl der psychedelischen Pflanzen und ihrer Zubereitungen gegeben werden.

ACHTUNG! Der sinnvolle Gebrauch von Prophetenpflanzen verlangt Besonnenheit, Reflexion und inneres Streben. Wer sich nicht selbst von den Prophetenpflanzen berufen fühlt, läßt besser die Finger davon.

Von vielen Prophetenpflanzen ist zwar Gebrauch und Zubereitung bekannt, es fehlen aber genaue Angaben zur richtigen und wirksamen Dosis. An diesen Stellen steht ein «?».

Bei manchen Pflanzen ist nur der Genuß angegeben, da es mehrere, zum Teil nicht identifizierte oder botanisch beschriebene Spezies «sp.» gibt.

Name	Droge	Dosis	Zubereitung / Anwendung
Alchornea floribunda	Rinde	?	essen, in Palmwein
Amanita muscaria	Pilz	2-10 Stück	der Pilz muß vor Gebrauch getrocknet werden; essen oder rauchen.
Anadenanthera sp.	Samen	20-30 Stück	Die zu Pulver zerriebenen Samen werden geschnupft oder geraucht.
A. peregrina	Rinde	?	zu Pulver zerrieben und geschnupft

Argemone mexicana	Blätter	je nach Bedarf	rauchen
Argyreia nervosa	Samen	4-13 Stück	frisch oder getrocknet essen
Artemisia mexicana	Kraut	?	getrocknet rauchen
Atropa belladonna	Beeren	3-4 Stück	frisch essen oder getrocknet rauchen
Banisteriopsis sp.	Rinde	sehr variabel	als Ayahusca verkocht, nur mit DMT haltigen Zusätzen wirksam
Brugmansia sp.	Blätter	3-4 Stück	frische Blätter als Tee, getrocknete Blüten rauchen
Brunfelsia sp.	Wurzel		als Ayahusca Zusatz
Caesalpina separia	Kraut	?	täglich einnehmen, bis man «Geister sieht»
Calea zacatechichi	Blätter	eine Hand voll	frisch oder getrocknet als Tee aufbrühen
Canella alba	Zweige	reichlich	getrocknet räuchern
Cannabis sativa	Blüten	je nach Bedarf	rauchen oder essen
Carnegia gigantes	Fleisch	?	als Dekokt trinken
Catha edulis	Blätter	je nach Bedarf	frisch auskauen
Coleus blumei	Blätter	30-40 Stück	frisch auskauen
Conocybe sp.	Pilz	10-30 Stück	frisch oder getrocknet essen
Copelandia cyanescens	Pilz	10-20 Stück	frisch oder getrocknet essen
Datura sp.	Blätter	3-4 Stück	frisch als Tee, getrocknet geraucht
Desfontainia	Blätter	?	Blätterntee
Duboisia sp.	Blätter	?	auskauen, getrocknet rauchen

Ephedra sp.	Kraut	je nach Bedarf	als Dekokt trinken
Erythroxylon coca	Blätter	je nach Bedarf	mit Kalk vermischt auskauen, getrocknete Blätter rauchen
Fabiana imbricata	Zweige	je nach Bedarf	räuchern
Ferraria glutinosa	Wurzel	?	als Dekokt trinken
Helichrysum foetidum	Blätter	?	getrocknet rauchen
Hyoscyamus sp.	Samen	je nach Bedarf	rauchen
Ipomoea violacea	Samen	4-5 Stück	frisch oder getrocknet einnehmen
Latua pubiflora	Blätter	?	rauchen
Laurus nobilis	Blätter	?	auskauen
Ledum palustre	Kraut	?	räuchern oder als Tee trinken
Lophophora sp.	Buttons	2-40 Stück	essen
Lupinus hirsutus	Samen	?	essen
Lycoperdom sp.	Fruchtkörper	?	essen
Mandragora sp.	Wurzel	eine Hand voll	in Wein einlegen und vorsichtig davon trinken
Maquira sclerophylla	Frucht	?	zerrieben als Schnupfpulver
Methysticodendron amusianum	Blätter	ca. 10 Stück	als Tee, getrocknet geraucht
Mitragyne speciosa	Blätter	?	frisch auskauen
Nicotiana glauca	Blätter	?	getrocknet rauchen, als Dekokt oder Klistier
Nymphaea sp.	Wurzel	?	als Dekokt
Panaeolus sp.	Pilz	ca. 4g	getrocknet essen
Papaver somniferum	Opium	2-4g	essen; als Klistier; rauchen (chandu)
Paullinia cupana	Samen	je nach Bedarf	zerraspelt und aufgeschwemmt trinken

Peganum harmala	Samen	eine Hand voll	essen oder räuchern
Piper methysticum	Wurzel	?	nach der durch Speichel eingeleiteten Fermentation trinken
Psilocybe sp.	Pilze	3-5g	getrocknet essen
Salvia divinorum	Blätter	30-60 Stück	frisch auskauen
Scopolia carniolica	Blätter	3-4 Stück	frisch als Tee oder getrocknet rauchen
Solandra sp.	Triebe	3-4 Stück	als Tee aufgießen
Solanum nigrum	Blätter	?	als Dekokt trinken
Stropharia cubensis	Pilz	5g	getrocknet essen
Tabernanthe iboga	Wurzel	4-20g	essen
Tagetes lucida	Kraut	?	getrocknet rauchen
Tanaecium nocturnum	Blätter	?	Tee aufgießen, Schnupfpulver
Trichocereus sp.	Fleisch	10g	getrocknete Innenrinde essen
Turvbina corymbosa	Samen	4-5 Stück	frisch oder getrocknet essen
Virola theidora	Harz	?	zermahlen schnupfen

Ritualobjekte

Im Prinzip kann jedes Objekt zu einem Ritualgegenstand werden. Ritualobjekte sind Gegenstände, die durch ihren Gebrauch in Ritualen definiert sind. Die ältesten Ritualobjekte sind Muscheln, Schnecken und Fossilien. Auch Kristalle und besonders auffällig geformte Steine gehören zu den frühen Ritualobjekten. Später wurden aufgrund neuer Technologien (Metallbearbeitung, Schleiftechniken usw.) spezielle Objekte für rituelle Zwecke geschaffen; etwa Schwerter, Dolche, Hackmesser, Schädelschalen, Kristallkugeln.[31] Das geschah meist in einem Ritual. Die Schmiede waren ursprünglich zauberkundige Hersteller von Ritualobjekten.

Im Laufe der Geschichte wurden sehr viele verschiedene Gegenstände rituell benutzt. Ihr Zweck ist die Symbolisierung angestrebter Bewußtseinsprozesse. Wenn mit einem Ritualdolch in der sichtbaren Welt herumgefuchtelt wird, so kann er zu einer magischen Waffe in der unsichtbaren Welt werden und der Vertreibung krankheitsbringender Dämonen dienen. In psychedelischen Bewußtseinszuständen kann man durchaus diese magische Wirkung sehen. Wenn man durch die Prophetenpflanze dazu gebracht wird, seine eigenen Dämonen zu sehen, sollte man mit dem geeigneten Ritualobjekt, z.B. einem Dorje oder Phurba, auch dazu fähig sein, diese Dämonen zu besiegen und sich dienstbar zu machen. Denn jeder Dämon ist auch ein Gott. Wenn man ihn bezwingt, kann man von ihm lernen. Man kann auch von ihm lernen, wenn man sich ihm liebevoll zuwendet.

Wer sich selbst in ein psychedelisches Ritual begibt, der tut gut daran, sich bestimmte Objekte, die aus seinem persönlichen Besitz stammen, oder die ihm extra für das Ritual geschenkt wurden, mitzunehmen (z.B. Edelsteine, Familienschmuckstücke, Tarotkarten). Vielleicht erkennt er in ihnen mächtige Amulette, Talismane oder magische Waffen. Aber der Zauber, den das Ritualobjekt bewirkt, kommt nicht aus ihm selbst, sondern aus dem Bewußtsein. Und ein psychedelisiertes Bewußtsein ist besonders zauberkräftig. Ritualobjekte kanalisieren die Bewußtseins-Energie.

Jeder sollte sich seine eigenen Ritualobjekte suchen oder besorgen. Alles ist geeignet, es kommt nur auf die rechte Sehweise an. Ein Maya-Schamane hat mir einmal voller Stolz seinen *sas tun,* seinen «leuchtenden Edelstein», gezeigt. Es war eine alte Radioröhre.

Was kommt danach?

Nur eine mitgeteilte Vision ist wertvoll.
Eine Vision sollte mindestens einer anderen
Person berichtet werden.
Ralph Metzner

Der wichtigste Teil eines psychedelischen Erkenntnis-Rituals ist die Nachbereitung. Die gemachte Erfahrung, die geschaute Vision, die erworbene Erkenntnis nützen nichts, wenn sich dadurch nicht das Leben des Initianten verändert oder entfaltet. Das Einbringen der psychedelischen Erfahrung in das tägliche Leben, in das alltägliche Bewußtsein, ist von herausragender Bedeutung. Hat man unter dem Einfluß der Prophetenpflanze die eigenen Grenzen gesehen, kann man auch später besser mit ihnen umgehen und sie gegebenenfalls sogar bewußt erweitern. Hat man die Relativität und Gleich-Gültigkeit der Dinge erfahren, kann man im täglichen Leben Sorgen, Ängste und Bedrohungen besser bewältigen. Ist in der geschauten Vision etwas Bedeutungsvolles offenbart worden, kann man sich auch später daran orientieren.

Das psychedelische Erlebnis sollte möglichst lange bewußt bewahrt werden. Dabei kann es äußerst hilfreich sein, die Visionen zu malen oder schriftlich zu fixieren, von den Erfahrungen möglichst oft zu sprechen, am besten mit Menschen, die ähnliches erlebt haben. Aber man sollte sich immer daran erinnern, daß die eigene Vision für einen selbst wahr ist und nicht unbedingt für alle anderen. Man kann auch an die alten Kultplätze gehen und sich der Ahnen und ihrer Rituale erinnern. Auch kann das Lesen der psychedelischen Klassiker – etwa von Aldous Huxley, Timothy Leary, Ralph Metzner, Albert Hofmann und Terence McKenna – hilfreich sein. Vielleicht kann auch dieses Buch hilfreich sein. Es soll aber nur anregen, nicht vorschreiben. Es ist auch aus dem Bedürfnis heraus geschrieben, die geschauten Visionen mitzuteilen. Bom Shankar!

Die Sehnsucht nach Akasha

Vor der Erleuchtung:
Holzhacken und Wasserholen.
Nach der Erleuchtung:
Holzhacken und Wasserholen!
Taoistische Weisheit

Das Leben ist ein Hinweis
auf die Ewigkeit.
Albert Hofmann (1989)

Als sich im Urozean die Moleküle der Aminosäuren zu komplexen Strukturen zusammenschlossen, geschah etwas Wunderbares. Aus der Materie entstand Leben, die Urzelle wurde geboren. In der Urzelle waren bereits die genetischen Pläne für alle Pflanzen, Tiere und Menschen enthalten. Auch die Pläne des Bewußtseins. Das Leben ist ein Geheimniss der Materie, das wir zwar erfahren können, aber niemals verstehen werden. Das Leben entwickelte sich nach einem kosmischen Plan, und es entstand der geistige Raum, ein transzendentes Universum.

Irgenwann einmal wurde es dem Menschen gegeben, sich sowohl in der materiellen Welt aufzuhalten, als auch in die geistige Welt blicken und reisen zu können. Die besonders Begabten fanden zu allen Zeiten ein Schlüsselloch, durch das sie hindurchschlüpfen und nach Akasha gelangen konnten. Dort lernten sie von Göttern und Ahnen, von Dämonen und Ungeheuern. Sie lernten, wie unsere Welt aufgebaut ist, sie lernten, daß viele Götter an der Schöpfung beteiligt sind, sie lernten, daß es genauso viele Wirklichkeiten und Wahrheiten wie Menschen gibt. Akasha ist die Spirale, nach deren Plan sich die Evolution entfaltet.

Früher waren es die Schamanen, die Eingeweihten, die Zauberer und Hexen, die das jeweilige Weltbild bestimmten. Ihre Erfahrungen aus dem mystischen Raum übersetzten sie in die Mythen der Völker. Folgte man ihnen, konnte man sicher und geborgen durch die Welt gehen. Seit die Weltbilder von einer uninspirierten Politik bestimmt werden, tasten sich die Menschen schwankend und unsicher durch ihre Welt. Denn es sind nicht mehr die Einblicke in die Geheimnisse der Welt, die das Leben bestimmen, sondern egozentrische Machtgelüste und perverse Phantasien, von denen die Menschen durch eine immer unheimlicher werdende Umgebung gehetzt werden. Die Weisen der Völker haben die Prophetenpflanzen immer gewinnbringend angewendet. Die Politiker aber verbieten sie. Werden wir noch die Versöhnung von Weisheit und Politik erleben? Werden die äußeren und inneren Grenzen und Mauern weiter abgetragen?

Alles, was der moderne Mensch sucht – nämlich seine kulturellen Wurzeln – muß nur wiederentdeckt werden. Heute wird nach Mythen, Magie und Muttergöttinnen gesucht. Man glaubt, mit fernöstlichen Techniken der Meditation, mit Yoga, Geomantie und Feuerläufen das Unbehagen an der Kultur zu überwinden oder zu ertragen. Man beschäftigt sich mit Selbstfindung, Selbstentfaltung und spirituellem Wachstum. Viele Menschen probieren und studieren, suchen und suchen.

Aber finden sie wirklich etwas? Alles, was sie suchen, war bei unseren Ahnen, unseren Urahnen lebendig. Die altgermanischen und keltischen Völker hatten heilige Wälder, sie verehrten die Natur, liebten ihre Muttergöttinnen, vereinten sich im Kreise und kannten ihren Platz im Universum. Und sie konnten nach Akasha reisen. Das verhängnisvolle Christentum bescherte unseren Ahnen die Götterdämmerung. Aber die Götterdämmerung ist zu Ende. Strahlend steigen die heidnischen Götter und Göttinnen wieder in unser Bewußtsein und versöhnen uns mit der Welt.

Vielleicht schaffen es einige der modernen Suchenden, durch die längst verschlossenen Pforten nach Akasha vorzudringen und das Wissen der Ahnen wieder ins Bewußtsein zurückzuholen. Es gibt soviele Wirklichkeiten wie es Menschen gibt. Akasha ist der Ort, an dem alle Wirklichkeiten zusammenfallen und zu einer unzweifelhaften Wahrheit zusammenschmelzen. So wie Shiva der Gott ist, dem alles *gleich gültig* ist, so wie Buddha lächelt, so strahlt ewig Akasha – egal was auch geschieht. Wer das Licht gesehen hat, vergißt es nicht mehr. Die Welt ist wunderbarer, als wir sie uns vorstellen können. Der Bogen der Wirklichkeit ist weiter gespannt, als wir erfassen können. Aber das Universum ist auch verrückter, als wir glauben wollen.

Jon Anderson sagte am Ende eines triumphalen *YES*-Konzertes, der psychedelischsten aller britischen Rockgruppen, zum Hamburger Publikum (1989):

Don't forget,
Sweet dreams control the future!
Don't forget,
Sweet dreams control the future!

In diesem Sinne...

Anhang

Erde, meine Mutter
Luft, mein Vater
Feuer, mein Freund
Wasser, mein geliebter Vetter
Akasha, mein Bruder
Euch alle grüsse ich zum Abschied
Habt Dank für alle die Wohltaten
Die ihr mir im Laufe meines
Daseins erwiesen habt
       Aus einem alten Sanskrit-Text

Anmerkungen

Die Literaturangaben, die sich in der Bibliographie wiederfinden, sind nur mit Namen des Autors und Erscheinungsjahr gekennzeichnet.

1 Zur Etymologie von ‹Fliegenpilz› siehe Wasson, 1972; der Ausdruck Fliegenschwamm taucht erstmals bei Lonicerus, *Kräuterbuch*, 1679, S. 160 auf.
2 Möglicherweise wurden keltische oder skythische Stämme als «Hyperboreer» bezeichnet; vgl. Viktor K. Wendt, *Das Geheimnis der Hyperboreer*, Basel 1984.
3 Anfang 1991 habe ich in Kalifornien von einer Gruppe Alt-Hippies gehört, daß sie rituell den Urin von Fliegenpilzberauschten trinken. Sie sagten, daß der Fliegenpilzwirkstoff durch den menschlichen Körper gereinigt würde und weitaus besser verträglich sei, als der rohe Pilz. Der Fliegenpilz-Urin hat keine unerwünschten Nebenwirkungen!

4 Papyrus Boulaq; zit. in Walter Beltz, *Die Mythen der Ägypter*, München 1982, S. 59.

5 Zum Ammoniten-Kult im alten Ägypten siehe: Ulrich Lehmann, *Ammonoideen*, Stuttgart 1990, S. 1-3; F. Kirchheimer, «Ein fossiler Nautilus und die aus ihm in ägyptisierender Manier gestaltete Skulptur» *Aufschluß* 28, 1977: S. 509-524; vgl. auch Rätsch & Guhr 1989, S. 30-36.

6 In einer TV-Reportage über Nepal; ca. 1989. Vgl. Casper J. Miller, *Faith-Healers in the Himalayas*, Kathmandu 1987; Michael Oppitz, *Schamanen im Blinden Land*, Frankfurt/M. 1981.

7 Siehe dazu Riane Eisler, *The Chalice & the Blade*, San Francisco 1987; Marija Gimutas, *The Goddesses and Gods of Old Europe*, Berkeley & Los Angeles 1982, und (dies.), *The Language of the Goddess*, San Francisco 1989.

8 Zum Mithra- oder Mithraskult siehe Manfred Clauss, *Mithras - Kult und Mysterien*, München 1990; Alexander von Pronay, *Mithras und die geheimen Kulte der Römer*, Freiburg 1989; H. Lommel, «Mithra und das Stieropfer» *Paideuma*, Bd.3, Heft 6/7.

9 Flattery & Schwartz 1989 halten *Peganum harmala* für den Hauptkandidaten für Haoma-Soma. Dabei beziehen sie sich auf die Erfahrungen mit Ayahuasca. Aber der indianische Trank enthält als Hauptwirkstoff DMT. Insofern sind die Thesen und Rückschlüsse von Flattery & Schwartz etwas voreilig.

10 Siehe C. Rätsch, *«Die Orientalischen Fröhlichkeitspillen» und verwandte psychoaktive Aphrodisiaka*, Berlin 1990; dort ein rekonstruiertes Rezept.

11 «Lorbeer» war im Mittelalter und wohl schon im Altertum ein Sammelname für verschiedene Pflanzen. Im Mittelalter wurden so verschiedene Pflanzen wie Sumpfporst (*Ledum*) und Gagel (*Myrica gale*) darunter gefaßt; vgl. A. Maurizio, *Geschichte der gegorenen Getränke*, Berlin & Hamburg 1933.

12 Schon Dioskurides hat die Namen «Apollonienkraut» und «Prophetenkraut» benutzt; noch heute findet man diese Na-

men im Schweizer Volksmund; vgl. Ernest Schoen, *Nomina populara plantarum medicinalium*, Galenica 1963.

13 Siehe im Anhang; vgl. Höhle et al., 1986.

14 «Das Leben im Kreislauf unzähliger Wiedergeburten gleicht einem im Traum geschauten Bild...», Heinrich Zimmer, *Indische Mythen und Symbole*, Köln 1982.

15 Burl, 1987: 107 bezieht sich auch auf B.G. Scott, «Dancing, Drink or Drugs? Comments on the ‹Beaker-Cult Package› Hypothesis» *Irish Archaeological Forum* IV (2), 1977, S. 29-34.

16 Nikolai Tolstoy, *Auf der Suche nach Merlin*, Köln 1987.

17 Siehe C. Rätsch, «Was waren die Schlangeneier der Druiden?» *Club Conchylia Information* XXII (1-2), 1990, S. 68-70.

18 Auffällig oft werden in keltischen Mythen Zaubertränke beschrieben, die in der Hauptsache aus Tierteilen bestehen. Vermutlich hatten die Druiden ein besonderes Wissen oder Talent dazu, die in den unterschiedlichen Körperteilen anwesenden Fermente, Enzyme oder Neurotransmitter für ihre magischen Gebräue auszunutzen. Es gibt z.B. Leichenteile, die stark mit DMT angereichert sind (diese Information verdanke ich Terence und Dennis McKenna).

19 Die Sage von Erik dem Roten ist zitiert in S. Lichtenberger, «Züge des Schamanentums in der germanischen Überlieferung in *Schamanentum und Zaubermärchen*, Kassel 1986», S.28-41. Vgl. Alfred Lehmann, *Aberglaube und Zauberei*, Stuttgart 1908, S. 88-103.

20 Zit. in Rätsch, 1986 unter «Bilsenkraut».

21 Zit. nach Reko, 1986, S. 51 f.

22 Vgl. dazu Müller-Ebeling & Rätsch, 1987.

23 Nach einer Tonträger-Aufnahme übersetzt.

24 Dieses Kapitel ist ein übearbeiteter Abschnitt aus Müller-Ebeling & Rätsch, 1987, und wurde alleine von Claudia geschrieben. Vielen Dank.

25 Daß die Buschleute eine Reihe psychoaktiver Drogen kennen und benutzt haben, ist bei Winkelman & Dobkin de Rios 1989 belegt. Hanf ist in Afrika ein sehr weit verbreitetes Rauschmittel; siehe Behr, 1982.

26 Georg Luck, *Magie und andere Geheimlehren in der Antike*, Stuttgart 1990.

27 *Altchinesische Hymnen*, Köln, 1967, S. 204 f.; der rituelle Gebrauch von Hanf ist in China sehr alt; vgl. Touw, 1981.

28 Patañjali: *Die Wurzeln des Yoga*, Bern 1982; vgl. auch Aldrich, 1977; und Patricia Morningstar, «Thandai and Chilam: Traditional Hindu Beliefs About the Proper Use of Cannabis» *Journal of Psychoactive Drugs* 7 (3), 1985, S. 141-165.

29 Zum Bilsenkrautbier, dem ‹echten Pilsener›, siehe C. Rätsch, *Urbock: Bier jenseits von Hopfen und Malz*, Basel 1991.

30 Paul Devereux, Places of Power, London, Bladford 1990; Paul Devereux, John Steele & David Kubrin, *Earthmind*, New York 1989.

31 Eine hervorragende und detaillierte Darstellung tibetischerRitualobjekte findet sich in dem Prachtband *Secret Visions of the Fifth Dalai Lama* von Samten Gyaltsen Karmay, London 1988.

Glosseum Divinorum

Akasha   ist ein Konzept, ein Versuch, die Welt und den Ursprung der Welt zu erklären.

Im indischen Vedanta bezeichnet Akasha den einen Raum, in dem alles enthalten ist, egal, ob es uns als Realität oder als Abbild von Realität begegnet. Im Sanskrit kann das Wort auch Äther bedeuten. Wie es in den Upanishaden heißt, ist der Äther das erste Element, das Urelement, aus dem Luft, Feuer, Wasser und Erde entstanden sind. Äther ist unsichtbar, ist nicht zu fassen, nur schwer zu definieren und durchdringt doch das gesamte Univerum. Akasha ist das Wagnis, das Unaussprechliche jenseits des gewohnten Raum-Zeit-Kontinuums zu benennen.

Das Konzept von Akasha war und ist in vielen Kulturen unter mancherlei Namen lebendig: Hyper-Raum, unsichtbare Welt, feinstofflicher Kosmos, Geisteswelt, Astralwelt, Feenwelt, Unendlichkeit, Ewigkeit, Erleuchtung, Unio mystica. In diesem Buch werden einige Wege nach Akasha beschrieben. Es ist ein Reiseführer durch die äußere und die innere Welt. Auf unserem Heimatplaneten gibt es Orte, die seit alters her als Tore nach Akasha gelten. Diese Plätze können besucht werden, um das wirkliche Tor nach Akasha zu öffnen, jenes Tor, das wir überall auf der Welt mit uns tragen, weil es in unserem Bewußtsein liegt. Alles, was uns fehlt, um dieses innere Tor nach Akasha zu öffnen, ist der richtige Schlüssel, die uralte Formel, die die Nebel, die unser Alltagsbewußtsein verdunkeln, aufsteigen läßt.

Im Laufe von Jahrtausenden haben die Menschen bewährte Methoden entwickelt, die den Zugang zu Akasha ermöglichen: psychedelische Rituale, die sich um die Prophetenpflanzen, die zauberhaften Gaben Gaias, ranken. So kann uns Akasha Antwort auf all unsere Fragen bieten, vor allem auf die Fragen, mit denen wir uns von Anfang an beschäftigt haben und deren Antworten wir immer wider suchen: Woher kommen wir? Wer sind wir? Wohin gehen wir?

Akasha-Chronik Diese sagenhafte Chronik soll einem großen, kosmischen Buch gleichen, in dem alle Geschehnisse der Vergangenheit, der Gegenwart und der Zukunft aufgezeichnet sind. Einige westliche Okkultisten, Theosophen und Rosenkreutzer behaupten, darin gelesen zu haben und ihre Erkenntnisse mitteilen zu können. Rudolf Steiner sagt, daß die unvergängliche Geschichte in der Akasha-Chronik mit «anderen Buchstaben» geschrieben ist. «Nur eine schwache Vorstellung kann man in unserer Sprache von dieser Chronik geben. Denn unsere Sprache ist auf die Sinnenwelt berechnet. Und was man mit ihr bezeichnet, erhält sogleich den Charakter dieser Sinnenwelt. Man macht daher leicht auf den Uneingeweihten, der sich von der Tatsächlichkeit einer besondern Geisteswelt noch nicht durch eigene Erfahrungen überzeugen kann, den Eindruck eines Phantasten, wenn nicht einen schlimmeren.» (Rudolf Steiner, *Aus der Akasha-Chronik*, 1909) Vorstellungen von göttlichen Büchern, in denen die kosmische Ordnung von Raum, Zeit und Geschichte festgelegt sind, gab es auch im Alten Amerika. Die Maya besaßen Wahrsagealmanache, in denen ihre eigene «Akasha-Chronik» aufgezeichnet war.

Ammonit Ammoniten oder Ammonshörner sind die fossilen Reste schalentragender Tintenfische, die vor ca. 400 Millionen Jahren entstanden und vor rund 65 Millionen Jahren aus bisher unerfindlichen Gründen ausgestorben sind. Ammoniten gehören zu den oft gefundenen Fossilien und sind leicht an ihrer Spiralform zu erkennen. Sie kommen in allen Teilen der Welt vor und werden seit alters her vielseitig kulturell genutzt. Sie sind in vielen Gebieten wichtige Zaubersteine zur Induktion einer prophetischen Trance geworden (volkstümliche Namen sind Drachenstein, Schlangenstein, Götterrad, Büffelstein, Katzenpfötchen, Goldschnecke). Offensichtlich hat es einen archaischen, weltweit verbreiteten Ammonitenkult gegeben.

Baum der Erkenntnis Er trug psychedelisch wirksame Früchte, was sonst? Der Baum der Erkenntnis wartet aber immer noch auf seine botanische Bestimmung.

Wie das Alte Testament berichtet, lebten Adam und Eva im Paradies. Weil Eva die Theorie, derzufolge sie von einem männlichen Gott aus Adams Rippe erschaffen worden sei, anzweifelte, beschloß sie, den Verhältnissen auf den Grund zu gehen. Sie folgte dem Rat der Schlange, einer Botin der alten Erdgöttin, und pflückte die Früchte vom Baum der Erkenntnis. Und weil Eva Adam liebte, lud sie ihn ein, an ihrem Ritual teilzuhaben.

Der Rest der Geschichte ist bekannt: die Vertreibung aus dem Paradies, die Tabuisierung und Verleumdung aller durch psychedelische Erlebnisse ausgelösten Erkenntnisse in der jüdischen und christlichen Religion.

Doch die Pforten des Paradieses stehen jenseits aller Ideologie nach wie vor offen. Wer dorthin gelangen will, muß nur den Mut haben, wieder auf den Rat der Schlange zu hören und die Früchte vom Baum der Erkenntnis zu kosten.

Androgynie Die Verschmelzung weiblicher und männlicher Merkmale zu einer Einheit. Androgyne Wesen werden häufig als erotisch, heilig, göttlich und mit der Gabe der Prophetie beschenkt betrachtet.

Aphrodisiakum Mittel, das das erotische Erleben, den sexuellen Trieb und die damit verbundenen körperlichen Genüsse steigert. Sehr viele Prophetenpflanzen werden auch als Aphrodisiaka benutzt (Erkenntnis und Eros!).

apotropäisch Böses oder Negatives abweisend, Bedrohliches abwendend. Viele Prophetenpflanzen gelten als apotropäisch, wenn sie als Amulett benutzt oder getragen werden. Innerlich genommen schützen sie vor den eigenen Dämonen.

ASW Außersinnliche Wahrnehmung, eine Wahrnehmung, von der man nicht wahrnimmt, wie sie zustande kommt.

Auguren So wurden die Magier im römischen Reich genannt, die aus natürlichen Erscheinungen zukünftige Ereignisse ablesen konnten. Vielleicht waren sie noch im archaischen Schamanismus verwurzelt und kannten die Sprache der Natur.

Auspizien Das Beobachten und Deuten des Vogelfluges durch die Auguren.

Conchylien-Audition Das Horchen in eine Muschel oder Schnekkenschale. Aus dem Rauschen können verborgene Informationen herausgehört werden. Das ‹Muschelrauschen› wirkt in psychedelischen Zuständen wie das ‹Weiße Rauschen› (*white noise*). Dann kann man die Ordnung im Chaos hören. Das Bewußtsein strikt sich die Melodie, die es wahrnehmen möchte. So gibt diese Methode Aufschluß über sich selbst.

Dämon Gr. daimon: 1. Geist der Verschiedenen, 2. Gottheit, Gott, der das Schicksal der Menschen beeinflußt, 3. Schicksal der Menschen sowohl im guten als auch im bösen Sinn.

Immer wenn eine bestehende Religion durch eine neue verdrängt wurde, gingen die alten Götter in das Reich der Dämonen ein und galten fortan als schlecht, mißgünstig, böse, verführerisch. Die Götter der Alten sind die Dämonen der Neuen; die Götter der Neuen werden die Dämonen der Zukünftigen usw.

In der griechischen Mythologie wurden die Seelen der Menschen aus dem Goldenen Zeitalter zu *daimones*. Sie bildeten eine neue Schicht zwischen Göttern und Menschen, wurden jedoch eher den Göttern zugerechnet und allgemein als positiv bewertet. Aus ihrer Schar erhielt jeder Mensch bei seiner Geburt einen Schutzgeist. Sokrates, den das Orakel von Delphi als den weisesten Menschen bezeichnete, folgte allein der Stimme seines *daimon*. Diese ‹innere Stimme› vertrat ein altes Konzept, das im Gegensatz zu den neuen staatlichen Gesetzen stand. Deshalb wurde Sokrates von den Herrschenden gezwungen, den Schierlingsbecher zu leeren.

Dekokt Ein Sud, der durch das Abkochen einer Heil-, Zauber- oder Prophetenpflanze bereitet wird.

Divination   Wahrsagerei oder Prophetie durch ein göttliches Medium. Die Divination wird oft durch die Einnahme oder den Gebrauch von Prophetenpflanzen durchgeführt. Divination ist das Erkennen «der Zukunft in der Gegenwart» (William Howells).

Dosierung, Set und Setting   Wie Timothy Leary richtig feststellte, setzt sich die Qualität einer psychedelischen Erfahrung aus den drei Faktoren der Dosierung der verwendeten Mittel, dem Set, der inneren Einstellung und Erwartung, und dem Setting, dem äußeren Rahmen, dem Ort des Geschehens zusammen. Alle drei Faktoren müssen bei der Planung eines psychedelischen Rituals bewußt gemacht werden. Ralph Metzner hat diese Theorie in ein praktikables Modell gebracht:

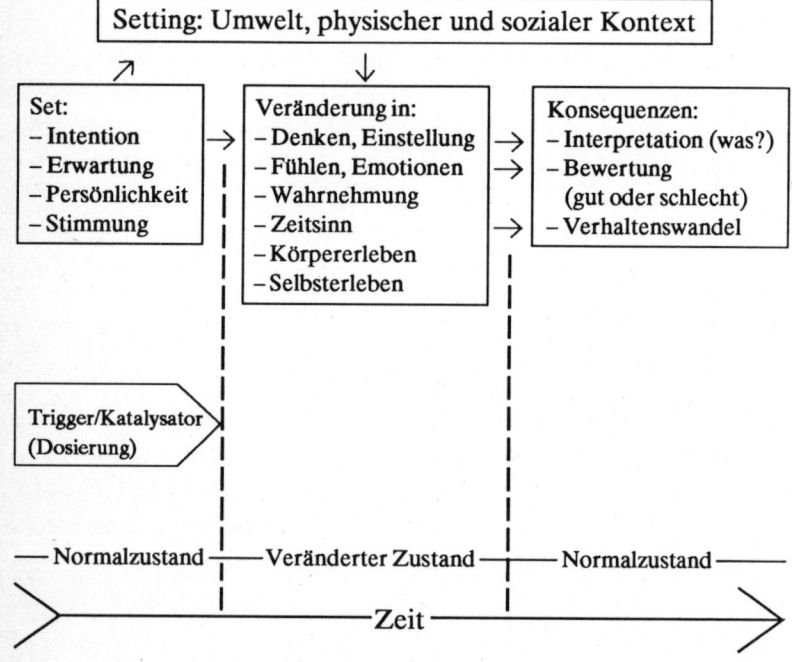

Dreiheit Eines der drei archaischen Denkgerüste, aus denen die gedanklichen Welten der Menschheit gebaut sind. In vielen Dingen wurden drei sich ergänzende und bedingende Aspekte entdeckt. Oft werden aus ihnen die Divinationen abgeleitet.

Vergangenheit ←——→	Gegenwart ←——→	Zukunft ←
Geburt	Leben	Tod
Großmutter	Mutter	Tochter
Großvater	Vater	Sohn
Eltern	Ich	Kinder
Jungfrau	Mutter	Königin
Vishnu	Brahma	Shiva
Vater	Sohn	hl. Geist
Gaia	Rhea	Hera
Maria	Magdalena	die Dritte
weiß	rot	schwarz
Seele	Körper	Geist

Die 3 Schicksalsgöttinnen

Nornen: Urd	Werdandi	Skuld
Parcae: She-Who-Was	She-Who-Is	She-Who-Will-Be
Monde: Al-Uzza	Manat	Al-Lat

Ekstase Verzückung, höchste Glückseligkeit, Erkenntisrausch, Verschmelzung mit der Gottheit. «Die höchste Stufe der Begeisterung ist die prophetische Ekstase oder Entzückung, die innere Schau eines sinnlichen oder übersinnlichen Gegenstandes in Gestalt von Visionen oder Gesichten.» (Richard Clemens)

Je besser man die Kunst der Ekstase beherrscht, desto tiefer werden die Einblicke ins Sein. Vielleicht ist die Ekstase eine eigenständige Wesenheit, die seit Urzeiten lebt und sich immer wieder in Menschen inkarniert.

Enthusiasmus Ist Be-Geister-ung.

Evolution Ist die Schöpfung, die sich stets entfaltet und immer neue Spielarten des Lebens hervorbringt.

Fee Ein Wesen aus der Anderswelt, das Wünsche erfüllen und wahrsagen kann.

Fossil Das versteinerte Überbleibsel eines vergangenen Lebewesens. Die ältesten bekannten Fossilien sind präkambrische Algenkolonien (*Collenia*), die etwa zwei Milliarden Jahre alt sind. Fossilien sind in vielen Kulturen zu Kultgegenständen geworden. Sie dienen oft der Zauberei und Divination, da sie die Zeit räumlich transzendiert haben. Fossilien haben den Menschen schon immer das Wunder des Universums gezeigt: die Evolution.

Geschichte Ist die Veränderung des Raumes durch die Zeit.

Glossolalie Ist das Sprechen in Zungen, das Sprechen eines (medialen) Menschen, der Informationen in einer ihm unbekannten Sprache mitteilt. Die Glossolalie kann spontan auftreten oder durch Rituale und Prophetenpflanzen provoziert werden.

Halluzinogen Mittel, das das Bewußtsein des Menschen für Visionen empfänglich macht; Mittel, das Halluzinationen (Erscheinungen) hervorruft. Die meisten Zauber- und Prophetenpflanzen sind Halluzinogene.

Hellsehen Das Sehen verborgener Dinge; ein Blick über physikalische Grenzen hinweg.

Inspiration Ist die Erfüllung durch Geist. Erkenntnisreiche Geister ergießen sich in das Bewußtsein.

Intuition Ist die Eingebung durch Götter, Dämonen und Geister; das Vertrauen auf die innere Stimme.

Kriminaltelepath Personen, die mit Hilfe bestimmter Techniken durch telepathische Kontakte kriminalistische Arbeit durchführen. Meist werden dazu bestimmte Prophetenpflanzen eingenommen. Colin Wilson hat ein ganzes Buch über diese Personen geschrieben, leider hat er vergessen, die entsprechenden Pflanzen zu erwähnen.

Kristallomantie Ist das Wahrsagen oder Divinieren mit Hilfe eines Kristalles oder einer Kristallkugel. Der Kristall ist ein äußerer Focus für einen inneren Prozeß.

Mantik Das prophetische Lesen, Deuten und Verstehen der (geheimen) Sprache der Natur. Dabei wird die Natur in ihre vier Elemente zerlegt:

Erde	Geomantie
Wasser	Hydromantie
Luft	Aeromantie
Feuer	Pyromantie

Viele natürliche Ereignisse oder Erscheinungen geben dem Wissenden oder Erkennenden Auskunft über die verborgenen Aspekte des Seins. Es gibt ca. fünfzig Subkategorien der Mantik, die jedoch im einzelnen für dieses Buch nicht von Bedeutung sind. Für Neugierige empfiehlt sich Nevill Drury's *Lexikon esoterischen Wissens*. In diesem Zusammenhang lohnt sich die Beschäftigung mit den Autoren der Renaissance, die über Magie geschrieben haben, z.B. Petrus von Abano oder Georg Pictorius aus Villingen.

Meditation Ist eine Technik, die die Tore nach Akasha öffnen kann. Wer jedoch die Ausübung der Meditation als legalen und kontrollierbaren Ersatz für die Anwendung der als illegal und unkontrollierbar verschrienen Zauber- und Prophetenpflanzen versteht, hat nichts verstanden. «Für viele ist Meditation der Versuch, ohne Drogen high zu werden.» (Frei nach Micky Remann.)

Aber durch die Meditation können die Kräfte des Geistes befreit werden. Dies wurde im Laufe der Geschichte von einigen sozialistischen Herrschaftssystemen als derart staatsgefährdend erachtet, daß die Meditation per Gesetz verboten wurden. Die Herrschenden witterten zuviel (mentale) Anarchie.

Heute meditieren wahrscheinlich mehr Menschen den je. Und die Meditation kann eine gute Vorbereitung auf ein psychedelisches Erlebnis sein (aber niemals ein Ersatz). Sie kann auch eine gute Vorbereitung auf eine friedliche Weltrevolution sein.

Metabolismus Stoffwechsel; chemische Veränderung eingenommener Substanzen durch körpereigene Substanzen (Enzyme).

Mysterium Mysterien sind Kultgemeinden oder Kultzusammenschlüsse, in deren Mittelpunkt die gemeinsame Götterschau, das Erkennen der Götter oder das Erkennen der wahren Wirklichkeit stehen. Mysterien sind vor allem aus dem Altertum bekannt. Es wurden oder werden Psychedelika oder andere Drogen eingenommen, um die Götter zu erschauen und deren Wirken für diese Welt zu erkennen oder zu begreifen. Berühmt ist das Mysterium von Eleusis, bei dem die Initianten einen mutterkornhaltigen Trank einnehmen mußten. Daraufhin erlebten sie eine kollektive Erleuchtung .

Bei der Einweihung in ein Mysterium geht es nicht um Krankenheilung, obwohl es dabei oft zu wunderbaren Heilungen kommt, sondern sie ist für den normalen gesunden Menschen eine Möglichkeit, über seine Stellung in der Welt etwas zu lernen und seinen Platz im Kosmos zu erkennen. Im Zentrum aller Mysterien steht die Suche nach den Antworten auf die wichtigsten Fragen: Woher kommen wir? Wer sind wir? Wohin gehen wir?

Nekromanten Zauberer, die mit der Totenwelt oder mit den Seelen Verstorbener Kontakt aufnehmen. Oft werden dabei Zauber- und Prophetenpflanzen benutzt.

Objektivität ist der Aberglaube der Wissenschaft.

Orakel In der ursprünglichen Bedeutung ein Ort auf der Erde, der sich durch seine exponierte Lage, seine natürliche Beschaffenheit, Geomantie oder alte Überlieferungen auszeichnet. Die Kraft dieser Orte ermöglichte es, über die Grenzen von Raum und Zeit hinweg zu blicken. Später wurde der Begriff sowohl für eine weissagende Person als auch für den Weissagespruch selbst verwendet.

Panazee Wundersames Allheilmittel. Viele Prophetenpflanzen gelten als Panazee, weil sie, ohne daß man ihre Wirkung direkt messen könnte, vor allem das Bewußtsein des Menschen heilen.

paranormal Ein etwas verunglückter Ausdruck aus der Parapsychologie, der Eindrücke bezeichnet, die nicht zur normalen Wahrnehmung gezählt werden. Aber: Alles ist normal, auch wenn das Normale ungewöhnlich oder unglaubhaft erscheint.

Parapsychologie Ist die wissenschaftliche Erforschung «paranormaler» Phänomene wie Telepathie, Telekinese, Teleportation, Levitation, Hellsehen, Hellhören, Wahrträume, ASW usw. Die Parapsychologie, die neben der normalen Psyche noch eine weitere sucht, hat bisher leider keine brauchbaren Ergebnisse geliefert und wird oft zurecht als unwissenschaftlich belächelt. Die Wissenschaft ist eine Erkenntnismethode, die sich auf das normal Reproduzierbare bezieht. Die Parapsychologie will das erforschen, was nicht als normal gilt, deshalb sollte sie auch besser keine normalen Methoden benutzen.

Prognose Vorhersage aufgrund bestehender Tatsachen und des Wissens um hypothetische Abläufe.

Prophet Ein Mensch, der aufgrund einer besonderen Be-Gabung oder mittels besonderer Techniken prophezeien oder divinieren kann. Doch die Geschichte zeigt, daß die meisten Propheten falsche Propheten waren, die mehr Unheil als Heil über die Welt gebracht haben. Viele Propheten sind durch Machtgelüste korrumpiert worden und haben die gläubigen Menschen an der Nase herumgeführt.

Prophetenpflanzen Pflanzen, die der Prophezeiung oder Divination dienen. Gewöhnlich haben sie psychedelische oder zumindest psychotrope Wirkungen. Sie werden in den meisten Kulturen als heilig betrachtet und als «Pflanzen der Götter» verehrt.

Prophetensteine Fossilien, Kristalle oder Meteoriten, die der Prophezeiung dienen. Sie werden meist in Meditation, Versunkenheit oder anderen außergewöhnlichenBewußtseinszuständen betrachtet und können so Antworten auf bestimmte Fragen geben. Die Steine haben dabei keine Wirkung per se, sie sind nichts als ein geeigneter äußerer Anlaß für einen inneren Bewußtseinsprozeß.

Prophetentiere Tiere, die der Prophezeiung, Divination oder dem Augurium (s.a. Auspizien) dienen. Der Seher beobachtete das Verhalten dieser Tiere, z.B. den Vogelflug. Griechen, Etrusker und Römer analysierten die Innereien von Opfertieren, um Weissagungen zu treffen. Die Inka züchteten zu diesem Zweck Meerschweinchen. die Quechua führen diese Tradition bis heute fort.

Es gibt nur wenige Tiere, deren Körper oder Körperabsonderungen psychedelisch wirksam sind. Zu ihnen gehört die nordamerikanische Kröte (*Bufo alvarius*). Ihr 5-MeO-DMT-haltiger Schleim kann im getrockneten Zustand geraucht werden. Es heißt auch, daß im Körper des im Pazifik lebenden Traumfischs DMT vorkommen soll. Aus Indien kommt die Kunde, daß das Gift der Kobra psychedelische Wirkungen habe. Vorsichtige Probanden kauen den getrockneten Giftbeutel der Kobra, mutigere lassen sich von der Schlange in die Zunge beißen.

Psychedelikum Ein Schlüssel für das Tor zum inneren Raum. Die meisten Pflanzen, die zum Zwecke der Prophetie und der Zauberei benutzt werden, sind Psychedelika.

Es ist die Natur selbst, die psychedelische Substanzen erzeugt. Viele Naturvölker erkennen in den Prophetenpflanzen Geschenke der Götter, Gaben, die den Menschen befähigen, in andere Welten vorzudringen, die göttlichen Botschaften zu hören und zu verstehen, mit den göttlichen Wesen zu sprechen und von ihnen zu erfahren, wie man glücklicher und intelligenter wird. Menschen, die in einer Kultur aufgewachsen sind, die durch die christliche Verteufelung der Psychedelika geprägt wurde, können von den Naturvölkern wieder den Gebrauch der Prophetenpflanzen erlernen. Dabei gilt es nicht nur, die Namen anderer Götter zu memorieren oder die Struktur fremder Rituale zu verstehen, sondern vor allem auf die Botschaft der Naturvölker zu lauschen, die uns lehrt, daß alle Vorstellungen von der Welt wirklich, relativ und bedeutungslos sind.

psychedelisch Bewußtseinserweiternd im wahrsten Sinne des Wortes; Visionen erzeugend.

psychoaktiv Die Psyche oder das Bewußtsein aktivierend; bislang unbewußte Inhalte in das Bewußtsein hebend. Fast alle Prophetenpflanzen wirken psychoaktiv.

psychotrop Die Psyche oder das Bewußtsein verändernd. Psychotrope Wirkungen können psychedelisch, psychoaktiv, sedativ, aber auch betäubend oder verwirrend sein.

Rituale Sind äußere, festgelegte Verhaltensformen, die einen inneren Prozeß auslösen. Umgekehrt können psychische Vorgänge zur kulturellen Grammatik eines Rituals werden. Rituale dienen dem Kontakt zu den Göttern, der Selbsterkenntnis, der Verbesserung sozialer Strukturen und der Evolution des menschlichen Bewußtseins. Der richtige und effektive Gebrauch von Prophetenpflanzen verlangt geeignete Rituale.

Schamanen Sind psychedelische Künstler; sie können nach Belieben in den Räumen des erweiterten Bewußtseins agieren und so eingreifen, daß gewünschte Wirkungen im gewöhnlichen Wachbewußtsein erzielt werden.

Sibylle Wurde nach Heraklit (5. Jahrhundert v. Chr.) eine an einer heiligen Quelle, in einer Höhle oder an einem anderen

Kultplatz lebende weissagende Frau bezeichnet. Die Menschen des Altertums vertrauten den Sibyllen und ihren weisen Worten. Als früheste Sibylle gilt die Pythia von Delphi. Auch im alten Rom lebten berühmte Sibyllen. Es gibt ein Manuskript aus dem 5. Jahrhundert n. Chr., das im Vatikan gehütet wird und die Sybillinischen Weissagungen enthält, die Judentum und Christentum betreffen. Diese Prophezeiungen gewannen im Volksglauben des frühen Mittelalters starken Einfluß, weil sie aber tief im Heidentum und in der Frauenverehrung wurzelten, wurden sie von der offiziellen Kirche unterdrückt und bis heute nicht freigegeben.

synergetisch Sich gegenseitig verstärkend; zwei Wirkungsrichtungen miteinander kombinierend, um eine neue Wirkung zu erreichen. Für Zaubertränke (z.B. Ayahuasca) werden oft verschiedene Substanzen gemischt, da eine synergetische Wirkung erwünscht ist.

Telepathie eine Übertragung von Gedanken von einem Menschen auf einen anderen, die physikalisch nicht nachweisbar und mit unseren gewöhnlichen sechs Sinnen nicht wahrnehmbar ist. Trotzdem ist dieses Phänomen in vielen Kulturen bekannt, und fast jeder Mensch hat einen solchen Vorgang ein oder mehrere Male erlebt. Die konventionelle Wissenschaft bestreitet die Existenz der Telepathie. Aber ohne das Konzept der Telepathie als Erklärungsmuster zu verwenden, ist es fast unmöglich, die Kommunikation zwischen gemeinschaftlich jagenden Wölfen oder zwischen Delphinen, die einem Artgenossen das Leben retten, zu erklären.

Trance Ein besonderer, außergewöhnlicher Bewußtseinszustand, in dem Persönlichkeit und Individualität temporär ausgelöscht sind. Der Zustand der Trance kann durch Hypnose, Meditation, Musik oder die Einnahme psychotroper Substanzen oder von Prophetenpflanzen geschehen. In Trance können Menschen hellsehen und ihre Erkenntnisse mitteilen. Erwacht eine Person aus der Trance, kann sie sich gewöhnlich an nichts erinnern.

Vision Die Vision ist die außergewöhnliche Wahrnehmung persönlich bedeutsamer, oft in Symbole gekleideter Bilder als höhere Wirklichkeit. Da sich in Visionen oft verborgene Aspekte des Alltags, Ereignisse der Zukunft, göttliche Wesen oder Botschaften offenbaren, halten viele an der persönlichen Vision fest und betrachten sie als Leitstern des eigenen Lebensweges und manchmal irrwitzigerweise als richtungsgebende Wahrheit für alle anderen Menschen.

Visionen können spontan und unerwartet auftreten. Sie können aber auch mittels ausgewählter Techniken provoziert und ausgelöst werden. In verschiedenen Kulturen haben sich als visionsinduzierende Methoden die Meditation, das Fasten, das Leben in Abgeschiedenheit, das Martern und die Einnahme von psychedelischen Substanzen bewährt. Dabei scheint die Qualität der Vision (die Unmittelbarkeit der Erfahrung, die Deutlichkeit der Bilder) unabhängig von der gewählten Methode zu sein.

In manchen Kulturen werden Visionen z.T. unter Strafandrohung unterdrückt, in anderen werden sie gefördert.

Wahrheit   Ist bewertete Wirklichkeit.

Wahrtraum   Eine im Schlaf geschaute Vision, die sich bewahrheitet oder erfüllt.

Weissagekunst   Paracelsus unterscheidet fünf Verfahrensweisen:

Prophetengabe	Sie ist nur bestimmten Personen gegeben.
Natur	Sie gibt sich selbst kund.
Divination	Sie kommt aus dem Menschen selbst, «indem er in seinem eigenen Licht sich denkt und ausfindet, wohin ein Ding letzten Endes geraten und wie es ausgehen wird.»
Sortilegium	«Mit ihr vermag sich der Mensch durch die Geister inne werden.»
Augurium	Dabei schließt man aus dem Verhalten der Tiere auf die Zukunft des Menschen.

All diese Arten der Weissagekunst waren und sind bei den meisten Völkern unseres Planeten bekannt.

Wirklichkeit   Ist das Erfahrbare.

Wissenschaft   Ist eine Erkenntnismethode, die sich bestimmter Axiome, Theorien und Regeln bedient. Daten werden empirisch gewonnen und mit einer Hypothese zu einem theoretischen Gerüst verdichtet. Ergebnisse sollen empirisch überprüfbar sein. Wissenschaft ist auch eine Lehre, die Wissen schaffen soll, Wissen, das auf empirischen Daten basiert und zur Kognition führt. Das Außergewöhnliche an der Wissenschaft ist, daß durch ihre Anwendung andere Erkenntnismethoden untersucht werden können.

Zauberei   ist die angestrebte Veränderung der Wirklichkeit mit Mitteln, die tiefgreifend das Bewußtsein und die dadurch erschaffene Wirklichkeit verwandeln. Die wichtigsten Mittel zur Zauberei sind Zaubersprüche, Rituale und psychedelische Pflanzen. Das Bewußtsein verleiht der Materie Gestalt.

Discographie

Es gibt eine Reihe von Musik, die bei Ritualen als Reiseführer nach Akasha benutzt wird. Es gibt auch eine Reihe von Musik, die den Weg nach Akasha beschreibt oder die von den Erfahrungen in Akasha berichtet. Schließlich gibt es noch Musik, die im Akasha-Raum erschaffen wird. Ein Teil dieser Musik ist auf Schallplatten und/oder auf Compact Disc erhältlich. Eine Auswahl solcher Platten wird hier aufgelistet. Die mit * gekennzeichneten Aufnahmen eignen sich meiner Erfahrung nach am besten. Natürlich teilt nicht jeder meinen Geschmack.

I Ethnographische Aufnahmen /ethnische Musik

Musik zu dem Kapitel Archaisches Wissen

*Ainu Songs Japan**
Aufgenommen von Kazuyuki Tanimoto und Jean-Jacques Nattiez UNESCO Collection «Musical Sources», Philips 6586 045.

Australia – Songs of the Aborigines (and Music of Papua New Guinea) *
Aufgenommen von Wolfgang Laade Albatros VPA 8279 (LYRICHORD 7331, Lyrichord).

Musique et chants de tradition populaire Mongolie *
Aufgenommen von Xavier Bellenger GREM G 7511 (DDD).

The Gyuto Monks: Tibetan Tantric Choir *
Produziert von Micky Hart Windham Hill Records WD-2001 (DDD).

Tibetan Buddhism, Shedur: A Ghost Exorcism Ritual
Aufgenommen von David Lewiston Nonesuch Records H-72081.

The Singing Bowls of Tibet
   Von Alain Presencer Saydisc Records CD-SDL 326 (AAD).
Temiar Dream Music of Malaya
   Aufgenommen von H.D. Noone Folkways Records, Ethnic Folk-
   ways Library FE 4460.
Egypte-- Les Musiciens du Nil
   Aufgenommen von Alain Weber Harmonia Mundi, Ocora HM
   CD83 (ADD).
The Music of Upper and Lower Egypt *
   Produziert von Micky Hart Rykodisc RCD 10106 (ADD).
The Musicians of the Nile *
   Produziert von Peter Gabriel Realworld CD RW 8.
Music from Yemen Arabia: Samar
   Aufgenommen von Ragnar Johnson Lyrichord LLST 7284 (Qat-
   Ritualmusik).

Musik zu dem Kapitel: Indogermanische Wurzeln

Musique de la Grèce antique *
   Atrium Musicae de Madrid, Gregorio Paniagua Hamronia Mundi
   HM 90.1015 (DDD) (griechische Musik der Antike, inkl. Delphi-
   sche Hymnen an Apoll).
L'Inde - Musique traditionelle de danse Odissi *
   L'Ensemble Traditionnelle de l'Orissa Arion ARN 64045.
Prestige de la harpe celtique
   Denise Mégevand Arion ARN 38245.

Musik zu dem Kapitel: Indianische Parallelen

Music of the Jivaro of Ecuador
   Aufgenommen von Michael J. Harner Ethnic Folkways Records
   FE 4386 (enthält Ayahuasca-Ritualmusik).
The Kiowa Peyote Meeting
   Aufgenommen von Harry Smith in Anadarko, Oklahoma Ethnic
   Folkways Records FE 4601.

Music of the Plains Apache
Aufgenommen von John Beatty Asch Records, Asch Mankind Series AHM 4252.

Sundance Season *
R. Carlos Nakai Celestial Harmonie CD CEL 024.

Carrying the Gift *
R. Carlos Nakai with William Eaton Canyon Records, 1988.

Indiens Yaquis - Musique et Danses Rituelles
Aufgenommen von Ariane Segal Arion ARN 33435 (Aufnahme eines Peyote-Rituals).

Musique Mexicaine
Aufgenommen von José Raul Hellmer Disques Ocora OCR 73 (Aufnahme eines Peyote-Rituals der Huichol).

Mushroom Ceremony of the Mazatec Indians of Mexico *
Aufgenommen von Valentina P. und R. Gordon Wasson Folkways Records FR 8975.

Hekura–- Yanomamö Shamanism from Southern Venezuela
Aufgenommen von David Toop und Nestor Figueras Quartz 004 (Aufnahme eines Epená-Rituals).

Musik zu dem Kapitel Afrikanische Ahnen

Gabon - Musiques des Mitsogho et de Bateke *
Aufgenommen von Gilbert Rouget Harmonia Mundi – Collection Musée de l'Homme, OCR 84 (Bwiti-Ritualmusik).

Gabon - Le musicien de la forét, vol 1
Aufgenommen von Hugues Poitevin und Catharine Oneto Ocora 558 569 (Bwiti-Ritualmusik)

Gabon – Musica da un Microcosmo Equatoriale, Musica Fang Bwiti
Aufgenommen von James W. Fernandez Albatros VPA 8232 (Bwiti-Ritualmusik).

Polyphony in the Rainforest/The Music of Pygmy in Ituri *
Aufgenommen von Ohashi Tsutomu JVC Ethnomusic Collection, Victor VDP-1100 (DDD).

Original afrikanische Ritualmusik
Aufgenommen vor Thomas Maler XYMAX 29202-1 LP.

Africa - Witchcraft & Ritual Music
Aufgenommen von David Fanshawe Nonesuch Records H-720066.

Voodoo Trance Music - Ritual Drums of Haiti
Aufgenommen von Richard Hill und Morton Marks Lyrichord Stereo LLST 7279.

II Klassische und moderne E-Musik

Berlioz, Hector
Symphonie Fantastique *
Claudio Abbado, Choicago Symphony Orchestra
Deutsche Grammophon 410 895-2 (DDD)
(das Musikprogramm beschreibt einen Opium-Trip mit einem Hexen-Ritual)
Gurdjieff, G.I.
Sacred Hymns
Keith Jarrett, Piano
ECM 1174
Gurdjieff, G. I. and Thomas de Hartmann
Seekers of the Truth – the Complete Piano Music
Cecyl Lytle, Piano
Celestial Harmonies CEL 020/21 (1987)
Henry, Pierre
Cortical Art III
Philips 6510 015
Hildegard von Bingen
A Feather on the Breath of God *
Hyperion CDA 666039 (DDD)
Ligeti, György
Atmosphères, Volumina, Aventures, Konzert für Violoncello
Wergo SHZW 904 BL
Ravel, Maurice
Bolero *
(diverse Aufnahmen; auch die ZAPPA-Version ***; *The Best*

Band You Never Heard in your Life, Zappa Records CDD ZAP 38, 1991.

Stockhausen, Karlheinz
aus den sieben tagen
Deutsche Grammophon 2720 073
(Musik des Nichtdenkens, der Intensität, der Astronomie/Astrologie; Rhythmus des Denkens, des Universums; eine Komposition der Himmelskörper)

Varese, Edgar
Ionisation, Density 21,5, Intégrales, Octandre, Hyperprism *
Robert Craft, Columbia Symphony Orchestra
CBS 60286
Arcana etc. * Pierre Boulez, New York Philharmonic & Ensemble Intercontemporain SONY SK 4 5844 (ADD/DDD)

Vetter, Michael
Tamboura Meditations
Wergo SM 1039-50

Wagner, Richard
Siegfried-Idyll *
Decca 6.42968 (DDD) zusammen mit Arnold Schönberg, *Verklärte Nacht*
(bei diesen Klängen erlernt Siegfried die Sprache der Natur)

III Psychedelische Musik - Rock, Jazz und Avantgarde

Adamek, Karl *
Die Stimme: Quelle der Selbstheilung, Bauer Verlag, 1989 (3 Cassetten)

Baker, Ginger
Horses and Trees (1986, Celluloid CEL N.Y. 6126 D) *
African Force (1987, ITM 0017)
African Force, Palanquin's Pole (1987, JTM 0033)

Cousto
Klänge Bilder Welten (1989, Simon + Leutner)

Däfos
  Micky Hart, Airto, Flora Purim (1985, Reference RR-12 CD,
  AAD)
Davis, Miles
  Dark Magus (1977, CBS/Sony 50 DP 719-20)
  Diga Rhythm Band
  (1988, Rykodisc RCD 10101, ADD)
Eno, Brian
  Apollo (1983, EG Records 813 535-1 Y)
  Thursday Afternoon (1985, EG Records EGCD 64, ADD) *
Eno, Brian & David Byrne
  My Life in the Bush of Ghosts (1979, EG Records 2302 100)
Garbarek, Jan & Ralph Towner
  Dis (1977, ECM 1093) *
Hammer, Jan
  The First Seven Days (1975, Nemperor Records
  ATL 50184-U)
Hart, Mickey
  Rolling Thunder (1972, 1987, Relix Records RRCD 2026)
  At the Edge * (1990, Rykodisk RCD 10124)
Hassell, Jon
  Dream Theory in Malaya (1981, EG Records EGED 13)
  AKA/DARBARI/JAVA Magic Realism (1983, EG Records
  EGED 31)
  Power Spot (1986, ECM 1327, AAD) *
  Flash of the Spirit (1988, EMI CDP 566-7 91186 2)
  Earthquake Island (1989, Tomato 2696122)
Hellborg, Jonas
  The Word (1991, Axiom 162 539 898-2)
  [das Intro heißt «Akasha»]
Hillage, Steve
  Rainbow Dome Musick (1979, Virgin Records CDVR 1) *
Hopkins, David
  Gaia - An Ecological Meditation (1987, Wergo SM 1069-50) *
Horn, Paul
  Inside the Taj Mahal & Inside II (1969/1972, CBS 11062-2) *

(enthält verschiedene Stücke zum Thema «Akasha»)
Inside the Great Pyramide (1976/1983, Kuckuck CD 060/61)
Isham, Mark
Castalia (1988, Virgin Records CDV 2513)
Jobson, Eddie
Theme of Secrets (1985, Private Music 151, DDD)
Laswell, Bill
Hear No Evil (1988, Virgin Records CDVE 12) *
Lights In A Fat City
Somewhere (1988, These 3 CD) *
Nauseef, Mark
«Wun-Wun» (1984, CMP Records CD 25)*
O'Donnel, Joe
Goadhal's Vision (1977, Polydor 2460 274)
O'Hearn, Patrick
Ancient Dreams (Private Music 1201, DDD)
Eldorado (1989, Private Music 260 102, DDD) *
Osborn, Susan
Datura (P.O. Box 848, Eastsound, WA 98245)
(Preisgesänge der heiligen Pflanze)
Ponder, Sanford
Etosha – Private Music in the Land of Dry Water (1985, Private
Music 1101)
Prem Das, Muruga, and Shakti
Journey of the Drums (Musart, P.O. Box 20968, Oakland,
CA)*
Richards, Emil & the Microtonal Blues Band
Journey to Bliss (impulse! AS-9166) *
Schoener, Eberhard
Trance-Formation (1977, EMI 1C 064-32 526)
Schulze, Klaus
Dune (1979, Brain 660.050)
Shankar
Vision (1984, ECM 1261)
Shankar, Ravi
Tana Mana (1987, Private Music 2016-2-P, DDD)

Spooky Tooth with Pierre Henry
  Ceremony (1969, Phonogram 6444 540)
Vai, Steve
  Passion and Warfare (1990, Food for Thought CD GRUB 17)
Vangelis
  Spiral (1977, RCA PL 25116)
White Noise
  An Electric Storm (1969, Island Records ILPS 9099)
Yes
  Tales from Topographic Oceans (1973, Atlantic 781 325-2)
  Relayer (1974, Atlantic 19135-2)

Bibliographie

Adler, Margot: *Drawing Down the Moon: Witches, Druids, Goddess-Worshippers, and Other Pagans in America Today*, Boston 1986 (Revised and expanded Edition).

Adovasio, J.M.und Fry, G.F.: «Prehistoric Psychotropic Drug Use in Northern Mexico and Trans-Peco Texas», *Economic Botany* 30: 94-96 (1976).

Agrippa von Nettesheim; Heinrich Cornelius: *Die magischen Werke*, 1971.

Ajaya, Swami: *Living with the Himalayan Masters Honesdale*, Penn.: Himalayan International Institute 1980.

Albert-Puleo, Michael: «Mythobotany, Pharmacology, and Chemistry of Thujone–Containing Plants and Derivatives», *Economic Botany* 32: 65-74 (1987).

Aldiss, Brian W.: *Kryprozoikum*, München 1986.

Aldrich, Michael R.: «Tantric Cannabis Use in India», *Journal of Psychedelic Drugs* 9(3): 227-233 (1977).

Alegre, Dennis G.: *Sagada: A Survey of the Folk Herbal Practices of the Sagada Igorots in Mountain Provinces and Some Important Implications*, Los Baños, College of Agriculture, University of the Philippines (MS) 1980.

Allegro, John: *Der Geheimkult des heiligen Pilzes*, Wien 1971.

Anderson, Edward, F.: *Peyote – the Divine Cactus*, Tucson: University of Arizona Press 1980.

Andrews, George u. Solomon, D. (Hg.): *The Coca Leaf and Cocaine papers*, New York 1975.

Andrews, George; Vinkenoog, S. (Hg.): *The Book of Grass*, New York 1968.

Andritzky, Walter: «Das Koka-Orakel», *Esotera* 3/87: 50-57.

Ders.: *Schamanismus und rituelles Heilen im Alten Peru*, (2 Bde.) Berlin 1989.

Antonil: *Mama Coca*, London 1978.

Applegate, Richard, B.: «The Datura Cult Among the Chumash» *The Journal of Californian Anthropology* 2 (1): 7-17 (1975).

Auel, Jean: *Ayla und der Clan des Bären*, München 1986.

Dies.: *Das Tal der Pferde*, München 1988.

Dies.: *Mammut-Jäger*, München 1989.

Ayala Flores, F. u. Lewis, W.H.: «Drinking the South American Hallucinogenic Ayahuasca» *Economic Botany* 32: 154-156 (1978).

Baer, Gerhard: «‹Der vom Tabak Berauschte› – Zum Verhältnis von Rausch, Ekstase und Wirklichkeit», *Verhandlungen der Naturforschenden Gesellschaft in Basel* 96: 41-84 (1986).

Behr, Hans-Georg: *Von Hanf ist die Rede*, Basel 1982,

Benesch, Kurt: *Magie der Renaissance*, Wiesbaden 1985.

Berendt, Joachim-Ernst: *Nada Brahma: Die Welt ist Klang*, Reinbek 1985.

Betz, Hans Dieter: *The Greek Magical Papyri in Translation,* London: University of Chicago Press 1986.

Berge, Fr.: Riecke, V.A.: *Giftpflanzen-Buch*, Stuttgart 1845.

Berry, Michael: Jackson, B.P.: «European Mandrake (Mandragora officinarum L. and M. autumnalis Bertol.); the Structure of the Rhizone and Root», *Planta Medica* 30: 281-290 (1976).

Bibra, Ernst Freiherr von: *Die Narkotischen Genußmittel und der Mensch*, Nürnberg 1855.

Biedermann, Hans: «Schneemensch und Bärenmythik» *Mitteilungen der Anthropologischen Gesellschaft in Wien* 95: 101-105 (1965).

Ders.: «Die Sage vom Schneemenschen – ein umgeformter Bärenmythus?», *Quartär* 17: 141-152 (1966).

Ders.: *Medicina Magica: Metaphysische Heilmethoden in spätantiken und mittelalterlichen Codices*, Graz 1972.

Ders.: *Handlexikon der magischen Künste*, München, Zürich, 1976.

Ders.: *Höhlenkunst der Eiszeit*, Köln 1984.

Ders.: *Handlexikon der Magischen Künste* , Graz 1988.

Bonin, Werner, F.: *Lexikon der Parapsychologie*, Herrsching 1984.

Ders.:*Naturvölker und ihre übersinnlichen Fähigkeiten*, München 1986.

Borkmann, Walter: *Die Nornen: Forschungen über Fernsehen in Raum und Zeit*, Leipzig 1909.

Bouquet, Armand: *Féticheurs et médecines traditionelles du Congo (Brazzaville)*, Paris: O.R.S.T.O.M. (*Mémoires* No. 36) (1969).

Bourgeon, François: *Die Gefährten der Dämmerung 2: Die Drei Augen der Blaugrünen Stadt*, Reinbek 1986.

Bozzano, Ernesto: *Übersinnliche Erscheinungen bei Naturvölkern*, Freiburg 1975.

Bradley, Marion Zimmer: *Das Haus zwischen den Welten*, Bergisch-Gladbach 1983.

Dies.: *Die Nebel von Avalon*, Frankfurt/M. 1987.

Bramley, Serge: *Im Reiche des Wakan*, Basel 1977.

Brewer-Carias, Charles u. Steyermark, J.A.: «Hallucinogenic Snuff Drugs of the Yanomamo Caburiwe-Teri in the Cauaburi River, Brazil», *Economic Botany* 30: 57-66 (1976).

Brøndegaard, V.J.: *Ethnobotanik*, Berlin 1985.

Bruhn, J.G. et al.: «*Carnegiea gigantea*: The Saguaro and Its Uses», *Economic Botany* 25(3): 320-329 (1971).

Ders.: «Alkaloides of *Carnegiea gigantea*», *Lloydia* 39(4): 197-203 (1976).

Brunner, John: *Träumende Erde,* München 1983.

Brunner, Theodore F.: «Marijuana in Ancient Greece and Rome? the Literary Evidence», *Journal of Psychedelic Drugs* 9(3): 221-225 (1977).

Bryant, Alice; Galde P.: *The Message of the Crystal Skull*, St. Paul 1989.

Burl, Aubrey: *The Stonehenge People*, London 1977.

Burroughs, William S.: *Werke* 1, Frankfurt/M. 1971.

Bye, Robert A.: «Hallucinogenic Plants of the Tarahumara», *Journal of Ethnopharmacology* 1: 23-48 (1979).

Campbell, Joseph: *Historical Atlas of World Mythologies*, New York 1988 f.

Castaneda, Carlos: *Die Lehren des Don Juan*, Frankfurt 1973.

Ders.: *Eine andere Wirklichkeit*, Frankfurt 1975.

Ders.: *Reise nach Ixtlan*, Frankfurt 1976.

Clemens, Richard: *Die Sibyllischen Orakel*, Wiesbaden 1985.

Cobo, Bernabé: *Inca Religion and Customs* (übersetzt von Roland Hamilton), Austin 1990.

Coe, Michael D. u. Whittaker G.: *Aztec Sorcerers in the Seventeenth Century*, *Mexico*, Albany, State University of New York (Publ. 7) (1982-)

Crowley, Aleister: *Energized Enthusiasm*, New York 1979.

Cunis, Reinmar: *Zeitsturm*, München 1979.

Cunningham, Scott: *Magical Herbalism*, St. Paul, Minnesota 1983.

Deltgen, F.: *Mit Flinte und Blasrohr*, Köln: Rautenstrauch-Joest-Museum 1979.

Diaz, José Luis: «Ethnopharmacology of Sacred Psychoactive Plants Used by the Indians of Mexico» *Annual Review of Pharmacology and Toxicology* 17: 647-675 (1977).

Ders.: «Ethnopharmacology and Taxonomy of Mexican Psycho-dysleptic Plants» *Journal of Psychedelic Drugs* 11 (1-2): 71-101 (1979).

Dick, Philip K.: *Warte auf das letzte Jahr*, München 1981.

Dobkin De Rios, Marlene: «Folk Curing with a Psychedelic Cactus in Northern Peru», *International Journal of Social Psychiatry* 15: 23-32 (1968a).

Dies.: «Trichocereus pachanoi – A Mescaline Cactus Used in Folk Healing in Peru», *Economic Botany* 22 (2): 194-199 (1968b).

Dies.: «Banisteriopsis Used in Witchcraft and Folk Healing in Iquitos, Peru», *Economic Botany* 24 (35): 296-300 (1970).

Dies.: *Visionary Vine: Psychedelic Healing in the Peruvian Amazon*, San Francisco 1972.

Dies.: «The Influence of Psychotropic Flora and Fauna on Maya Religion», *Current Anthropology* 15 (2): 147-164 (1974).

Dies.: «Plant Hallucinogens and the Religion of the Mochica», *Economic Botany* 31 (2): 189-203 (1977).

Dies.: «Plant Hallucinogens, Sexuality and Shamanism in the Ceramic Art of Ancinet Peru», *Journal of Psychoactiv Drugs* 14 (1-2): 81-90 (1982).

Dies.: *Hallucinogens: Cross Cultural Perspectives*, Bridport, Dorset 1990.

Dies.: «Schamanen, Halluzinogene und Erdaufschüttungen in der Neuen Welt», *Unter dem Pflaster liegt der Strand* 15: 95-112 (1985).

Dies.: «Fortune's Malice: Divination, Psychotherapy, and Folk Medicine in Peru», *Journal of American Folclore* 82 (324): 132-141 (1969).

Dies.: «A Psi Aproach to Love Magic, Witchcraft and Psychedelics in the Peruvian Amazon», *Phoenix* 2 (1): 22-27 (1978).

Dörner, Hans Helmut: «Hugin und Munin» in W. Bauer (Hg.), *Rabengeschrei*, Berlin 1987.

Drury, Nevill: *Vision Quest*, Bridport 1984.

Ders.: *Music for Inner Space*, Bridport 1985.

Ders.: *Lexikon esoterischen Wissens*, München 1988.

Ders.: *Der Schamane und der Magier*, Basel 1989.

Eberhard, Wolfram: *Lexikon chinesischer Symbole*, Köln 1983.

Efron, Daniel H. (Hg.): *Ethnopharmacologic Search for Psychoactive Drugs*, Washington 1967.

Eliade, Mircea: *Von Zalmoxis zu Dschingis-Khan: Religion und Volkskultur in Südosteuropa*, Köln 1982.

Emboden, William A.: *Narcotic Plants*, New York 1979.

Ders.: «Dionysus as a Shaman and Wine as a Magical Drug» *Journal of Psychedelic Drugs* 9 (3): 187-192 (1977).

Ders.: «The Sacred Narcotic Lily of the Nile», *Economic Botany* 32 (4): 395-407 (1978).

Ders.: «Nympaea ampla and Other Maya Narcotic Plants», *Mexicon* 1: 50-52 (1979).

Estrada, Alvaro: *Maria Sabina - Botin der heiligen Pilze*, München 1980.

Fernandez, James W.: «Tabernanthe Iboga: Narcotic Ecstasis and the Work of the Ancestors» in: Furst (Hg.):237-260 (1972).

Ders.: *Bwiti*, Princeton 1982.

Fields, Herbert F.: «Rivea corymbosa: Notes on Some Zapotecan Customs», *Economic Botany* 23: 206-109 (1968).

Findlay, W.P.K.: *Fungi: Folklore, Fiction, & Fact*, Richmond 1982.

Flattery, David St.; Schwartz, M.: *Haoma and Harmalin*, Berkeley 1989.

Frank, Walter A.: «Weltbild im Wandel – Wandel des Bewußtseins», *Geist und Psyche*, Insbruck 1986.

Furst, Peter T. (Hg.): *Flesh of the Gods*, London 1971.

Ders.: «Ritual Use of Hallucinogens in Mesoamerica» *Religión en Mesoamérica*, XII Mesa Redonda: 61-68 (1972).

Ders.: *Hallucinogens and Culture*, San Francisco 1976.

Geddes, William Robert: *Migrants of the Mountains*, Oxford 1976.

Gehrts, Heino u. Lademann-Priemer G. (Hg.): *Schamanentum und Zaubermärchen*, Kassel 1986.

Gelpke, Rudolf: *Vom Rausch im Orient und Okzident,* Frankfurt/ M. 1982.

Gessmann, G. W.: *Die Pflanzen im Zauberglauben* , Den Haag.

Gibran, Kahlil: *Der Prophet*, Olten 1980.

Goodman, Felicitas: *Wo die Geister auf den Winden reisen*, Freiburg im Br. 1989.

Greve, Paul: *Der Sumpfporst*, Hamburg 1938.

Grof, Stanislav: *Das Abenteuer der Selbstentdeckung*, München 1987.

Guntern, Gottlieb (Hg.): *Der Gesang des Schamanen*, Brig 1990.

Haas, D. Hans: *Die Ainu und ihre Religion*, (Bilderatlas zur Religionsgeschichte 8) Leipzig 1925.

Halifax, Joan: *Die andere Wirklichkeit der Schamanen*, Bern 1981.

Hansen, Gustav: *The Psychotropic Effect of Ketamin*, Snedsted 1986.

Hansen, Harold: *Der Hexengarten*, München 1981.

Hargous, Sabine: *Beschwörer der Seelen: Das magische Universum der südamerikanischen Indianer*, Basel 1976.

Harner, Michael (Hg.): *Hallucinogens and Shamanism*, London 1973.

Harness, Charles L.: *Der Katalysator*, Rastatt 1982.

Hartwich, Carl von: *Die menschlichen Genußmittel*, Leipzig 1911.

Haskins, James: *Witchcraft, Mysticism and Magic in the Black World*, Garden City 1974.

Heffern, Richard: *Secrets of Mind-Altering Plants of Mexico*, New York 1974.

Henglein, Martin: *Die heilende Kraft der Wohlgerüche und Essenzen*, München 1985.

Herbert, Frank: *Der Wüstenplanet*, München 1978.

Hermanns, M.: *Mythen und Mysterien der Tibeter*, Stuttgart 1980.

Hill, W.W.: «Navajo Use of Jimson Weed», *New Mexico Anthropologist* 3 (2): 19-21 (1938).

Höfler, Max: *Volksmedizinische Botanik der Germanen*, Wien 1908.

Höhle, Sigi et al. (Hg.): *Rausch und Erkenntnis - Das Wilde in der Kultur*, München 1986.

Hoffman, Kaye: *Tanz, Trance, Transformation*, München o.D.

Hofmann, Albert: *Die Mutterkornalkaloide*, Stuttgart 1964.

Ders.: «LSD und die mexikanischen Zauberdrogen» *Nordwestdeutsche Gesellschaft für ärztliche Fortbildung* 1975.

Ders.: *LSD - mein Sorgenkind*, Stuttgart 1979.

Ders.: *Einsichten - Ausblicke*, Basel 1986.

Ders.: «Die heiligen Pilze in der Heilbehandlung der Maria Sabina» in: A. Dittrich u. Ch. Scharfetter (Hg.), *Ethnopsychotherapie*, S. 45-52, Stuttgart 1987.

Hooper, Judith u. Teresi, D.: *Das Drei-Pfund-Universum*, Düsseldorf 1988.

Hopfner, Theodor: *Griechisch - Ägyptischer Offenbarungszauber*, (Studien zur Palaeographie und Papyruskunde, Bd. 21) 1921.

Howells, William: *The Heathens*, Garden City 1962,

Hoyle, Peter: *Delphi und sein Orakel*, Wiesbaden 1968.

Huber, E.: *Das Trankopfer im Kulte der Völker*, Hannover-Kirchrode 1929.

Huber, Guido: *Ákáça - der mystische Raum*, Zürich 1955.

Huxley, Aldous: *Eiland*, München 1984.

Ders.: *Moksha*, München 1983.

Jackson, Betty P. u. Berry, Michael I.: «Mandragora - Taxonomy and Chemistry of the European Species» in: J.G. Hawkes et al. (Hg.):*The Biology and Taxonomy of the Solanacea*, London 1979.

Jacq, Christian: *Egyptian Magic*, Warminster 1985.

Jahn, Janheinz: *Muntu - die neoafrikanische Kultur*, Köln 1986.

Janiger, Oscar u. Dobkin de Rios, Marlene: «Suggestive Hallucinogenic Properties of Tobacco», *Medical Anthropology Newsletter* 4 (4): 6-11 (1973).

Ders.: «Nicotiana a Hallucinogen?», *Economic Botany* 30: 149-151 (1976).

Katz, Richard: *Num - Heilen in Ekstase*, Interlaken 1985.

Kees, Herman: *Der Götterglaube im alten Ägypten*, Darmstadt 1980.

Keller, Werner: *Was gestern noch als Wunder galt*, München 1973.

Khlopin, Igor N.: «Mandragora turcomanica in der Geschichte der Orientalvölker», *Orientalia Lovaniensia Periodica* 11: 223-231 (1980).

Kimmins, Andrew C. (Hg.): *Tales of Ginseng*, New York 1975.

Ders.: *Tales of Hashish*, New York 1977.

Knab, Tim: «Notes Concerning Use of Solandra Among the Huichol» *Economic Botany* 31: 80-86 (1977).

Knecht, Sigrid: «Rauchen und Räuchern in Nepal», *Ethnomedizin* 1 (1): 209-222 (1971).

Knoll-Greiling, Ursula: «Rauschinduzierende Mittel bei Naturvölkern und ihre individuelle und soziale Wirkung», *Sociologus* 9 (1): 47-60 (1959).

Kohn, Mareile: *Das Bärenzeremoniell in Nordamerika*, Hohenschäftlarn 1986.

Kreuter, Marie-Luise: *Wunderkräfte der Natur*, München 1982.

Krippner, Stanle u. Fersh, Don: «Paranormal Experience Among Members of American Contra-cultural Groups», *Journal of Psychedelic Drugs* 3 (1): 109-114 (1970).

La Barre, Weston: «Old and New World Narcotics», *Economic Botany* 24 (1): 73-80 (1970).

Ders.: *The Peyote Cult*, New York 1975.

Langdon, E. Jean: «Yagé Among the Siona: Cultural Patterns in Visions» in D.L. Browman; R.A. Schwarz (Hg.): *Spirits, Shamans, and Stars*: 63-80, The Hague 1979.

Laufenstein, Dieter: *Die Mysterien von Eleusis*, Stuttgart 1987.

Lechner-Knecht, Sigrid: *RaumZeit*, Gümlingen 1986.

Lehande, Brendan: *The Power of Plants*, Maidenhead 1977.

Leuenberger, Hans: *Im Rausch der Drogen*, München 1970.

Leuner, Hanscarl: *Halluzinogene*, Bern 1981.

Lewin, Louis: *Ueber Piper Methysticum*, Berlin 1886.

Ders.: *Gottesurteile durch Gifte und andere Verfahren* (Beiträge zur Giftkunde, Heft 2), Berlin 1929.

Ders.: *Phantastica*, Linden 1980.

Ders.: *Banisteria Caapi, ein neues Rauschgift und Heilmittel*, Berlin 1986.

Li, Hui-Lin: «The Origin and Use of Cannabis in Eastern Asia:

Linguistic-cultural Implications», *Economic Botany* 28: 293-301 (1974).

Ders.: «An Archaeological and Historical Account of Cannabis in China», *Economic Botany* 28: 437-448 (1974).

Ders.: «Hallucinogenic Plants in Chinese Herbals», *Journal of Psychedelic Drugs* 10 (1): 17-26 (1978).

Lilly, John: *Das Zentrum des Zyklons*, Frankfurt/M. 1985.

Ders.: *Simulationen von Gott*, Basel 1986.

Lockwood, Tommie E.: «The Ethnobotany of Brugmansia», *Journal of Ethnopharmacology* 1: 147-164 (1979).

Loewe, Michael u. Blacker Carmen (Hg.): *Divination and Oracles*, London 1981.

Lurker, Manfred: *Lexikon der Götter und Symbole der alten Ägypter*, Bern 1987.

McGuire u. M. Thomas: «Ancient Maya Mushroom Connections», *Journal of Psychoactive Drugs* 14 (3): 221-238 (1982).

McKenna, Terence: *Wahre Halluzinationen*, Basel 1989.

Majercik, Ruth: *The Chaldean Oracles*, Leiden 1989.

Mannheim, M.J.: «Die Scopolaminwirkung in der Selbstbeobachtung», *Zeitschrift für Neurologie* 93/55 (1925).

Manniche, Lise: *An Ancient Egyptian Herbal*, London 1989.

Markale, Jean: *Die Druiden*, München 1989.

Martin, Richard T.: «The Role of Coca in the History, Religion, and Medicine of South American Indians», *Economic Botany* 23: 422-438 (1969).

Martin, Rudolf: *Die Inlandstämme der malayischen Halbinsel* Jena, Frankfurt/M. 1905.

Martino, Ernesto de: *Primitive Magic*, Bridport 1988.

Marzell, Heinrich: *Zauberpflanzen – Hexentränke*, Stuttgart 1964.

Maycr, Karl H.: «Salvia Divinorum: Ein Halluzinogcn dcr Mazateken von Oaxaca», *Ethnologia Americana* 14 (2), No. 80: 776-779 (1977).

Mehra, K.L.: «Ethnobotany of Old World Solanacaea» in: Hawkes et al. (Hg.): *The Biology and Taxonomy of the Solanaceae*: 161-170, 1979.

Melas, Evi: *Delphi - Die Orakelstätte des Apollon*, Köln 1990.

Melzer, Dietmar H.: *Märchen der Guaraní-Indianer*, Friedrichshafen 1984.

Ders.: *Indio Guaraní - vergessenes Volk am Rio Paraná*, Friedrichshafen 1985.

Ders.: *Dschungelmärchen*, Friedrichshafen 1987.

Mercatante, Anthony: *Der magische Garten*, Zürich 1980.

Merrifield, Ralph: *The Archaeology of Ritual and Magic*, London 1987.

Metzner, Ralph: «Molecular Mysticism: The Role of Psychoactive Substances in the Transformation of Consciousness» in C. Rätsch (Hg.): *Gateway to Inner Space*, Bridport 1989.

Ders.: *The Ecstatic Adventure*, New York 1968.

Ders.: *Maps of Consciousness*, New York 1971.

Ders.: *Hineingehen*, Freiburg 1987.

Ders.: «Transformation Processes in Shamanism, Alchemy, and Yoga» in: Sh. Nicholson (Hg.): *Shamanism*: 233-252, Wheaton, III., 1987.

Ders.: «States of Consciousness and Transpersonal Psychology» in R. Valle; Halling S. (Hg.): *Existential-Phenomenological Perspectives in Psychology*, New York 1989.

Miers, Horst E.: *Lexikon des Geheimwissens*, München 1980.

Miller, Richard Alan: *Liebestrank und Ritual*, Basel 1988.

Miller, Walter D.: «El tonalamatl mixe y los hongos sagrados», *Homenaje a Roberto J. Weitlander*: 317-328, México, D.F.: UNAM 1966.

Mitsuhashi, Hiroshi: «Medicinal Plants of the Ainu» *Economic Botany* 30: 209-217 (1976).

Mooney, James: *The Ghost-Dance Religion*, Chicago 1976.

Mortimer, W. Golden: *Coca - the Divine Plant of the Incas*, San Francisco 1974.

Müh, Philipp: *Psychische Gewalten*, Lorch o.D.

Müller-Ebeling, Claudia: »Die Alraune in der Bibel» in: Schlosser: 141-149, 1987.

Müller-Ebeling, Claudia; Rätsch, Christian: *Isoldens Liebestrank: Aphrodisiaka in Geschichte und Gegenwart*, München 1986.

Dies.: «Kreisrituale» *Sphinx* 6 , 86: 42-47 (1987).

Dies.: *Heilpflanzen der Seychellen*, Berlin 1989.

Dies.: «Mentale Anarchie» in: *Vom Wesen der Anarchie & Verwesen verschiedener Wirklichkeiten*, Berlin 1989.

Münzel, Mark: *Schrumpfkopfmacher?*, Frankfurt/M. 1977.

Munizaga, A. Carlos: «Uso actual de Miyaya (Datura stramonium) por los araucanos de Chile», *Journal de la Société des Américanistes*: 4-43 (1960).

Muses, C.: «The Sacred Plant of Ancient Egypt» in Rätsch (Hg.) 1989.

Nahas, Gabriel G.: «Hashish in Islam 9th to 18th Century», *Bull N.Y.Acad.Med.* 58(9): 814-831 (1982).

Naranjo, Claudio: «Psychotherapeutic Possibilities of New Fantasy-Enhancing Drugs», *Clinical Toxicology* 2 (2): 209-224 (1969).

Naranjo, Plutarco: «El Cocaismo entre los aborigenes de Sud América», *América Indígena* 34 (3): 605-628 (1974).

Ders.: Ayahuasca: *Ethnomedicina y Mitalogia*, Quito 1983.

Ohnuki-Tierney, Emiko: «The Shamanism of the Ainu of theNorthwest Coast of Southern Sakhalin», *Ethnology* 12: 15-29 (1973).

Ders.: «Ainu Illness and healing: A Symbolic Interpretation», *American Ethnologist* 7 (1): 132-151 (1980).

Ott, Jonathan: *Hallucinogenic Plants of North America*, Berkeley 1976.

Ders.: «Psycho - Mycological Studies of Amanita - From Ancient Sacrament to Modern Phobia», *Journal of Psychedelic Drugs* 8 (1): 27-35 (1976).

Ott, J. Bigwood J. (Hg.): *Teonanacatl: Hallucinogenic Mushroom of North America*, Seattle 1978.

Paproth, Hans-Joachim: *Studien über das Bärenzeremoniell*, München 1976.

Paracelsus: *Mikrokosmos und Makrokosmos*, München 1989.

Parke, H.W.: *The Oracles of Apollo in Asia Minor*, London 1985.

Ders.: *Sibyls and Sibylline Prophecy in Classical Antiquity*, London 1988.

Perez de Barradas, José: *Plantas Magicas Americanas*, Madrid 1957.

Peterson, Scott: *Native American Prophecies*, New York 1990.

Pietsch, Margret: «Indianisches Sehertum» in G.-K. Kaltenbrunner (Hg.): *Was sagen die Propheten?* S. 105-121, München 1982.

Plutarch: *Über Gott, Dämonen, Vorsehung*, München 1967.

Pollock, Steven H: «The Psilocybin Mushroom Pandemic», *Journal of Psychedelic Drugs* 7 (1): 73-84 (1975).

Ders.: «The Alaskan Amanita Quest», *Journal of Psychedelic Drugs* 7 (4): 397-399 (1975).

Ders.: *Magic Mushroom Cultivation*, San Antonio 1977.

Pope, H.G.: «*Tabernanthe iboga* - an African Narcotic Plant of Social Importance», *Economic Botany* 23: 174-184 (1969).

Prance, Ghillean T.: «Notes on the Use of Plant Hallucinogenes in Amazonian Brazil», *Economic Botany* 24: 62-68 (1970).

Prins, Marina: «*Tabernanthe iboga*, die vielseitige Droge Äquatorial-Westafrikas: Divination, Initiation und Besessenheit bei den Mitsogho in Gabun» in: A. Dittrich u. Ch. Scharfetter (Hg.): *Ethnopsychotherapie*, S. 53-69, Stuttgart 1987.

Pukallas, Horst u. Brandhorst, Andreas: *Die Renegatin von Akasha*, Frankfurt/M. 1986.

Ders.: *Der Attentäter*, Frankfurt/M. 1986.

Ders.: *Das Exil der Messianer*, Frankfurt/M. 1986.

Rätsch, Christian: *Bilder aus der unsichtbaren Welt*, München 1985.

Ders. (Hg.): *Chactun – Die Götter der Maya*, Köln 1986.

Ders.: *Ethnopharmakologie und Parapsychologie*, Berlin 1986.

Ders.: «*Die Alraune heute*» in Starck: 87-109, 1987.

Ders.: *Psychedelische Diagnostik im ethnographischen Kontext*, Referat zum 2. Symposium über psychoaktive Substanzen, Kandern 1987.

Ders.: «Mexikanische Prophetien - Träume und Visionen», *Grenzgebiete der Wissenschaft* 36 (2): 116-134 (1987).

Ders.: «Der Rauch von Delphi», *Curare* 10 (4): 215-228 (1987).

Ders.: *Indianische Heilkräuter*, Köln 1987.

Ders.: «Tarot und die Maya», *Ethnologia Americana* 24 (1), Nr. 112: 1188-1190 (1988).

Ders.: *Lexikon der Zauberpflanzen aus ethnologischer Sicht*, Graz 1988.

Ders.: «Mexikanische Drogen in Europa», Nachwort zu Friedrich Freiherr von Gall, *Medizinische Bücher*, Berlin 1989.

Ders. (Hg.): *The Gateway to Inner Space*, Bridport 1989.

Ders.: «Die Pflanzen der Götter auf der Erde» *Imagination* 4 (1): 18-20 (1989).

Ders.: *Pflanzen der Liebe*, Bern 1990.

Ders.: *Magical Plants: An Ethnopharmacological Dictionary*, Bridport 1990.

Ders.: «Bridges to the Gods: Psychedelic Rituals of Knowledge», *Annali dei Musei Civici di Rovereto* vol. 6 (1990) 1991.

Rätsch, Christian u. Guhr Andreas: *Lexikon der Zaubersteine*, Graz 1989.

Rätsch, Christian u. Probst, Heinz J.: *Namaste Yeti*, München 1985.

Dies.: «Xtohk'uh: Zur Ethnobotanik der Datura-Arten bei den Maya in Yucatan», *Ethnologia Americana* 21/2, Nr. 109: 1137 1140 (1985).

Regardie, Israel (Hg.): *Roll Away the Stone*, Saint Paul 1968.

Reichel-Dolmatoff, Gerardo: *Amazonian Cosmos*, Chicago 1972.

Ders.: *The Shaman and the Jaguar*, Philadelphia 1975.

Ders.: *Beyond the Milky Way*, Los Angeles 1978.

Reko, Victor A.: *Magische Gifte*, Berlin 1986.

Reko, Blas Pablo: *Mitobotánica Zapoteca*, Tacubaya 1986.

Resch, Andreas: «Exotisches Psi - Paranormales in anderen Kulturen. Basler Psi-Tage 1986», *Grenzgebiete der Wissenschaft* 36 (1): 14-38 (1987).

Reyes, G. Luis: «Una relación sobre los hongos alucinantes» *Tlalocan* 6 (2): 140-145 (1970).

Riedlinger, Thomas J. (Hg.): *The Sacred Mushroom Seeker - Essays for R. Gordon Wasson*, Portland, Oregon, 1990.

Riva, Anna: *The Modern Herbal Spellbook*, Toluca Lake 1974.

Roldan, Dolores: *Teonanacatl (carnita divina)*, Mexico 1975.

Rose, Jeanne: *Herbs & Things*, o.O. 1974.

Rouhier, Alexandre: *Die Hellsehen hervorrufenden Pflanzen*, Berlin 1986.

Rubel, Arthur; Gettelfinger-Krejci, Jean: «The Use of Hallucinogenic Mushrooms for Diagnostic Purposes Among Some Highland Chinantecs», *Economic Botany* 30: 235-248 (1976).

Rubin, Vera; Comitas Lambros: *Ganja in Jamaica*, Garden City 1976.

Ruiz de Alarcon, Hernando: *Treatise on the Heathen Superstition* in Andrews & Hassig (Hg.), Norman 1984.

Rutherford, *Ward: The Druids – Magicians of the West*, Wellingborough 1983.

Ryzl, Milan: *Parapsychologie*, München 1985.

Sandermann, W.: «Berserkerwut durch Sumpfporst-Bier», *Brauwelt* 120 (50): 1870-1872 (1980).

Sandford, J.H.: *In Search of the Magic Mushroom*, New York 1973.

Sarianidi, W.: «Die Wiege des Propheten», *Wissenschaft in der UDSSR* Nr. 5: 118-127 (1988).

Schadewaldt, Hans: *Der Medizinmann bei den Naturvölkern*, Stuttgart 1968.

Schaefer, H.: «Der Höhlenbär», *Veröffentlichungen aus dem Natur historischen Museum*, Nr. 2, Basel 1961.

Scharfetter, Christian: «Der Schamane: Zeuge einer alten Kultur – wieder belebbar?», *Schweizer Archiv für Neurologie, Neurochirurgie und Psychiatrie* 136 (3): 81-95 (1985).

Scheffer, Thassilo von: *Hellenische Mysterien und Orakel*, Stuttgart 1940.

Scheidt, Jürgen vom: «Drogenrausch und parapsychische Phänomene», *Zeitschrift für Parapsychologie* 14 (4): 244-251 (1972).

Schenk, Gustav: *Das Buch der Gifte*, Berlin 1954.

Schlosser, Alfred: *Die Sage vom Galgenmännlein im Volksglauben und in der Literatur*, Berlin 1986.

Scholz, Dieter u. Eigner Dagmar: «Zur Kenntnis der natürlichen Halluzinogene», *Pharmazie in unserer Zeit* 12 (3): 75-79 (1983).

Schröder, Ekkehard (Hg.): «Ethnobotanik - Ethnobotany», *Curare* Sonderband 3/85 (1985).

Schultes, R. E.: *Hallucinogenic Plants*, Racine 1976.

Ders.: «A New Hallucinogen from Andean Colombia: Iochroma fuchsioides», *Journal of Psychedelic Drugs* 9: 45-49 (1977).

Ders.: «Solanaceous Hallucinogens and Their Role in the Development of New World Cultures» in Hawkes et al. (Hg.): *The Biology and Taxonomy of the Solananceae*: 137-160, London, 1979.

Schultes, R. E. u. Hofmann A.: *Pflanzen der Götter*, Bern 1980.

Dies.: *The Botany and Chemistry of Hallucinogens*, Springfield 1980.

Seefelder, M.: *Opium– Eine Kulturgeschichte*, Frankfurt/M. 1987.

Shackley, Myra: *Neanderthal Man*, London 1980.

Sharon, Douglas: *Magier der vier Winde*, Freiburg 1980.

Siegel, R.K. u. Collings, P.R. u. Diaz, J.L.: «On the Use of *Tagetes lucida* and *Nicotiana rustica* as a Huichol Smoking Mixture», *Economic Botany* 31: 16-23 (1977).

Siodmak, Curt: *Das Dritte Ohr*, München 1983.

Skeat, Walter William: *Malay Magic*, New York 1967.

Spilmont, Jean-Pierre: *Magie*, München 1984.

Starck, Adolf Taylor: *Der Alraun: Ein Beitrag zur Pflanzensagenkunde*, Berlin 1986.

Steiner, Rudolf: *Aus der Akasha-Chronik*, Dornach 1975.

Storl, Wolf-Dieter: *Vom rechten Umgang mit heilenden Pflanzen*, Freiburg 1986.

Swiderski, Stanislav: «Le Bwiti», *Anthropos* 60: 541-576 (1965).

Swoboda, Helmut: *Propheten und Prognosen*, München 1979.

Thamm, Berndt Georg: *Andenschnee*, Basel 1986.

Thomas, P.: *Secrets of Sorcerey, Spells and Pleasure Cults of India*, Bombay 1983.

Thompson, C.J.S.: *The Mystic Mandrake* (2. Aufl.), New York 1968.

Tierny, Gail D.: «Botany and Witchcraft», *El Palacio* 80 (2): 44-50 (1974).

Tolstoy, Nikolai: *Auf der Suche nach Merlin*, Köln 1987.

Touw, Mia: «The Religious and Medicinal Uses of Cannabis in China, India and Tibet», *Journal of Psychoactive Drugs* 13 (1): 23-34 (1981).

Uhlig, H.: *Bali - Insel der lebenden Götter*, Bergisch-Gladbach 1988.

Valdes, Leander et al.: «Divinorum A, a Psychotropic Terpenoid and Divinorum B from the Hallucinogenic Mexican Mint *Salvia divinorum*», *J. Org. Chem.* 49 (24): 4716-4720, 1984.

Villoldo, Alberto. Jendersen, Erik: *The Four Winds: A Shaman's Odyssey into the Amazon*, San Francisco 1990.

Villoldo, Alberto; Krippner, Stanley: *Heilen und Schamanismus*, Basel 1986.

Vinci, Leo: *Incense: Its Ritual Significance, Preparation and Use*, New York 1980.

Völger, Gisela (Hg).: *Rausch und Realität* (2Bd.), Köln 1981.

Vries, Herman de: *natural-relations I – die marokkanische Sammlung*, Stuttgart: 1984.

Ders.: «Die steppenraute, ihr gebrauch im marokko als heilpflanze und psychotherapeutikum», *Salix* 1 (1): 36-40 (1985).

Ders.: *Natural relations – eine Skizze*, Nürnberg 1989.

Wallis Budge, Sir E.A.: *Egyptian Magic*, London 1988.

Walton, James W.: «Muinane Diagnostic Use of Narcotics», *Economic Botany* 23: 187-188 (1969).

Wasson, R. Gordon: «Ololiuqui and the Other Hallucinogens of Mexico» in: *Homenaje a Roberto J. Weitlander*: 329-348, Mexico 1972.

Ders.: *Soma – Divine Mushroom of Immortality*, New York 1972.

Ders.: «Traditional Use in North America of *Amanita muscaria* for Divinatory Purposes», *Journal of Psychedelic Drugs* 11 (1-2) (1979).

Ders.: *The Wonderous Mushroom*, New York 1980.

Ders.: «Seeking the Magic Mushroom», *Life May* 13: 100-120 (1957).

Wasson, R. Gordon u. Hofmann, Albert. Ruck, Carl A.P.: *Der Weg nach Eleusis: Das Geheimnis der Mysterien*, Frankfurt/M. 1984.

Watson, Ian: *Das Babel-Syndrom*, München 1983.

Weck, Wolfgan: *Heilkunde und Volkstum auf Bali*, Jakarta 1986.

Weltalmanach des Übersinnlichen, München 1982.

Werfel, Franz: *Stern der Ungeborenen*, Frankfurt/M. 1946.

Wilbert, Johannes: «Magico - Religious Use of Tobacco Among South American Indians» in D.L. Browman u. R. A. Schwarz (Hg.): *Spirits, Shamans, and Stars*: 13-38, The Hague 1979.

Wilson, Colin: *The Psychic Detectives*, San Francisco 1985.

Winkelman, Michael u. Dobkin de Rios, Marlene: «Psychoactive Properties of !Kung Bushmen Medicine Plants», *Journal of Psychoactive Drugs* 21 (1): 51-59 (1989).

Wolff, Fritz: *Avesta – Die heiligen Bücher der Parsen*, Strassburg 1910.

Yarnell, Richard A.: «Prehistoric Pueblo Use of Datura», *El Palacio* 66 (5): 176-178 (1959).

Zimmer, Heinrich: *Indische Mythen und Symbole*, Köln 1984.

Ders.: *Abenteuer und Fahrten der Seele*, Köln 1987.

Dank

Mein tiefster Dank gilt

dem Torwächter Ralph Metzner – dessen Gedanken und Taten so
lehrreich sind
meinem begeisterten Freund Dieter Hagenbach
meiner Frau Claudia Müller-Ebeling - ein ewige Quelle der Kraft
und Inspiration
der einzigartigen Anupama, die mich immer wieder verzaubert
meinem treuen Freund Nirmol, der mich so oft begleitet
meinen Freunden Sigi und Ossi - immer wieder und nie genug
den enthusiastischen Serious Six
den psychedelischen Künstlern Terence und Kat McKenna
dem Weisen vom Berg, Albert Hofmann - ohne den nichts wirklich
geworden wäre
dem alten Chan K'in, der mir die Augen für die unsichtbare Welt
öffnete
Steve Vai & his *Akashic Records* und Mark Nauseef – für musika-
lische Inspiration
den Pflanzen der Götter

Für Materialien und magische Düfte bedanke ich mich bei
Werner Larsen und Ulrike Werner
Für die Beschaffung von Zaubersteinen bei Andreas Guhr
Für nützliche Graphiken bei Sebastian Rätsch
Für meine heidnische Erziehung bei meinen Eltern.

Ich danke dem Kreis des Lebendigen, der Spirale der Evolution und
dem Tor nach Akasha!
das einzige, was kein Ende hat, ist der Kreis

Das Buch

Schon seit vorgeschichtlicher Zeit haben Zauber- und Prophetenpflanzen die Kultur der Menschen beeinflußt. Sie ermöglichten
Visionen, unter deren Leitung die Menschheit sich auf den Weg
ihrer Entwicklung machte. Zeugnisse aus vielen Kulturen in aller
Welt belegen, wie sehr die Entwicklung der Menschen durch die
Prophetenpflanzen geprägt wurde. Im Zentrum steht für den Autor
der Zugang zum Urgrund aller prophetischen Schau: Das Reich
von Akasha. Akasha ist in der indischen Philosophie der Äther, das
Feinstoffliche, das fünfte, alles durchdringende Element. Akasha
ist aber auch die Bezeichnung für die unsichtbare Welt, für jenen
magisch-mystischen Ort, an dem im Glauben vieler Völker das
geheime Wissen vom Wesen alles Seins verborgen ist. Zu allen
Zeiten waren es die Blätter, Blüten, Samen und Wurzeln der
Zauber- und Prophetenpflanzen, die heiligen Gaben der Erde, die
den Eintritt in dieses Reich ermöglichten. Durch sie konnten die
Propheten und Weisen den Menschen ihre ‹göttlichen› Botschaften
bringen.

Der Autor

Christian Rätsch gilt als einer der profundesten Kenner der
Ethnopharmakologie und der Ethnomedizin. Als ethnologischer
Beirat des europäischen Kollegiums für Bewußtseinsstudien
erforschte er den Gebrauch von Zauber- und Prophetenpflanzen in
aller Welt. Als Mitarbeiter des Mineralien-Zentrums Hamburg hat
er sich in den letzten Jahren auch mit Fossilien und Zaubersteinen
beschäftigt. Seine bisher wichtigsten Veröffentlichungen sind: *Bilder
aus der unsichtbaren Welt* (1985), *Isoldens Liebestrank* (zusammen
mit Claudia Müller-Ebeling, 1986), *Indianische Heilkräuter* (1987),
Lexikon der Zaubersteine (1989) und *Pflanzen der Liebe* (1990).

S P H I N X

Hermann Meyer

Gesetze des Schicksals
die Befreiung von unbewussten Zwängen

256 Seiten, Broschur

Das Wissen um die Schicksalsgesetze bedeutet, zu erkennen, was mit einem vorgeht und befähigt einen, Verantwortung für das eigene Leben zu übernehmen.

Der Autor hat sich als Astrologe und Psychologe jahrelang in Theorie und Praxis mit dem Phänomen Schicksal auseinandergesetzt. Daraus hat er zehn Gesetze des Schicksals herauskristallisiert, die im Leben des Einzelnen, im Umgang mit sich selbst und mit anderen, wirken. Er führt viele Beispiele an, die gerade in ihrer Alltäglichkeit die grotesken Auswüchse des Erlebens des persönlichen Schicksals illustrieren. Jedem Menschen kann mit diesen Beispielen und den ihnen zu Grunde liegenden Gesetzmässigkeiten klar werden, wie er der Schöpfer seines eigenen «Schicksals» ist, und wie er sich davon befreien kann.

S P H I N X

Hermann Meyer

Der Tod ist kein Zufall
Befreiung des verdrängten Lebens

210 Seiten, gebunden

Die meisten sogenannten «Unfälle»
und tödlich verlaufenden Krankheiten bei Menschen in jüngeren
Jahren sind unerkannte Selbst-
tötungen. Hermann Meyer schildert
Fälle aus seiner Praxis, unterscheidet zehn hauptsächliche Todesursa-
chen - z.B. falschverstandene
Konsequenz, verdrängte Sexualität
und Aggression, vorgeburtliche
Seelenprägungen - und gibt ausser
der Erläuterung der gesellschaftlichen Hintergründe auch Hinweise,
wie jeder durch eine neue Selbst-
einschätzung der eigenen Lebens-
situation einem frühen Tod
vorbeugen kann. «Der Tod ist kein
Zufall» ist trotz seines
vielschichtigen Themas leicht
verständlich und anschaulich
geschrieben, ein Buch, dessen
originelle und provokative Thesen
den Leser zur Auseinandersetzung
auffordern.

SPHINX

Joseph Campbell

Mythologie der Urvölker
Die Masken Gottes - Band 1

570 Seiten. Gebunden

Alle wichtigen Elemente der Mythen bis in unsere Tage sind in ihren Frühformen bei den Urvölkern bereits angelegt. Joseph Campbell hat Erkenntnisse aus Archäologie, Ethnologie, Religionswissenschaft und vielen anderen Wissengebieten zu einem Bild der urgeschichtlichen Vorstellungswelten verwoben, das die Verbindung dieses ersten Abschnitts der Geschichte der Mythologien der Welt zur Gegenwart deutlich sichtbar werden lässt. So diente das erste Kapitel dieses Buches als Ideenvorlage zu Stanley Kubriks Film «2001 - Odyssee im Weltraum». Beginnend bei biologisch ererbten Strukturen, ihrer Prägung durch die verschiedenen Lebensabschnitte des Menschen, über die Mythologie der Pflanzer und die der Jäger, reicht die Zeitspanne von Campbells Schilderung bis ca. 2500 v. Chr. Im Zentrum steht für ihn dabei die Wahrheit des Mythos, das heisst, dass der Mythos auf einer äusseren Ebene widerspiegelt, was die Menschen im Innersten bewegt.

Band 3:
Mythologie des Westens
Band 4:
Schöpferische Mythologie.

Erscheinen im Herbst 1992

SPHINX

Joseph Campbell

Mythologie des Ostens
Die Masken Gottes - Band 2

660 Seiten. Gebunden

Unsere heutige Zeitmessung geht
auf die 6000 Jahre alten, in Mythen
bewahrten astronomischen
Beobachtungen der Sumerer
zurück. Es lassen sich viele
Beispiele finden, die in
MYTHOLOGIE DES OSTENS die
grossen östlichen Mythen für unser
kulturelles und individuelles
Selbstverständnis bewusst und
lebendig machen. Ausgehend von
der allen gemeinsamen Ursprungs-
idee, dass das Göttliche innerhalb
und ausserhalb des Menschen
immer schon vorhanden ist,
schildert Campbell die verschiedenen Entwicklungen der Mythologie
im vorderen Orient, in den drei
grossen Abschnitten der indischen
Geschichte und in der chinesischen
und japanischen Kultur. Indem er
die östlichen Gedankenwelten für
den westlichen Leser transparent
macht, leistet Campbell mit diesem
Buch auch einen wichtigen Beitrag
zur Begegnung der Religionen und
Kulturen dieser Erde.

Band 3:
Mythologie des Westens
Band 4:
Schöpferische Mythologie.

Erscheinen im Herbst 1992